Das Gruppendelphi-Verfahren

Marlen Niederberger · Ortwin Renn

Das Gruppendelphi-Verfahren

Vom Konzept bis zur Anwendung

Marlen Niederberger
Schwäbisch Gmünd, Deutschland

Ortwin Renn
Potsdam, Deutschland

ISBN 978-3-658-18754-5   ISBN 978-3-658-18755-2 (eBook)
DOI 10.1007/978-3-658-18755-2

Die Deutsche Nationalbibliothek verzeichnet diese Publikation in der Deutschen National-
bibliografie; detaillierte bibliografische Daten sind im Internet über http://dnb.d-nb.de abrufbar.

Springer VS
© Springer Fachmedien Wiesbaden GmbH 2018
Das Werk einschließlich aller seiner Teile ist urheberrechtlich geschützt. Jede Verwertung, die nicht ausdrücklich vom Urheberrechtsgesetz zugelassen ist, bedarf der vorherigen Zustimmung des Verlags. Das gilt insbesondere für Vervielfältigungen, Bearbeitungen, Übersetzungen, Mikroverfilmungen und die Einspeicherung und Verarbeitung in elektronischen Systemen.
Die Wiedergabe von Gebrauchsnamen, Handelsnamen, Warenbezeichnungen usw. in diesem Werk berechtigt auch ohne besondere Kennzeichnung nicht zu der Annahme, dass solche Namen im Sinne der Warenzeichen- und Markenschutz-Gesetzgebung als frei zu betrachten wären und daher von jedermann benutzt werden dürften.
Der Verlag, die Autoren und der Herausgeber gehen davon aus, dass die Angaben und Informationen in diesem Werk zum Zeitpunkt der Veröffentlichung vollständig und korrekt sind. Weder der Verlag noch die Autoren oder die Herausgeber übernehmen, ausdrücklich oder implizit, Gewähr für den Inhalt des Werkes, etwaige Fehler oder Äußerungen. Der Verlag bleibt im Hinblick auf geografische Zuordnungen und Gebietsbezeichnungen in veröffentlichten Karten und Institutionsadressen neutral.

Lektorat: Katrin Emmerich

Gedruckt auf säurefreiem und chlorfrei gebleichtem Papier

Springer VS ist Teil von Springer Nature
Die eingetragene Gesellschaft ist Springer Fachmedien Wiesbaden GmbH
Die Anschrift der Gesellschaft ist: Abraham-Lincoln-Str. 46, 65189 Wiesbaden, Germany

Inhalt

1 Einleitung 1

TEIL 1 – Konzept und Methodik des Gruppendelphis 5

2 **Das klassische Delphi-Verfahren: Konzept und Vorgehensweise** 7
   2.1 Auswertungsstrategie des klassischen Delphis 13
   2.2 Varianten des klassischen Delphi-Verfahrens 18
   2.3 Beispiele für klassische Delphi-Verfahren 21
   2.4 Fazit 24

3 **Das Gruppendelphi: Konzept und Vorgehensweise** 27
   3.1 Funktionen des Gruppendelphis 29
   3.2 Der Ablauf eines Gruppendelphis 32
   3.3 Gruppendynamik und Konsensbildung 40
   3.4 Beispiele für Gruppendelphis 42
   3.5 Fazit 43

3 **Experteneinbindung für ein Gruppendelphi** 45
   4.1 Definition Experte 46
   4.2 Expertentypen 48
   4.3 Expertendilemma 50
   4.4 Fazit 55

4 **Die Fragebogenkonstruktion eines Gruppendelphis** 57
   5.1 Struktur des Fragebogens 59
   5.2 Verzerrungseffekte 60
   5.3 Layout des Fragebogens 62

5.4	Strukturtypus von Fragen	63
5.5	Frageformulierung	66
5.6	Fragetypen	68
5.7	Ausweichkategorien	77
5.8	Fragen zur Urteilssicherheit	78
5.9	Inhaltliche Dimensionen des Fragebogens	83
5.10	Pretest	83
5.11	Fazit	84

6 Die Auswertung eines Gruppendelphis ... 87
   6.1 Quantitative Auswertung ... 87
   6.2 Qualitative Auswertung ... 91
   6.3 Fazit ... 92

7 Zusammenfassung Teil I ... 93

TEIL II – Fallbeispiele: Das Gruppendelphi in der Forschungspraxis ... 97

8 Gruppendelphi zur Analyse des Wissenstandes ... 99
   8.1 Projekthintergrund ... 100
   8.2 Ablauf des Gruppendelphis ... 101
   8.3 Der Fragebogen ... 103
   8.4 Präsentation ausgewählter Ergebnisse ... 104
   8.5 Methodische Reflexion ... 108

9 Gruppendelphi zur Identifikation von Handlungsempfehlungen ... 111
   9.1 Projekthintergrund ... 111
   9.2 Ablauf des Gruppendelphis ... 112
   9.3 Der Fragebogen ... 114
   9.4 Präsentation ausgewählter Ergebnisse ... 117
   9.5 Methodische Reflexion ... 119

10 Gruppendelphi als Evaluationsinstrument ... 123
   10.1 Projekthintergrund ... 124
   10.2 Ablauf des Gruppendelphis ... 126
   10.3 Der Fragebogen ... 130
   10.4 Präsentation ausgewählter Ergebnisse ... 133
   10.5 Methodische Reflexion ... 134

Inhalt

11 Gruppendelphi zur Plausibilisierung von Forschungsergebnissen 141
  11.1 Projekthintergrund 142
  11.2 Ablauf des Gruppendelphis 143
  11.3 Der Fragebogen 143
  11.4 Präsentation ausgewählter Ergebnisse 146
  11.5 Methodische Reflexion 153

12 Zusammenfassung Teil II 157

TEIL III – Das Gruppendelphi in der Anwendung 161

13 Praktische und pragmatische Implikationen 163
  13.1 Anforderungen an den Ablauf des Delphi-Prozesses 163
  13.2 Anforderungen an den Fragebogen 165
  13.3 Umgang mit Experten 167
  13.4 Durchführung des Workshops 169
  13.5 Auswertung und Bericht 170

14 Kombinationsmöglichkeiten mit anderen Forschungsmethoden 173
  14.1 Forschungsmethoden zur Expertenbefragung 173
  14.2 Auswahl an Methoden der Expertenbefragung 176

15 Zusammenfassung Teil III 181

Literatur 183

Anhang: Übungsaufgaben und Fallbeispiele 195
  I   Übungsaufgaben 195
      Fragen zum Forschungs-und Anwendungsbereich 195
      Fragen zum Konzept und Vorgehen 197
      Fragen zur Expertenauswahl 199
      Fragen zur Fragebogengestaltung und Auswertung 200
  II Fallbeispiele für die Lehre 202
      Fallbeispiel 1: Adipositasprävention bei Kindern und
      Jugendlichen 202
      Fallbeispiel 2: Sicherheitsvorkehrungen im einem
      Fußballstadion 205

Verzeichnis der Abbildungen und Tabellen

Abbildungen

Abb. 1	Beispiel für ein Anschreiben zweite Delphi-Runde (dunkles grau = IQR, * = Median)	12
Abb. 2	Beispiel einer grafischen Auswertung: Balkendiagramm (fiktive Zahlen)	14
Abb. 3	Bestimmung des Medians bei ungerader Anzahl von Fällen (n=5), der Median ist fett markiert	15
Abb. 4	Bestimmung des Medians bei gerader Anzahl von Fällen (n=6), der Median ist fett markiert	15
Abb. 5	Berechnung des arithmetischen Mittels	15
Abb. 6	Darstellung von Quartilen	16
Abb. 7	Formel zur Berechnung der Varianz	17
Abb. 8	Berechnung der Varianz und der Standardabweichung	17
Abb. 9	Ablauf eines Gruppendelphis	32
Abb. 10	Permutation der Teilnehmer (Rechteck – 1. Aufteilung, Kreise – 2. Aufteilung)	37
Abb. 11	Ablauf während des Workshops	38
Abb. 12	Einleitungstext Fragebogen (Hinweis: „..." sind Platzhalter)	59
Abb. 13	Empfehlungen für die Struktur eines Gruppendelphi-Fragebogens	65
Abb. 14	Beispiel schwierige Frage	67
Abb. 15	Beispiel ungeeignete Frage	68
Abb. 16	Beispiel Rankingfrage über Schulnoten	72
Abb. 17	Beispiel Rankingfrage über fiktives Budget	72
Abb. 18	Beispiel Rankingfrage Vergabe von Punkten	73
Abb. 19	Beispiel Ratingfragen 10er Skalierung	74
Abb. 20	Beispiel Ratingfragen Abfrage Zeitintervalle	74

Abb. 21   Beispiel Ratingfragen Abfrage Zeithorizont 75
Abb. 22   Beispiel Wahrscheinlichkeitsmessung 75
Abb. 23   Beispiel offene Frage prozentuale Abfrage 76
Abb. 24   Beispiel offene Frage nach Häufigkeiten 76
Abb. 25   Beispiel offene Frage Postscriptum 77
Abb. 26   Beispiele für Fragen zur Urteilssicherheit (vgl. Häder 2014) 81
Abb. 27   Beispiel Antwortverhalten und Auswertung einer
          Sicherheitsfrage mit Konfidenzniveau 82
Abb. 28   Formel Variationskoeffizient (VarK) 88

Tabellen

Tab. 1   Beispielfrage für eine klassische Delphi-Frage 9
Tab. 2   Beispiele für klassische Delphi-Verfahren 22
Tab. 3   Beispielfragen für die epistemische Funktion im Gruppendelphi .. 31
Tab. 4   Beispielfrage Bewertungsfunktion Gruppendelphi 32
Tab. 5   Beispiel eines Tagesablaufes für ein ein- und zweitägiges
          Gruppendelphi 39
Tab. 6   Beispiele für Gruppendelphi-Verfahren 42
Tab. 7   Definitionen zum Begriff „Experte" 47
Tab. 8   Typen von Experten (vgl. Martens & Brüggemann 2006) 49
Tab. 9   Beispiel offene Frage für ein Gruppendelphi einer
          Vorabbefragung 64
Tab. 10   Überblick Rating- und Rankingskala 71
Tab. 11   Überblick über statistische Analysen 91
Tab. 12   Vorteile des klassischen Delphi-Verfahrens und des
          Gruppendelphis 94
Tab. 13   Projekt „CCS": Ablauf des Gruppendelphis 101
Tab. 14   Projekt „CCS": Expertise der Teilnehmer
          (Mehrfachnennungen möglich) 102
Tab. 15   Projekt „CCS": Relevanz der Forschungsaktivitäten: Ergebnisse
          der schriftlichen Befragung und des Workshops 1"oberste
          Priorität" 5"geringste Priorität", Rangfolge ermittelt auf Basis
          der Durchschnittswerte 106
Tab. 16   Projekt „Klimaanpassung": Ablauf des Gruppendelphis 113
Tab. 17   Projekt „Klimaanpassung": Beispielfrage mit vorgegebenem
          Budget 115
Tab. 18   Projekt „Klimaanpassung": Beispielfragen Ratingskalen 116
Tab. 19   Projekt „Klimaanpassung": Beispielfrage offene Formulierung ... 117

Tab. 20	Projekt „mikromakro": Ablauf des Gruppendelphis	126
Tab. 21	Projekt „mikromakro": Beispielfrage für eine unpräzise Formulierung	128
Tab. 22	Projekt „mikromakro": Beispielfrage Rating (Auswahl)	131
Tab. 23	Projekt „mikromakro": Beispielfrage Budget	132
Tab. 24	Projekt „mikromakro": Anzahl der Fragen und Items im Fragebogen	133
Tab. 25	Vor- und Nachteile eines Gruppendelphis als Evaluationsinstrument	139
Tab. 26	Projekt „Nachhaltiger Konsum": Gruppendelphi Ablauf	143
Tab. 27	Projekt „Nachhaltiger Konsum": Auszug der Plausibilisierung einer Handlungsempfehlung	147
Tab. 28	Projekt „Nachhaltiger Konsum": Ergebnisse zur Handlungsempfehlung „Einsatz (intelligenter) Feedbacksysteme"	152
Tab. 29	Potenziale und Herausforderungen eines Gruppendelphis	159
Tab. 30	Vergleich quantitative und qualitative Forschung	174
Tab. 31	Ziele von Expertenbefragungen	175
Tab. 32	Praktische Hinweise für ein Gruppendelphi	182

Einleitung 1

Das vorliegende Lehrbuch widmet sich dem Gruppendelphi, einer diskursiven Methode, die in Anlehnung an das klassische Delphi-Verfahren zur Entwicklung von wissensbasierten Interpretationen, politischen Leitbildern und Planungsaufgaben mit dem Ziele der Kalibrierung von Expertenurteilen von Renn et al. und Webler et al. entwickelt und mittlerweile vielfach in der Praxis eingesetzt wird (vgl. Renn et al. 1985; Webler et al. 1991). Anhand verschiedener Beispiele aus der Forschungspraxis stellt dieses Buch die Methode des Gruppendelphis vor und diskutiert die dabei auftretenden Stärken und Schwächen. Ein inhaltlicher Fokus liegt dabei auf der Entwicklung des Fragebogens, dem methodischen Herzstück dieses Verfahrens. Die Konstruktion des Fragebogens erfolgt unter Berücksichtigung spezifischer Momente eines Diskursverfahrens. Regeln üblicher standardisierter quantitativer Befragungen und damit auch von traditionellen Delphi-Befragungen können nicht eins zu eins übernommen werden.

Zunächst wird das klassische Delphi-Verfahren vorgestellt und anschließend das Gruppendelphi als eine modifizierte Variante des Verfahrens beschrieben. Anhand dieser Methode werden die Fragebogenkonstruktion und die Auswertungsstrategie kritisch diskutiert. Untermauert werden die methodischen Vorschläge durch die Darstellung von Fallbeispielen aus der Forschungspraxis, bei denen das Verfahren des Gruppendelphis erfolgreich angewendet wurde. Die Beispiele illustrieren zugleich die vielfältigen Einsatzmöglichkeiten dieses Verfahrens.

- Das erste Projektbeispiel „**CCS**" illustriert die Anwendung des Gruppendelphis in einem sowohl in der Wissenschaft als auch in der Öffentlichkeit *sehr kontroversen Themenfeld zur Analyse des aktuellen Wissensstandes*. CCS ist eine Technologie, mit der CO_2 abgetrennt und gespeichert werden kann. Sie wurde lange Zeit als eine Art Brückentechnologie für den Übergang von Atomenergie zu Erneuerbaren Energien diskutiert. Das Gruppendelphi dient hier in erster Linie zur Erfassung des aktuellen Wissensstandes und der Klärung der Frage, ob nach Expertenansicht CCS eine derartige Brückenfunktion einnehmen kann oder nicht. Durchgeführt wurde dieses Gruppendelphi im Auftrag des Bundesministeriums für Bildung und Forschung durch das Zentrum für interdisziplinäre Risiko- und Innovationsforschung (ZIRIUS) an der Universität Stuttgart.

- Das zweite Projekt heißt „Wasserwirtschaftliche Anpassungsstrategien an den Klimawandel (**Klimaanpassung**)" und wurde von dem gemeinnützigen Forschungsinstitut DIALOGIK (www.dialogik-expert.de) im Auftrag des Umweltbundesamtes von 2007-2009 durchgeführt. Das hier eingesetzte Delphi-Verfahren dient der *Erfassung von Expertenurteilen und der Identifikation von Handlungsempfehlungen* für die Politik. Das Vorgehen entspricht weitestgehend den traditionellen Strukturmerkmalen eines Gruppendelphis.
- Das Gruppendelphi kann auch als *Evaluationsinstrument* eingesetzt werden. Die damit einhergehenden Chancen und Herausforderungen werden anhand eines Gruppendelphis zur Evaluation eines Bildungsprogrammes diskutiert. Konkret geht es um ein Programm der Baden-Württemberg Stiftung, bei dem Erfinderclubs gefördert werden. Mit diesen Clubs sollen technisch-naturwissenschaftliche Interessen und Fähigkeiten bei Kindern und Jugendlichen auf spannende und kreative Weise gefördert werden. Das Programm heißt „**mikromakro**".
- In vielen sozialwissenschaftlichen Projekten geht es letztendlich darum, aus empirischen Erkenntnissen konkrete Handlungsempfehlungen für Politik und Gesellschaft abzuleiten. Inwiefern hier ein Gruppendelphi sinnvoll eingesetzt werden kann, wird im letzten Praxisbeispiel „**Nachhaltiger Konsum**" diskutiert. Dabei geht es inhaltlich um den Umgang von Personen mit Wärmeenergie in ihren Privathaushalten. Hintergrund ist ein interdisziplinäres Forschungsprojekt, das vom Bundesministerium für Bildung und Forschung im Rahmen des Themenschwerpunktes „Vom Wissen zum Handeln – Neue Wege zum nachhaltigen Konsum" gefördert wurde. Die in diesem Forschungsprojekt gewonnenen Erkenntnisse wurden eine Reihe von Experten *zur Plausibilisierung* vorgelegt. Ziel war es, Maßnahmen zu identifizieren, die Menschen zu einem bewussten und nachhaltigen Umgang mit Wärmeenergie in ihrem privaten Haushalt anhalten.

Im Anschluss an die Praxisbeispiele erfolgt eine Zusammenfassung und eine kurze Einführung in mögliche methodische Alternativen zur Einbindung von Experten in einen Forschungsprozess.

Das vorliegende Buch soll vor allem Studierenden sozialwissenschaftlicher Studiengänge und Praktikern mit inter- und transdisziplinären Aufgabenstellungen einen guten Eindruck über das Gruppendelphi geben und praktische Hilfestellung bei der Durchführung, beispielsweise bei der Entwicklung eines adäquaten Fragebogens oder der Auswertung liefern.

1 Einleitung

Ergänzt werden die Ausführungen durch Hintergrundinformationen, die in grau hinterlegten, eingerahmten Feldern mit einem Ausrufungszeichen deutlich gemacht werden. Aus Gründen der Lesbarkeit wird in dem vorliegenden Buch die männliche Schreibweise genutzt. Wir weisen aber darauf hin, dass sowohl Frauen als auch Männer gemeint sind.

TEIL 1
Konzept und Methodik des Gruppendelphis

Im ersten Teil des Buches wird das Konzept und die Vorgehensweise eines klassischen Delphi-Verfahrens und des Gruppendelphis erläutert.

Einleitend wird das klassische Delphi-Verfahren vorgestellt, aus dem die Idee für das Gruppendelphi abgeleitet wurde. Bei diesem Verfahren werden Experten mithilfe einer schriftlichen Befragung nach ihrer Einschätzung und ihren Urteilen zu einem bestimmten Thema befragt. Diese Befragung erfolgt postalisch oder online in mehreren Wellen.

Das Gruppendelphi wurde in den 80er Jahren als Modifikation des klassischen Delphis entwickelt. Es wird heute vor allem dann eingesetzt, wenn ein direkter Austausch zwischen Experten unterschiedlicher Disziplinen angemessen und notwendig erscheint. Denn bei diesem Verfahren werden die Experten zu einem gemeinsamen Workshop eingeladen. Das Verfahren wird vor allem im Hinblick auf die Fragebogenkonstruktion und Auswertung vorgestellt.

Dieser Abschnitt vermittelt einen umfassenden Einblick in das Konzept, die Vorgehensweise und methodische Besonderheiten eines klassischen Delphi-Verfahrens und eines Gruppendelphis.

Das klassische Delphi-Verfahren: Konzept und Vorgehensweise

2

Das Delphi-Verfahren wurde als dialogorientiertes Verfahren von der RAND Co. in den 50er und 60er Jahren entwickelt (vgl. Dalkey & Helmer 1963). Ursprünglich in Experimenten für militärische Zwecke eingesetzt, wird es mittlerweile vor allem als Prognose- und Zukunftsforschungsinstrument, in der Betriebswirtschaftslehre aber auch in pflege- und gesundheitswissenschaftlichen Kontexten verwendet (vgl. Häder & Häder 1995: 9; Mintroff und Turoff 1975; Benarie 1988; Häder 2014; Meister & Oldenburg 2008, Cuhls 2012, Ab Latif et al. 2016; Robertson et al. 2017; Ammon 2009).

Eine einheitliche Begriffsdefinition gibt es bis heute nicht. Nach Dalkey und Helmer eignet sich das Verfahren "to obtain the most reliable consensus of opinion of a group of experts ... by a series of intensive questionnaires interspersed with controlled feedback" (1963: 458). Linstone und Turoff (1975: 3) charakterisieren ein Delphi „as a method for structuring a group communication process so that the process is effective in allowing a group of individuals, as a whole, to deal with a complex problem". Häder und Häder (1995: 12) definieren die Delphi-Methode als einen vergleichsweise stark strukturierten Gruppenkommunikationsprozess, in dessen Verlauf Sachverhalte durch Experten beurteilt werden, über die unsicheres und unvollständiges Wissen existiert.

Ganz allgemein kann ein Delphi als ein Verfahren verstanden werden, bei dem in einem iterativen Prozess Expertenurteile zu einer bestimmten Fragestellung ermittelt werden, mit dem Ziel Konsens und Dissens in den Urteilen zu erfassen und zu begründen. Vor allem sollen zufällige Abweichungen, unterschiedliches Verständnis der Fragestellungen, Missverständnisse in der Repräsentation von Zahlen zu Sachverhalten (etwa bei Beurteilungsskalen) von tatsächlichen Differenzen in der Beurteilung eines Sachverhaltes oder einer Zielsetzung getrennt werden. Das Verfahren dienst also zur Kalibrierung von pluralen Urteilen von Experten. Momentan wird das Delphi-Verfahren als das populärste Verfahren zur Konsensfindung unter Experten wahrgenommen (Ab Latif et al. 2016; Gordon

2015). „The major elements of the conventional Delphi are iteration with feedback of responses into the successive round, assessment of group judgment, anonymity of participants, and opportunity for participants to revise their views" (Webler et al. 1991: 257). Die Validität eines Delphi-Verfahrens wird in der Regel über die „Theorie der Fehler" belegt. Diese besagt, dass „die aggregierten Gruppenantworten eine Aussage repräsentieren, die der Mehrheit der einzelnen ExpertInnen überlegen ist" (Aichholzer 2002: 4).

Der Ablauf eines Delphis

Auch wenn, wie Häder (2014) ausführlich darstellt, bis heute verschiedene Varianten des Delphi-Verfahrens zu finden sind, kann ein allgemeines Ablaufmodell postuliert werden (vgl. hierzu auch Renn & Webler 1998; Cuhls & Blind 1999, Ammon 2009).

Schritt 1: Entwicklung eines Fragebogens

Ein Forschungsteam entwickelt einen standardisierten Fragenbogen über den relevanten Sachverhalt. Dieser beinhaltet in der Regel die Abfrage zu erwartender Konsequenzen einer Maßnahme oder einer Entscheidungsoption sowie die Abfrage der subjektiven Sicherheit der Experten.

> ❗ Bei einem Delphi-Verfahren werden auch die Delphi-Ausführenden, also das **Forschungsteam**, zu „Quasi-Experten" des Themas. Nur so ist eine Kommunikation „auf gleicher Augenhöhe" möglich (vgl. Pfadenhauer 2005). Die Forscher müssen sich oftmals schon bei der Einladung als Quasi-Experten präsentieren, also als kompetente Gesprächspartner, denen das Fachgebiet der Experten vertraut ist. So kann die Teilnahmechance der Experten am Verfahren erhöht werden.

Neben standardisierten Fragen, können ergänzend offene Items formuliert werden, bei denen die Befragten selbstständig ihre Antworten eintragen können. Mit diesen Fragen werden meist inhaltliche Begründungen für numerische Abschätzungen erfragt. Sie werden aber auch eingesetzt, wenn das Forschungsteam keine standardisierten Antwortdimensionen formulieren kann. Dies kann unter anderem auf den Innovationsgrad der Frage oder auf die Komplexität einer fachfremden Materie zurückgeführt werden. Derartige Fragen haben in einem Delphi einen eher

2 Das klassische Delphi-Verfahren: Konzept und Vorgehensweise

explorativen Charakter. Gerade bei sehr komplexen Themen wie Nano- oder Computertechnologien kann die Abfrage offener Fragestellung eine geeignete Strategie zur Reduktion von Komplexität und Unsicherheit auf Seiten des Forschungsteams bzw. des Auftraggebers des Delphi-Verfahrens sein. Die Nachteile sind der hohe kognitive Anspruch an die befragten Experten und der relativ hohe Zeitaufwand für die Auswertung. Aus diesen Gründen werden offene Fragen in der Regel nur ergänzend eingesetzt.

Die konkrete Auswahl der relevanten Items erfolgt in der Regel auf Basis einer vorangegangenen Literaturrecherche oder über qualitative Experteninterviews. Alternativ können auch inter-und transdisziplinäre Expertenworkshops im Vorfeld des Delphi-Verfahrens durchgeführt werden (vgl. Niederberger & Wassermann 2015).

Tab. 1 Beispielfrage für eine klassische Delphi-Frage

	Wahrscheinlichkeit des Auftretens				Jahr des Eintretens		
Wie beurteilen Sie die folgenden Thesen hinsichtlich Ihrer Eintrittswahrscheinlichkeit? Zu welchem Zeitpunkt tritt diese ein?	Hoch	Mittel	Gering	Gar nicht	Bis 2020	Bis 2040	Bis 2060
Globalisierung geht mit folgenden Aspekten einher:							
Internationale Kooperationen von Unternehmen im Bereich der Ausbildung nehmen zu							
Unternehmen werden ihre Ausbildungsaktivitäten stärker ins Ausland verlagern							
…							

Schritt 2: Erste Befragung der Experten

Der Fragebogen wird an eine Gruppe von anerkannten Experten des jeweiligen Fachgebietes verschickt. Die Experten beantworten die Fragen anonym nach bestem Wissen und schätzen die „subjektive Gewissheit", d. h. die geschätzte Validität ihrer eigenen Antworten. Wer dabei als Experte gilt, ist nicht immer einfach zu beantworten. Angenommen wird, dass Experten für bestimmte Wissensgebiete und Realitätsausschnitte über ein detailliertes und spezialisiertes Sonderwissen verfügen, das andere nicht haben (vgl. Wassermann 2015b). Diese Zuschreibung erfolgt in der Regel auf Basis der beruflichen Position. Bei der Beantwortung der Fragen spielen aber auch persönliche Merkmale und Meinungen der Experten eine Rolle (vgl. Martens & Brüggemann 2006).

> **!** Es ist für Experten bei Befragungen nicht möglich, die eigenen in der persönlichen Biographie und Lebenswelt ausgebildeten Bezüge zu einem Thema zu ignorieren oder zurückzustellen, in dem sie sich sozusagen einen „Astronauten-Anzug" anziehen und die Analyse in der Schwerelosigkeit durchführen. Dies muss in der Auswertung der Ergebnisse zumindest als möglicher Interpretationsfaktor berücksichtigt werden (vgl. Köck-Hódi & Mayer 2013; Gebauer 2009; Kühn & Koschel 2011)

Schritt 3: Auswertung durch das Forschungsteam

Das Forschungsteam wertet die ausgefüllten Fragebögen aus und ermittelt die Mittelwerte und Streuungen. Berechnet werden in der Regel die Maße der zentralen Tendenz: der Modus, der Median und das arithmetische Mittel. Bei der Streuung können beispielsweise der Interquartilsabstand und die Varianz berechnet werden (vgl. Benninghaus 2005, Hinweise zur Berechnung Abschnitt 2.1). Weiterführende bi- oder multivariate Analysen, die Assoziationen oder Korrelationen zwischen den Items untersuchen, werden in der Regel nicht durchgeführt.

Welche der erwähnten Maßzahlen konkret verwendet werden, hängt maßgeblich vom Messniveau der Skalen ab. Dies muss bereits bei der Entwicklung des Fragebogens bedacht werden. In der Praxis dominieren bei Delphi-Befragungen ordinale Skalen und dementsprechend wird häufig mit dem Median und dem Quartilsabstand gearbeitet (siehe Abschnitt 2.1).

! Der Informationsgehalt von Daten wird durch das Messniveau (oder auch Skalenniveau) beeinflusst. Für die statistischen Auswertungen im Rahmen eines Delphi-Fragebogens ist die Unterteilung in drei Messniveaus entscheidend:

Messniveau	Erläuterung	Beispiele	Relevante statistische Maßzahlen
Nominal	Bei Nominalskalen kann nur die Verschiedenartigkeit zwischen den Antworten (Werte) analysiert werden. Die statistische Auswertung konzentriert sich auf tabellarische oder grafische Häufigkeitsauszählungen. Elaborierte Analysen sind damit nicht möglich.	• Geschlecht • Beruf	• Modus
Ordinal	Bei Ordinalskalen kann zusätzlich eine sinnvolle Rangfolge dargestellt werden. Die Differenzen bzw. Abstände zwischen den einzelnen Antworten sind nicht berechenbar.	• Zufriedenheit • Berufliche Position	• Median • Quartilsabstand
Metrisch (Intervall und Ratio)	Bei metrischen Variablen können neben der Verschiedenartigkeit und der Rangfolge auch die Abstände zwischen den einzelnen Antworten angegeben werden. Diese Abstände müssen gleich groß sein. Damit sind alle mathematischen Prozeduren möglich.	• Gehalt • Zeitangaben	• Arithmetische Mittel • Varianz bzw. Standardabweichung

Schritt 4: Zweite Befragung der Experten

Der ursprüngliche Fragebogen wird zusammen mit der Auswertung der ersten Befragung an die Experten zurückgesandt. Dabei werden alle Namen der Experten anonym gehalten, um Beeinflussungen durch Status oder Seniorität auszuschalten. Die Experten werden gebeten, den Fragebogen ein zweites Mal auszufüllen, dieses Mal aber mit der Vorgabe, die Ergebnisse der ersten Befragung als Korrektiv der eigenen Urteile mit in die erneute Urteilsbildung einzubeziehen. Zweck dieser zweiten Befragung ist es, die Streuung der möglichen Antworten zu reduzieren und die kollektive Urteilssicherheit zu erhöhen. Ein Beispiel, wie solche Ergebnisse präsentiert und gleichzeitig wieder abgefragt werden können, zeigt folgende Darstellung:

Sehr geehrte Damen und Herren,

vielen Dank für Ihre Bereitschaft, an der zweiten Runde der Delphi-Befragung zum Thema …… teilzunehmen.
Mit diesem Fragebogen werden Ihnen zum einen die Ergebnisse der ersten Runde vorgelegt, zum anderen werden Sie um die erneute Beantwortung der Fragen gebeten. Die (meisten) Fragen sind identisch mit der ersten Fragerunde. Wir bitten Sie neben der inhaltlichen Einschätzung ebenfalls um die Bewertung der Eintrittswahrscheinlichkeit sowie um ihre Urteilsicherheit.
In dem Fragebogen sind die Antworten der ersten Runde direkt eingetragen. Im untenstehenden Beispiel kennzeichnet ein * den Median (mittlerer Wert) der Antworten, der Balken präsentiert die Quartilsspanne. Im Beispiel war der Median bei „gering".
Die Mehrzahl der Antworten (mind. 50 %) liegen im Balken. Analog dazu sehen Sie die Antworten für das Jahr des Eintritts.
Bitte geben Sie bei den folgenden Fragen nun erneut Ihre Antwort bezüglich der Eintrittswahrscheinlichkeit und des Jahres des Eintritts an. Dabei bitten wir Sie Ihre Einschätzung vor dem Hintergrund der Ant-worten Ihrer Kollegen aus der ersten Delphi-Runde kritisch zu prüfen. Analog zu dem unten stehenden Beispiel können Sie Ihre Antworten auch in dem grauen Bereich angeben. Wenn Sie eine Antwort außerhalb des grauen Bereiches, also eine Antwort abweichend von der Mehrheit der Antworten abgeben, inte-ressiert uns die Begründung Ihrer Meinung. In diesem Fall können Sie diese in dem Feld darunter eintragen.

Wie beurteilen Sie die folgenden Thesen hinsichtlich Ihrer Eintrittswahrscheinlichkeit Zu welchem Zeitpunkt tritt diese ein?	Wahrscheinlichkeit des Auftretens				Jahr des Eintretens		
	Hoch	Mittel	Gering	Gar nicht	Bis 2020	Bis 2040	Bis 2060
Globalisierung geht mit folgenden Aspekten einher:							
Internationale Kooperationen von Unternehmen im Bereich der Ausbildung nehmen zu.			*				
Begründung (falls Antwort außerhalb des grauen Balkens)							

Abb. 1 Beispiel für ein Anschreiben zweite Delphi-Runde (dunkles grau = IQR, * = Median)

Schritt 5: Ggfs. Wiederholung der Befragung der Experten

Die Schritte 2, 3 und 4 werden solange wiederholt, bis die Experten keine Änderungen ihrer Urteile mehr vornehmen. In der Praxis werden zwei oder drei Wiederholungen durchgeführt.

Im Idealfall identifiziert das Delphi-Verfahren die Bewertungen, die innerhalb der Expertengruppe konsensfähig sind oder einen Dissens begründen. Durch die Anonymisierung der Teilnehmer und den iterativen Prozess der Befragung kann der jeweilige Kenntnisstand ohne Rücksicht auf Prestige oder Status eines jeden Teilnehmers am Delphi-Prozess dargestellt werden.

Diese kurze Darstellung verdeutlicht die wesentlichen Kennzeichen eines klassischen Delphi-Verfahrens (vgl. Webler et al. 1991: 257; Häder 2014). Sie können folgendermaßen zusammengefasst werden:

- Verwendung eines standardisierten Fragebogens
- Befragung von Experten
- Anonymität der Einzelantworten
- Ermittlung einer statistischen Gruppenantwort über univariate Befunde
- Rückkopplung der statistischen Ergebnisse an die Teilnehmer mit der Möglichkeit der Revision ihrer Urteile
- (Mehrfache) Wiederholung der Befragung

2.1 Auswertungsstrategie des klassischen Delphis

Die Auswertung eines Delphis erfolgt in der Regel mittels einfacher mathematischer Prozeduren. Es geht nicht um anspruchsvolle statistische Analysen, die das Aufdecken neuer Zusammenhänge, Kausalitäten oder Typen erlauben. Stattdessen geht es oftmals um univariate Häufigkeitsauszählungen, sprich um Häufigkeitstabellen und -grafiken in unterschiedlichen Darstellungen (z. B. Balkendiagramme, Kreisdiagramme) (vgl. Cuhls & Kimpeler 2008; Cuhls et al. 2007). Ziel sind Verteilungsaussagen, mit denen Mehrheits- und Minderheitsvoten identifiziert werden können.

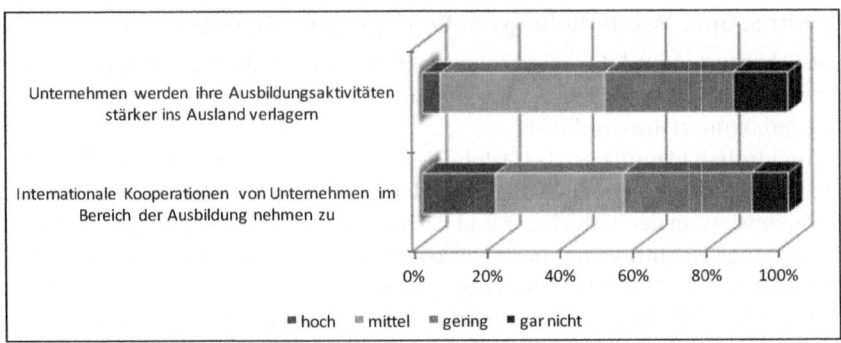

Abb. 2 Beispiel einer grafischen Auswertung: Balkendiagramm (fiktive Zahlen)

In der statistischen Analyse können drei Maße der zentralen Tendenz und verschiedene Streuungsmaße berechnet werden.

Maße der zentralen Tendenz

Es gibt drei Maße der zentralen Tendenz: den Modus, den Median und das arithmetische Mittel. Welches Maß berechnet wird, hängt vom Messniveau und der inhaltlichen Zielstellung ab.

1. Der **Modus** ist der häufigste Wert einer Verteilung und kann immer berechnet werden. Er eignet sich besonders gut, wenn eine Antwortmöglichkeit deutlich überrepräsentiert ist. Wenn mehrere Antworten gleich häufig angegeben werden, ist der Modus wenig aussagekräftig. Gerade bei kontinuierlichen Variablen, also bei Fragen mit sehr vielen Antwortmöglichkeiten (z. B. Einkommen), kann dies vorkommen.
2. Der **Median** (2. Quartil) entspricht dem mittleren Wert einer Verteilung. Er halbiert die der Größe nach geordneten Fälle der Verteilung. Er erfordert mindestens ordinales Messniveau, d. h. die Antworten müssen in eine sinnvolle Rangfolge, beispielsweise von gering bis hoch, geordnet werden können. Für die Bestimmung des Medians ist die Unterscheidung nach einer geraden oder ungeraden Anzahl an Fällen erforderlich. Bei einer geraden Anzahl von Fällen müssen wie in dem Beispiel der folgenden Tabelle die Werte rechts und links neben der Mitte angegeben werden. Wenn metrische Daten vorliegen, kann auch die Mitte dieser beiden Zahlen angegeben werden.

2.1 Auswertungsstrategie des klassischen Delphis

	Wahrscheinlichkeit des Auftretens: Globalisierung geht mit folgenden Aspekten einher: 1. Internationale Kooperationen von Unternehmen im Bereich der Ausbildung nehmen zu.				
Befragte (geordnet nach ihren Antworten)	1	2	3	4	5
Antwort	Gar nicht	Gering	**Gering**	Mittel	Hoch

Abb. 3 Bestimmung des Medians bei ungerader Anzahl von Fällen (n=5), der Median ist fett markiert

	Wahrscheinlichkeit des Auftretens: Globalisierung geht mit folgenden Aspekten einher: 1. Internationale Kooperationen von Unternehmen im Bereich der Ausbildung nehmen zu.					
Befragte (geordnet nach ihren Antworten)	1	2	3	4	5	6
Antwort	Gar nicht	Gering	**Gering**	**Mittel**	Hoch	Hoch

Abb. 4 Bestimmung des Medians bei gerader Anzahl von Fällen (n=6), der Median ist fett markiert

3. Das **arithmetische Mittel** ist umgangssprachlich der Durchschnitt und entspricht dem gewichteten Schwerpunkt der Verteilung. Es wird berechnet als die Summe der einzelnen Antworten, geteilt durch die Anzahl der Antworten. Das arithmetische Mittel kann nur bei metrischen Variablen berechnet werden.[1]

	Wie viele Jahre beschäftigen Sie sich beruflich mit dem Thema Globalisierung?					
Befragte (geordnet nach ihren Antworten)	1	2	3	4	5	6
Antwort in Jahren	2	3	3	4	5	10
Arithmetische Mittel: (2+3+3+4+5+10)/6 = 27/6 = 4,5						

Abb. 5 Berechnung des arithmetischen Mittels

---

[1] Allerdings wird diese statistische Anforderung in der Forschungspraxis oftmals aufgeweicht. So werden ordinale Skalen mit mindestens fünf Ausprägungen als quasi-metrisch interpretiert und Berechnungen auf metrischem Niveau durchgeführt (vgl. Urban & Mayerl 2008).

Streuungsmaße

Neben den drei Maßen der zentralen Tendenz werden auch Streuungsmaße berechnet. Sie zeigen an, wie aussagekräftig die Maße der zentralen Tendenz sind und stützen die Interpretation. Allgemein formuliert, geben die Streuungsmaße an, wie sich die einzelnen Antworten der Experten um den Mittelwert verteilen. Für die Berechnung ist ordinales oder metrisches Messniveau notwendig.

1. Eine sehr leicht berechenbare Größe ist der **Range** (Spannbreite). Er zeigt die Differenz aus dem größten und kleinsten Wert an. Bei Delphi-Befragungen ist er eher ungeeignet, weil nicht selten alle Antwortmöglichkeiten angekreuzt werden.
2. Häufiger eingesetzt wird bei Delphi-Befragungen dagegen der **Interquartilsabstand** (IQR). Er beschreibt den Abstand zwischen dem 1. Quartil (bei 25 %) und dem 3. Quartil (bei 75 %) einer Verteilung und umschließt damit die mittleren 50 %. Auch der mittlere Quartilsabstand wird bisweilen berechnet. Bei ihm wird der Abstand zwischen dem 1. und 3. Quartil durch zwei dividiert. Quartilsabstände zeigen, in welchem Bereich die meisten Befragten geantwortet haben.

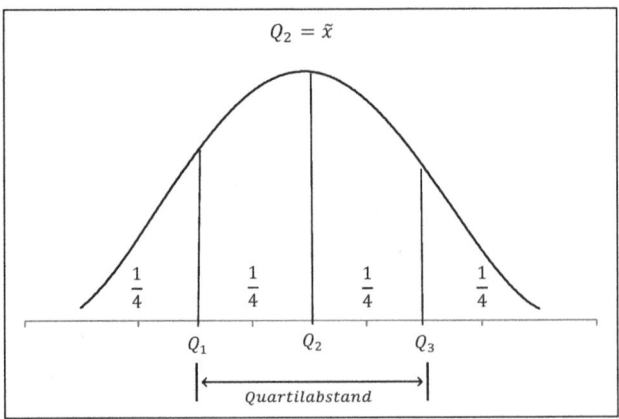

Abb. 6   Darstellung von Quartilen

3. Die **Varianz S^2 und Standardabweichung S** sind mittelwertbezogene Streuungsmaße. Sie besagen, ob die Antworten nahe beieinanderliegen oder weit auseinander streuen. Je geringer die Streuung ist, desto aussagekräftiger ist das arithmetische Mittel. Die Varianz berechnet sich aus den Abweichungsquadraten aller Werte vom arithmetischen Mittel dividiert durch die Gesamtfallzahl

2.1 Auswertungsstrategie des klassischen Delphis

(großes N). Die Standardabweichung ist die positive Wurzel aus der Varianz. Beide Maße können nur bei metrischen Daten berechnet werden.

$$s^2 = \frac{\sum_{i=1}^{N}(x_i - \bar{x})^2}{N}$$

Abb. 7 Formel zur Berechnung der Varianz

	Wie viele Jahre beschäftigen Sie sich beruflich mit dem Thema Globalisierung?					
Befragte (geordnet nach ihren Antworten)	1	2	3	4	5	6
Antwort in Jahren	2	3	3	4	5	10
Arithmetische Mittel: (2+3+3+4+5+10) / 6 = 27/6 = 4,5 d. h. Im Durchschnitt beschäftigen sich die Befragten seit 4,5 Jahren mit dem Thema Globalisierung. Varianz: 1/6 / (2-4,5)² + (3-4,5)² + (3-4,5)² + (4-4,5)² + (5-4,5)² + (10-4,5)² = 1/6 / 6,25 + 2,25 + 2,25 + 0,25 + 0,25 + 30,25 = 41,5 / 6 =6,92 Die Varianz beträgt 6,92.						

Abb. 8 Berechnung der Varianz und der Standardabweichung

Die vorgestellten Maße können über alle befragten Experten hinweg oder vergleichend für verschiedene Expertengruppen (z. B. Vergleich der Antworten zwischen Experten verschiedener Fachrichtungen) berechnet und dargestellt werden. Da in Delphi-Befragungen häufig ordinale Skalen eingesetzt werden, beruhen die statistischen Berechnungen meist auf dem Median und dem Quartilsabstand.

Neben den quantitativen Auswertungen gilt es auch, eventuelle offene Fragen systematisch und regelgeleitet auszuwerten. Die Auswertung dieser Fragen ist nicht immer einfach. Denn die Experten können selbst entscheiden, wie detailliert und tiefgründig sie antworten. Eventuell müssen deshalb Bilanzaussagen mit spezifischen Angaben verglichen werden. Hierfür gilt es eine nachvollziehbare Methode zu wählen, die es erlaubt die Ergebnisse kurz und knapp, im Idealfall standardisiert für die nächste Befragungswelle, darzustellen. Zu diesem Zweck können beispielsweise qualitative und quantitative Inhaltsanalysen (vgl. Früh 2007; Mayring 2007;

Lamnek 2005) eingesetzt werden. Dabei werden die Antworten kodiert und bei der quantitativen Variante ausgezählt und standardisiert (vgl. Bodensohn et al. 2007).

> **!** Die **Inhaltsanalyse** ist ein Oberbegriff für verschiedene Verfahren zur systematischen und regelgeleiteten Analyse von Texten, beispielsweise in Form von verschriftlichten Interviews oder Zeitungsartikeln. Zentrales Ziel ist die Reduktion des Materials und die Identifikation zentraler Aussagen. Dabei wird zwischen qualitativen und quantitativen Inhaltsanalysen unterschieden.
> In der *quantitativen Inhaltsanalyse* wird das Material nach einem meist theoretisch hergeleiteten Schema kodiert und ausgewertet. Dabei geht es um Frequenzanalysen, d. h. um die Auszählung von Schlagworten in bestimmten Kontexten. Berücksichtigt wird ausschließlich der manifeste Inhalt. Damit sind deskriptive statistische Analysen möglich.
> In der *qualitativen Inhaltsanalyse* geht es nicht um eine zahlenmäßige Analyse, sondern um eine hermeneutische Textinterpretation, bei der der latente Sinn des Textes analysiert wird. Maßgeblich entwickelt hat die Methode Mayring (2007). Anliegen ist es offen und explorativ, aber auch systematisch und regelgeleitet das Material auszuwerten.

2.2 Varianten des klassischen Delphi-Verfahrens

Bis heute wird das Delphi-Verfahren beständig weiterentwickelt und modifiziert (vgl. Häder 2014). Die verschiedenen Varianten beziehen sich vor allem auf die Anzahl der Befragungswellen, die Auswahl der Experten, die Gestaltung der Feedbackrunden sowie die Ermittlung der Selbsteinschätzung der Experten (vgl. Häder 2014; Cuhls & Blind 1999). Standardmäßig wird das Delphi-Verfahren als postalische Befragung konzipiert, d. h. die Experten erhalten in mehreren Wellen einen standardisierten Fragebogen. Dieses Vorgehen hat den Vorteil, dass eine große Anzahl an Experten eingebunden werden kann. Dennoch werden in der aktuellen Literatur verschiedene Arten von klassischen Delphi-Verfahren diskutiert. Sie werden differenziert auf Basis spezieller Erkenntnisinteressen oder aufgrund methodischer Besonderheiten im Ablauf. Einige wichtige Varianten seien kurz vorgestellt (weitere Varianten in Häder 2014: 24ff):

Decision-Delphi: Bei dieser Variante fungieren die Experten auch als Entscheidungsträger, welche die Ergebnisse umsetzen sollen (vgl. Keeney et al. 2011).

2.2 Varianten des klassischen Delphi-Verfahrens

Policy-Delphi: Hier liegt das Ziel nicht nur in der Konsensfindung, sondern in der Identifikation und Präsentation stark kontrastierender Ansichten (vgl. Keeney et al. 2011; Turoff 1970). Ziel ist neben der Generierung von Expertenmeinungen die Maximierung der Bandbreite an Expertenmeinungen. „The Policy Delphi also rests on the premise that the decision maker is not interested in having a group generate his decision; but rather, have an informed group present all the options and supporting evidence for his consideration. The Policy Delphi is therefore a tool for the analysis of policy issues and not a mechanism for making a decision" (Turoff 1970: 80).

Breitband-Delphi-Methode: Bei einer überschaubaren Anzahl an relevanten Experten, kann auch die Breitband-Delphi-Methode eingesetzt werden. Dieses Verfahren wird oftmals firmenintern bei komplexen und anspruchsvollen betriebswirtschaftlichen Fragestellungen eingesetzt. Bei diesem Verfahren kennen sich die Experten in der Regel. Inhaltlich geht es bei diesem Verfahren oft um Schätzungen, beispielsweise um kalkulatorische Fragestellungen. Das Breitband-Delphi kann dabei im Rahmen einer Schätzklausur durchgeführt werden.

> **!** **Schätzklausuren** sind Verfahren zur Einschätzung der Kosten und Beurteilung der Zeitplanung. Sie können Grundlage für die Weiterführung aber auch zur Aussonderung von Projektideen sein. Damit Gruppenmitglieder realistische Einschätzungen vornehmen können, werden die Schätzungen auf einem Workshop vorgenommen.

Auch bei der Breitband-Methode beantworten die Experten den Fragebogen allein. Die Schätzklausur dient vor allem dem Austausch zwischen den Befragungswellen. Dadurch können Rückfragen und Argumente ausgetauscht werden und das Ziel einer realistischen und tragfähigen Schätzung unterstützt werden.

Real-Time-Delphi: Auf dem Vormarsch sind Online-Delphi-Verfahren, die sogenannten Real-Time-Delphis (vgl. Gnatzy et al. 2011, Cuhls 2012). Das Besondere ist, dass die Fragebögen online verschickt werden und in Echtzeit von einem entsprechenden Computer- bzw. Statistikprogramm ausgewertet und die Ergebnisse den teilnehmenden Experten angezeigt werden. Das Verfahren ist damit „rundenlos", d.h. die Teilnehmer können ihr Urteil jederzeit revidieren, und sind nicht gezwungen, sich ggfs. nur ein- oder zweimal festzulegen. Dabei besteht das Risiko, dass einige Experten häufiger teilnehmen als andere: „Rein theoretisch könnten sie sogar extremen Einfluss nehmen, indem sie besonders stark abweichende Antworten geben und dadurch alle Anderen in die Irre führen. Dies ist allerdings nur eine theoretische Möglichkeit, in der Realität wurde ein solches Verhalten bisher noch nicht beobachtet" (Cuhls 2012: 142). Der Vorteil ist die enorme Zeitersparnis bei der Durchführung und Auswertung. Die Anonymität der Experten bleibt gewahrt. Der Nachteil ist, dass es unwahrscheinlicher wird, dass sich die Teilnehmer erneut mit ihren Urteilen auseinandersetzen und diese ggf. überdenken und/oder, dass sie zu einem späteren Zeitpunkt den Online-Fragebogen erneut aufrufen und revidieren. Insgesamt zeigt aber ein Vergleich zwischen dem klassischen Delphi und einem Online-Delphi, dass beide Verfahren zu ähnlichen Ergebnissen führen. „"..the comparison analyses showed no significant differences between conventional and real-time Delphi survey methods. Therefore, we argue that the result of the real-time Delphi survey tool are as robust as the results generated by a conventional Delphi survey" (Gnatzy et al. 2011: 1692).

Verbindung von social media big data Analyse und Delphi Verfahren: Eines der erstaunlichen Ergebnisse der big data Forschung besteht darin, dass bei einfachen statistischen Schätzverfahren (etwa das Gewicht eines Sparschweins nur auf der Basis eines Bildes und einer Hintergrundinformation (gefüllt mit 10-Cent-Stücken) abzuschätzen) der Mittelwert bei hinreichend großer Teilnehmerzahl dem wahren Wert approximiert ist. Diesen Umstand machen sich neuartige Delphi-Verfahren zu Nutze und spiegeln den Experten nicht nur die Kennwerte innerhalb der beteiligten Expertengruppe, sondern auch die durch social media Analyse berechneten Maße auf der Basis der eingehenden Schätzwerte wider (vgl. Servan-Schreiber 2012; Page 2007). Diese Kombination hat sich vor allem im Bereich wirtschaftlicher Prognostik bewährt.

Hybrid-Delphi: Hybrid-Delphis stellen eine Kombination des Delphi-Verfahrens mit anderen Methoden der empirischen Sozialforschung dar. Verwendet und systematisch eingeführt, haben den Begriff Landeta et. al für eine Kombination von drei Verfahren: Fokusgruppe (FG), Nominalgruppentechnik (NGT) und Delphi-Methode (vgl. Landeta et al. 2011).

! Eine **Fokusgruppe** (FG) ist ein moderiertes Diskursverfahren mit einer Kleingruppe, die typischerweise sechs bis acht Personen umfasst. Durch eine ungezwungene und offene Atmosphäre werden konstruktive und kreative Gruppenprozesse unterstützt. Strukturiert wird die Diskussion anhand eines Leitfadens, der die zentralen Fragestellungen enthält. Angeregt wird die Gesprächsrunde durch einen Stimulus, beispielsweise in Form eines kurzen Films, eines Bildes oder eines Vortrages. Eine Fokusgruppe dauert insgesamt zwei bis drei Stunden. (vgl. Schulz & Mack 2012).

Durch die **Nominalgruppentechnik (NGT)** kann eine Gruppe strukturiert Entscheidungen treffen oder Lösungen für eine Problemstellung entwickeln. „Within the NGT, ideas are generated in a short period of time and participants can see at first hand the process of reaching consensus" (Keeney et al. 2011: 15). Die Gruppe besteht dabei nominal – also dem Namen nach. In keiner Phase interagieren die Gruppenmitglieder frei miteinander. So wird die Dominanz einzelner Gruppenmitglieder ebenso unterbunden wie die Fokussierung auf einen einzelnen Aspekt oder Gedanken. Die Methode basiert im Kern auf der Sammlung von Ideen und der anonymen Abstimmung der Teilnehmer (vgl. Keeney et al 2011: 15).

Durch die Kombination von Delphi-Verfahren, Fokusgruppe und Nominalgruppentechnik wird versucht, die Nachteile des jeweiligen Verfahrens durch die Vorteile des anderen aufzufangen. So kann die NGT neue und innovative Ideen hervorbringen, die bei einem klassischen Delphi aufgrund der starken Strukturierung und Standardisierung keinen Platz haben. Teilweise werden auch nur zwei der drei Verfahren kombiniert. Dabei können die FG oder die NGT vor oder nach dem Delphi stattfinden (vgl. Landeta et al. 2011: 1632f). Landeta et al. (2011) präferieren allerdings die Reihenfolge: FG; NGT und Delphi, wobei die Ergebnisse des vorherigen Verfahrens den Input für das Folgende darstellen. „The final output is that of the Delphi, which has the capacity to reorder and improve the outputs of the other two techniques, which it has received in the form of input" (Landeta et al. 2011: 1637).

Fazit: Gemeinsam ist allen genannten Delphi-Verfahren, ob postalisch oder online, dass die Experten den standardisierten Fragebogen allein ausfüllen und durch eine Feedbackschleife zur erneuten Befragung gebeten werden, mit der Bitte, das eigene Urteile noch einmal zu überdecken. Dieses Vorgehen unterscheidet die klassischen Delphi-Varianten von dem Gruppendelphi. Doch ehe dieses vorgestellt wird, sollen einige Praxisbeispiele für klassische Delphi-Verfahren dargestellt werden.

2.3 Beispiele für klassische Delphi-Verfahren

Es gibt eine Vielzahl an Beispielen für klassische Delphi-Verfahren. Die konkreten Vorgehensweisen unterscheiden sich in Details, orientieren sich aber an den zentralen Merkmalen eines Delphi-Verfahrens: Expertenbefragung, Wiederholung der Befragung und Rückkopplung der Ergebnisse. Die Beispiele aus der Praxis zeigen, dass das klassische Delphi-Verfahren mittlerweile häufig im Rahmen einer Methodentriangulation eingesetzt werden, d. h. es mit anderen Erhebungsmethoden (z. B. einem Workshop) kombiniert wird. Einen Überblick über einige Beispiele aus sehr unterschiedlichen Fachdisziplinen fasst die folgende Tabelle zusammen (weitere z. B. in Köck-Hódi & Mayer 2013; Keeney et al. 2011; Vidgen & Gallegos 2014).

Tab. 2 Beispiele für klassische Delphi-Verfahren

Durchführung eines Delphis zum Thema Wirksamkeit und Machbarkeit von Leistungstests in der Sportwissenschaft (vgl. Robertson et al. 2017)
Durchgeführt wurde ein Delphi mit zwei Runden. Eingebunden wurden 33 Experten, unter anderem aus der Sportwissenschaft. Am Ende konnte bei allen Punkten Konsens zwischen den Experten hergestellt werden. Auf Basis dieser Informationen wurden Definitionen festgelegt und eine Checkliste entwickelt bzw. veröffentlicht.
Delphi zur Erstellung einer Concept Map zum Thema Diabetes Mellitus (vgl. Ab Latif et al. 2016)
Durchführung von drei Delphi-Runden mit einem strukturierten Fragebogen. Die Befragung erfolgte per Email. Befragt wurden 10 Experten, in diesem Fall Studierende aus dem Pflegebereich.
Durchführung der Studie „Demographischer *Impact* in städtischen Wohnquartieren" zur Analyse und Erfassung wesentlicher Akteure, Einflussfaktoren und Zukunftstrends der Quartiersentwicklung (vgl. Schnur & Markus 2010)
Der Expertenkreis bestand aus Persönlichkeiten aus Kommunen, Ländern und Bundesinstitutionen, aus der Wohnungswirtschaft (Verbände, Unternehmen), aus dem Bereich wissenschaftlicher oder kommunaler Dienstleistungen und aus der Wissenschaft. Durchgeführt wurde eine schriftliche Delphi-Befragung in zwei Runden (n_1=47 und n_2=36). Basis waren vorab durchgeführte Einzel-Expertengespräche und Fallstudienuntersuchungen in verschiedenen Wohnquartieren der Städte Berlin, Leipzig, Essen und Brandenburg an der Havel.
Erarbeitung von regionalpolitischen Maßnahmen zur Förderung der Dienstleistungswirtschaft im Erzgebirge (vgl. Hesse et al. 2009)
1. *Offene Befragung zur Generierung von Vorschlägen*: Die Ergebnisse dieser ersten Befragungsstufe werden klassifiziert und als Basis zur Erstellung eines standardisierten Fragenprogramms verwendet, das in einen geschlossenen Fragebogen mündete. 2. *Geschlossene Befragung zur Konkretisierung und Verdichtung der Vorschläge.* Die Befragung erfolgt wiederum anonym und ohne Abstimmung innerhalb der Gruppe. 3. *Persönliche Expertenrunde zur gemeinsamen Diskussion der Empfehlungen.* Die persönliche Expertenrunde bringt die Teilnehmer schließlich zu einem Workshop zusammen. Hier werden ausgewählte Sachverhalte detailliert diskutiert sowie branchenspezifische Problemlagen und Lösungsansätze eruiert.

2.3 Beispiele für klassische Delphi-Verfahren

Studie zu Nanotechnologien in den Bereichen Nahrungsmittel, kosmetische Erzeugnisse und Bedarfsgegenstände (vgl. Zimmer et al. 2009)

1. Zur Vorbereitung des Delphi-Prozesses wurden *eine Literaturanalyse, Experteninterviews und ein internes Expertengespräch* „Nanotechnologie, ihre Produkte und Risiken für den Verbraucher" durchgeführt.
2. *Erste Delphi-Runde mit standardisierten Fragebogen.* Die Teilnehmenden haben die Aufgabe, die Beantwortung des Fragebogens organisationsintern zu koordinieren, d. h. sie können sich mit Kollegen austauschen und den Fragebogen gemeinsam ausfüllen. Von den 100 angeschriebenen Experten schickten 71 einen beantworteten Fragebogen zurück.
3. *Zweite Delphi-Runde mit standardisierten Fragebogen und den Ergebnissen der vorherigen Befragung.* Hier werden Vertiefungsfragen gestellt, da einige Bewertungen in der ersten Runde starke Varianzen ausweisen oder Unklarheiten in den Fragestellungen aus Runde 1 sichtbar sind. Von den 71 angeschriebenen Experten, die sich in Runde 1 beteiligt hatten, antworteten 56 Personen. Das entspricht einer Rücklaufquote von 78 % in Runde 2.
4. *Experten-Workshop.* Ziel ist es, die qualitativen Begründungszusammenhänge zu hinterfragen und stakeholderübergreifend das Wissen zu vertiefen.
5. *Interner Experten Workshop* mit dem Projektteam und dem Auftraggeber zur Vorstellung und Diskussion der Befunde.

Zukunftstechnologien in drei Delphi-Studien (vgl. von Oertzen et al. 2006; Cuhls et al 2007; Cuhls & Kimpeler 2008)
Vorgehen (am Beispiel der dritten Delphi-Studie)

1. Durchführung von Expertenworkshops zur Entwicklung von Thesen
2. Durchführung der ersten standardisierten Online-Befragung der Experten (n=2.064)
3. Durchführung einer zweiten standardisierten Online-Befragung der Experten (n=681) mit dem gleichen Fragebogen und Auswertung

Entwicklung eines für die Lehramtsstudiengänge spezifischen Studieneingangstests (vgl. Bodensohn, et al. 2007)

1. *Versand eines halbstrukturierten Befragungsbogens.* Inhaltsanalytische Auswertung und Übersetzung der Ergebnisse in Itemform
2. *Bewertung der extrahierten Items* in standardisierter Form von den gleichen Experten bezüglich ihrer Relevanz im Hinblick auf den Schulalltag

Diese Daten werden in aufbereiteter statistischer Form zum Gegenstand einer *abschließenden Gesamtkonferenz* der teilnehmenden Experten gemacht. So können etwa Redundanzen, fehlende oder zu schwach repräsentierte Aspekte sowie Widersprüche im Itemset im Plenum diskutiert werden.

> **Bundesweite Erhebung zur Ermittlung des zukünftigen Forschungs- und Entwicklungsbedarfs in der beruflichen Aus- und Weiterbildung (vgl. Brosi et al. 2003)**
>
> 1. *Bestandsaufnahme von Forschungsideen, -vorschlägen und -erfordernissen über eine offene Frage:* „Welche Forschungs- und Entwicklungsaufgaben halten Sie für erforderlich, damit die Menschen in Zukunft umfassend beruflich qualifiziert und künftigen Herausforderungen gewachsen sind?" Die Experten beschreiben in eigenen Worten ihre Vorschläge.
> 2. *Bewertung der Forschungsideen:* In der zweiten Runde werden die Experten gebeten, zu jedem der Vorschläge Stellung zu beziehen.
> 3. *Rückkoppelung, Vertiefung und Diskussion:* In der dritten Runde werden die Resultate der beiden ersten Delphi-Runden mit einem kleineren Kreis von Experten thematisiert. Besonders werden dabei umstrittene Ergebnisse diskutiert, mit dem Ziel Interpretationshinweise für das Verständnis mehrdeutiger Ergebnisse zu gewinnen. Die Auswahl der Teilnehmer erfolgt als Zufallsstichprobe aus dem Kreis derer, die sich an der zweiten Runde beteiligt haben.
>
> **Zukünftigen Veränderungen im wissenschaftlichen Zeitschriftenwesen (vgl. Keller 2001)**
>
> Drei schriftliche Fragerunden mit 45 internationalen Experten. In der ersten Befragungsrunde werden offene Fragen formuliert und in den folgenden Wellen wird der Fokus stärker auf quantitative Fragen gelegt.

2.4 Fazit

Die Strategie der Delphi-Methode kann charakterisiert werden: durch die Konzentration auf zentrale Aussagen, den mehrstufigen, rückgekoppelten Prozess, den Experten als Untersuchungseinheit und die statistische Konzentration auf das ordinale Messniveau. Störende Einflüsse werden meist durch die Anonymisierung der Experten sowie der schriftlichen individuellen Befragung eliminiert.

> **Zentrale Kennzeichen eines klassischen Delphi-Verfahrens sind:**
> - Expertenbefragung
> - Anonyme schriftliche oder Online-Befragung
> - Mehrfachbefragung mit Rückspiegelung der Ergebnisse auf aggregiertem Niveau
> - Verwendung von Ratingskalen mit ordinalem Messniveau
> - Auswertung auf Basis deskriptiver univariater Statistik

2.4 Fazit

Das klassische Delphi-Verfahren wird vor allem bei Schätzfragen, in Zukunftsstudien und anspruchsvollen technologischen Themen eingesetzt. Es gehört zum festen Instrumentarium der Technikvorausschau. In der Praxis werden meist zwei standardisierte Befragungswellen durchgeführt. Im Vorfeld oder im Nachgang ist die Kombination mit Expertenworkshops (beispielsweise mit Fokusgruppen) möglich. Sie dienen entweder der Identifikation relevanter Statements oder der inhaltlichen Unterfütterung der statistischen Ergebnisse.

Ein häufiges Problem besteht bei einem klassischen Delphi-Verfahren darin, dass die Experten ihre einmal geäußerte Meinung in den folgenden Runden trotz Anonymität nicht ändern, sodass der Zusatznutzen weiterer Runden oft klein ist. Zudem fehlen die Begründungen für die Antworten. Außerdem ist der Ressourcenaufwand sehr hoch. Der gesamte Delphi-Prozess kann Jahre dauern und ist sehr kostenintensiv. Diese Nachteile waren der Auslöser für die Überlegung das klassische Delphi-Verfahren zu modifizieren und bilden die Ausgangslage für die Entwicklung des Gruppendelphis.

Relevante Literatur

Ammon, U. (2009). Delphi-Befragung. In S. Kühl, P. Strodtholz & a. Taffertshofer (Hrsg.), Handbuch Methoden der Organisationsforschung. Quantitative und Qualitative Methoden (S. 458-476). Wiesbaden: VS Verlag für Sozialwissenschaften.
Cuhls, K. (2008). Methoden der Technikvorausschau – eine internationale Übersicht. Stuttgart: IRB-Verlag.
Cuhls, K. (2009). Delphi-Befragungen in der Zukunftsforschung. In R. Popp & E. Schüll (Hrsg.), Zukunftsforschung und Zukunftsgestaltung. Beiträge aus Wissenschaft und Praxis (S. 207–221). Berlin, Heidelberg: Springer-Verlag.
Cuhls, K. (2012). Zu den Unterschieden zwischen Delphi-Befragungen und „einfachen" Zukunftsbefragungen. In R. Popp (Hrsg.), Zukunft und Wissenschaft. Wege und Irrwege der Zukunftsforschung (S. 139-157). Berlin, Heidelberg: Springer-Verlag.
Häder, M. (2014). Delphi-Befragungen: Ein Arbeitsbuch (2. Aufl.). Wiesbaden: Springer Fachmedien Wiesbaden.
Seeger, T. (1979). Die Delphi-Methode: Expertenbefragung zwischen Prognose und Gruppenmeinungsbildungsprozessen. Freiburg: Hochschul-Verlag.
Steinmüller, K. (1997). Grundlagen und Methoden der Zukunftsforschung: Szenarien, Delphi, Technikvorausschau. Gelsenkirchen: Sekretariat für Zukunftsforschung.

Das Gruppendelphi: Konzept und Vorgehensweise

3

In den 80er und 90er Jahren wurde das so genannte Gruppendelphi konzipiert. Es stellt eine Modifikation des klassischen Delphi-Verfahrens dar und versucht dessen positiven Aspekte beizubehalten und die negativen Seiten zu kompensieren (vgl. Renn & Kotte 1984; Renn et al. 1985; Webler et al. 1991; Renn & Webler 1998). Denn einer der gravierenden Nachteile des traditionellen Delphi-Verfahrens ist das Fehlen von inhaltlichen Begründungen für abweichende Urteile (vgl. Hill & Fowles 1975). Diese können allenfalls in schriftlicher Form dargelegt werden, aber erfahrungsgemäß wird diese Möglichkeit selten genutzt und es besteht das Risiko für eventuelle Unklarheiten bzw. Fehlinterpretationen durch das Forschungsteam.

Um diese inhaltlichen Begründungen adäquat erfassen zu können, entstand die Idee, die Experten im Rahmen von Workshops, also face-to-face, zusammenzuführen. Die Experten werden nicht mehr durch eine postalische Befragung und Rückkopplung miteinander verbunden, sondern zu einem gemeinsamen Workshop von ein bis zwei Tagen eingeladen. Damit wird der Aspekt der Anonymität aufgegeben. Die grundlegende Struktur und der Aufbau des traditionellen Delphi-Verfahrens werden aber beibehalten, nur die Befragungssituation wird von einer anonymen hin zu einer diskursiven Variante modifiziert. Die Vorteile dieser face-to-face Kommunikation haben Webler et al. 1991 zusammengefasst: „First ... there is direct and immediate feedback ... Second, the justifications given for dissenting viewpoints also give secondary insights into which deviations are accepted by the panel. Third, these discussions provide an internal check for consistence in accepted viewpoints" (1991: 258). Die gemeinsame Diskussion erlaubt also die verbalen Begründungen für unterschiedliche Abschätzungen als zusätzliche Informationen zu identifizieren. Kromrey (1986) sieht den Vorteil von Gruppendiskussionen ferner darin, dass die Teilnehmer durch die Ausführungen der anderen dazu angeregt werden, die eigene Ansicht stärker auf den Punkt zu bringen. Beiträge anderer dienen als Anstoß, um Schilderungen zu konkretisieren und sich an wichtige Aspekte zu erinnern, die in einer ersten spontanen Antwort vergessen worden wären.

Bei einem Gruppendelphi ist es von zentraler Bedeutung, dass die eingeladenen Experten die in der Fachwelt diskutierte Bandbreite an unterschiedlichen Auffassungen und Interpretationen vertreten. Außerdem sollen die Experten aufgrund des Wegfalls der Anonymität über einen ähnlichen Status verfügen (vgl. Webler et al. 1991: 257f). Allerdings können hier weniger Experten eingebunden werden als bei einem klassischen Delphi. Typischerweise werden zwischen 12 und 25 Experten zu dem Workshop eingeladen.

> Ein **Gruppendelphi** ist eine Weiterentwicklung des klassischen Delphis mit dialogischen und partizipativen Elementen. Hierbei werden die Experten zu einem ein- bis zweitägigen Workshop eingeladen, in dessen Rahmen sie einen standardisierten Fragebogen in rotierenden Kleingruppen beantworten. Zudem werden die Antworten gemeinsam im Plenum diskutiert. Ziel ist die Ermittlung von Konsens bzw. inhaltlich begründeten Dissens über das relevante Thema. Das heißt nicht, dass alle Experten die gleiche Meinung bzw. Beurteilung teilen müssen. Vielmehr wird eine maximale Annäherung angestrebt bzw. die Einigkeit darüber, dass keine weitere Annäherung möglich ist, also Konsens über Dissens besteht.

Gruppendelphis werden in den letzten Jahren immer häufiger eingesetzt. Bewährt haben sie sich beispielsweise in der Technikfolgenabschätzung (vgl. Schulz & Renn 2009), in der Evaluationsforschung (vgl. Niederberger & Kuhn 2013) und in der Politikberatung (vgl. Schulz & Wassermann 2010). Aber auch in anderen Forschungsdisziplinen wie der Pflege- und Gesundheitsforschung (vgl. Granacher 2015) oder im Bildungsbereich (vgl. Schulz & Keierleber 2011) finden sie Verwendung.

Gruppendelphis eignen sich insbesondere zur Bearbeitung von Fragen, die Expertise und Urteilskraft benötigen. Die Antworten der Experten müssen zum einen systematisch erarbeitete Wissensbestände und wissenschaftliche Argumente reflektieren und zum anderen darauf aufbauend eine abgewogene und rational begründbare Bewertung erlauben. In dieser Kombination von Sachwissen und Urteilsfähigkeit liegt das Potenzial von Gruppendelphis. Sie bringen mehr Klarheit und Transparenz in wissensbasierte Kontroversen. Damit sind Gruppendelphis vor allem zur Behandlung von so genannten Expertendilemmata geeignet, bei denen unterschiedliche Expertenbewertungen aufeinanderprallen, ohne dass eine Lösung allein auf der Basis epistemologischer Instrumente (wie Nachmessung, peer review) gelingt.

3.1 Funktionen des Gruppendelphis

Typischerweise erfüllen Gruppendelphis zwei Funktionen: eine epistemische Funktion und eine Bewertungsfunktion. Ersteres bezieht sich auf die Wissenslogik und beantwortet die Frage, wie wahrscheinlich bestimmte Sachverhalte sind. Bei letzterem dreht es sich um die Einschätzung von Folgen bestimmter Ereignisse oder Entscheidungen.

Epistemische Funktion

In der Praxis lässt sich meist unter den Kontrahenten eine Systematisierung der Aussagen zu einem Sachverhalt in eine der fünf Kategorien einteilen:

1. *absurd:* nach allen Erkenntnissen der Wissenschaft ist diese Behauptung nicht aufrecht zu erhalten. Sie widerspricht den gesicherten Erkenntnisbeständen der jeweiligen Disziplin und würde auch unter einem anderen disziplinären Blickwinkel nicht überzeugen können. Eine solche Behauptung kann daher aus dem weiteren Diskurs ausgeschlossen werden. Allerdings empfiehlt es sich, die absurden Behauptungen nach einiger Zeit erneut zu prüfen, ob nicht der Fortschritt im Wissensbestand eine Neubewertung der Aussage erfordert (etwa bei den Prognosen in der Science Fiction Literatur). Welche Aussagen als absurd eingestuft werden sollen, lässt sich mit Hilfe des Gruppendelphis in der Regel konsensual bestimmen.
2. *möglich:* nach den Erkenntnissen der Wissenschaften ist eine solche Behauptung im Prinzip möglich, aber höchst unwahrscheinlich. Für eine Einordnung in die Kategorie „möglich" reicht es aus, wenn die Folge oder das Ereignis, so wie es in der Behauptung zum Ausdruck kommt, auch in der Realität auftreten könnte. Solche sehr seltenen aber möglichen Ereignisse sind vor allem dann von Interesse, wenn es sehr viele unabhängige mit einander vernetzte Einflussvariablen gibt, so dass man mit einer „Überraschung" oder mehreren „Überraschungen" in dem betrachteten Systemkontext und in einem überschaubaren Zeitrahmen rechnen muss (etwa bei Sicherheitsanalysen). Methodisch sind für diese Kategorie vor allem Szenarien gut geeignet, die in einem Gruppendelphi bewertet werden können.
3. *wahrscheinlich:* In diese Kategorie fallen solche Behauptungen, die qualitativ oder quantitativ den Grad der Wahrscheinlichkeit angeben können, mit dem die jeweils geäußerte Behauptung zutrifft. Ob die behauptete Charakterisierung der Wahrscheinlichkeit und der damit verbundenen Unsicherheiten gerechtfertigt ist, kann in einem Gruppendelphi zumindest bearbeitet werden. Das Verfahren bietet keine neue Lösung eines Konfliktes für die Charakterisierung von

Unsicherheiten an, kann aber die Argumente der Vertreter der verschiedenen Standpunkte sammeln, ordnen und in einen Gesamtkontext einordnen. Ziel ist dann nicht unbedingt ein Konsens (etwa über den Verlauf einer Wahrscheinlichkeitsfunktion), sondern meist der Konsens über den Dissens (Verteilungsfunktion der Expertenurteile).

4. *sicher:* In diese Kategorie fallen solche Aussagen, die von den jeweiligen Fachwissenschaftlern als gesichertes Wissen angesehen werden. Im interdisziplinären Diskurs kann diese Sicherheit auch wieder in Frage gestellt werden, aber gerade dann ist das Gruppendelphi ein geeigneter Kommunikationsprozess, um die Argumente gegen eine als gesicherte Erkenntnis dargestellte Behauptung vorzubringen und im Diskurs zu verteidigen.
5. *unentscheidbar:* Diese Kategorie ist sehr problematisch, weil sie auch gerne strategisch benutzt wird, um an sicheren oder wahrscheinlichen Aussagen Kritik zu üben, ohne dass es dafür substantielle Argumente gibt. KO-Argumente wie *„Modelle können niemals die ganze Wirklichkeit erfassen"* oder *„Die Realität ist immer komplexer als die Möglichkeiten, sie analytisch zu begreifen"* bringen jeden Diskurs in die Sackgasse. In den letzten Jahren hat es daher eine intensive Debatte um Unterscheidungsmerkmale von Nicht-Wissen gegeben (vgl. Halfmann & Japp 1990; Wynne 1992; Jasanoff 2004a und 2994b; Böschen et al. 2006). Dabei wird zwischen Vermutungen, die möglicherweise eintreten können und Ahnungslosigkeit unterschieden. Ahnungslosigkeit liegt dann vor, wenn gar keine Behauptung aufgestellt wird, die überprüft werden könnte. Hier hilft dann nur die Selbstbescheidung vor dem eigenen Erkenntnisvermögen (vgl. Stirling 2007). Bei den Vermutungen wäre aber wieder zwischen absurd, möglich und wahrscheinlich zu differenzieren. Gelingt es dem Diskurs nicht, eine der drei Kategorien zu wählen, ist eine Einordnung in die Kategorie „unentscheidbar" gerechtfertigt.

Die Einordnung des Sachverhaltes in einer der genannten fünf Kategorien erfolgt bei einem Gruppendelphi auf Basis der Ergebnisse der standardisierten Abfrage und der inhaltlichen Diskussion. Die Experten werden etwa im Fragebogen gebeten, die Eintrittswahrscheinlichkeit von Folgen auf einer Skala von 0 (absurd), 1 (möglich), wahrscheinlich (2-9) und sicher (10) einzustufen. Zudem wird meist nach der subjektiven Gewissheit der eigenen Bewertung gefragt. Dies ist die sogenannte Urteilssicherheit. Aus den Profilen der Einschätzungen der Gewissheit lässt sich dann recht gut eine Klassifikation nach „möglich" bis „sehr wahrscheinlich" vornehmen.

Tab. 3 Beispielfragen für die epistemische Funktion im Gruppendelphi

Wie beurteilen Sie die Eintrittswahrscheinlichkeit der genannten Ereignisse? Bitte tragen Sie einen Wert ein. Geben Sie 8 an, wenn die Folge sicher eintreten wird und eine 1 wenn es möglich ist. Mit den Zahlen dazwischen können Sie die Eintrittswahrscheinlichkeit abstufen. Bitte vergeben Sie eine 0, wenn Sie völlig ausschließen, dass dieses Ereignis eintreten wird.												Wie sicher fühlen Sie sich bei der Beantwortung der Fragen?			
	0	1	2	3	4	5	6	7	8	9	10				
	absurd	möglich										Sehr wahrscheinlich	Sehr sicher	Eher sicher	Eher nicht sicher	Absolut nicht sicher
Der Anteil an Personen mit Migrationshintergrund wird deutschlandweit bis 2020 von derzeit ca. 19 % auf Minimum 40 % ansteigen.													☐	☐	☐	☐
Frauen verdienen im Durchschnitt bis 2020 genauso viel wie Männer.													☐	☐	☐	☐

Bewertungsfunktion

Neben der epistemischen Funktion erfüllen Gruppendelphis oftmals eine Bewertungsfunktion. In diesem Fall geht es nicht darum, ob und mit welcher Wahrscheinlichkeit eine Folge oder ein Ereignis eintreten kann, sondern auch wie schwerwiegend oder relevant eine solche Folge oder ein solches Ereignis empfunden wird. Zum Beispiel können sich alle Experten darüber einig sein, dass eine bestimmte Menge an Schadstoffen in einem Konsumprodukt enthalten ist. Für die einen ist schon das Vorliegen einer Gefährdung (hazard) Grund für eine negative Bewertung (bzw. eine Aufforderung an die Regulierungsbehörden, hier einzuschreiten). Für die anderen ist diese Gefährdung so lange belanglos, so lange es keine Exposition gibt, also niemand von der Gefährdung signifikant betroffen ist. Beispiele dafür sind Phthalate (Kunststoffweichmacher) in Kinderspielzeug oder Semicarbazide in Lebensmitteln. Das Gruppendelphi kann den Konflikt nicht auflösen, ihn aber transparent machen und die Begründungen für die unterschiedlichen Bewertungen herausstreichen. Es ist dann die Aufgabe der legitimen Entscheidungsträger (auch in Kombination mit partizipativen Verfahren), aus dieser Gegenüberstellung der Argumente die angemessenen politischen Beschlüsse zu treffen.

Tab. 4 Beispielfrage Bewertungsfunktion Gruppendelphi

Halten Sie es für notwendig, dass die EU den Einsatz von Glyphosat in der Landwirtschaft reguliert oder auch verbietet?	
Da karzinogene Wirkungen nicht ausgeschlossen werden können, ist ein Verbot angebracht.	☐
Bei den jetzt geltenden Grenzwerten ist eine Exposition der Konsumenten nicht ausgeschlossen. Die Grenzwerte müssen deshalb verschärft werden, so dass es praktisch zu keiner Exposition von Konsumenten mehr kommen kann.	☐
Bei den jetzt geltenden Grenzwerten, ist zwar eine Exposition nicht ausgeschlossen, aber aufgrund der extrem niedrigen Dosis ist praktisch kein negativer gesundheitlicher Effekt zu beobachten. Die bestehenden Grenzwerte reichen aus.	☐
Aufgrund der experimentell nachgewiesenen Dosis-Wirkungsbeziehungen sind die bestehenden Grenzwerte zu scharf. Eine nennenswerte Gefährdung der Konsumenten ist auch bei geringeren Grenzwerten ausgeschlossen.	☐

3.2 Der Ablauf eines Gruppendelphis

Ein Gruppendelphi wird in der Regel als ein- bis zweitägiger Workshop konzipiert. Im Vorfeld werden die konkreten Inhalte und die Experten ausgewählt. Der eigentliche Delphi-Prozess, sprich die iterative Befragung der Experten, findet während des Workshops statt. Im Nachgang werden die Ergebnisse ausgewertet und in einem Bericht zusammengefasst.

Abb. 9 Ablauf eines Gruppendelphis

Die einzelnen Schritte im Gruppendelphi orientieren sich am klassischen Delphi-Verfahren. Sie werden im Folgenden vorgestellt. In die Darstellung der einzelnen Schritte fließen praktische Erfahrungen der Autoren ein (vgl. Schulz & Renn 2009; Renn & Webler 1998).

Schritt 1

Zunächst entwickelt das Forschungsteam ein inhaltliches Konzept für das Gruppendelphi. Dazu gehört die Formulierung einer präzisen Fragestellung, die Auswahl relevanter inhaltlicher Dimensionen und letztendlich die Entwicklung des Fragebogens. Bei der Fragebogenentwicklung können unterstützend qualitative Experteninterviews (vgl. Wassermann 2015b) oder Literatur- bzw. Dokumentenrecherchen eingesetzt werden. Wichtig ist die Wiedergabe des aktuellen Wissensstandes, der gesamten Bandbreite möglicher Einschätzungen sowie des korrekten Fachvokabulars. Damit beweist das Forschungsteam nicht nur seine methodische, sondern auch seine inhaltliche Kompetenz, die Grundlage für die Akzeptanz durch die befragten Experten ist. Um dies zu gewährleisten, arbeitet das Forschungsteam erfahrungsgemäß eng mit dem Auftraggeber zusammen und/oder ein Mitglied des Forschungsteams hat selbst ausreichend Expertise für die jeweilige Fragestellung.

Schritt 1.1 (möglicher Zwischenschritt)

Der Fragebogen kann im Vorfeld des Workshops an die relevanten Experten verschickt werden (Vorabbefragung). In diesem Fall werden sie gebeten, den Fragebogen individuell auszufüllen und zur Vorbereitung des Workshops an das Forschungsteam zurückzuschicken. Anschließend werden Fragen mit hoher Divergenz und Urteilsunsicherheit ermittelt und ein neuer, in der Regel deutlich gekürzter Fragebogen für den Workshop entwickelt. Dieses Vorgehen hat Vorteile für die eingeladenen Experten und für das Forschungsteam:

- den designierten Teilnehmern ermöglicht es eine optimale inhaltliche Vorbereitung für den Workshop
- dem Forschungsteam erlaubt es erste Einblicke in diskrepante Urteile und mögliche Befindlichkeiten der Experten.

Der Nachteil dieses Vorgehens liegt darin, dass die Teilnehmer zwar schriftlich über das Verfahren des Gruppendelphis informiert werden, aber mögliche Rückfragen über die Methode oder den Fragebogen mit logistischem Aufwand verbunden sind. Das Risiko besteht ferner darin, Fragen bereits im Vorfeld des Workshops auszuschließen, bei denen nur eine Art Scheinkonsens vorliegt. Denn wie bei jeder schriftlichen standardisierten Befragung besteht die Gefahr, dass die Fragen unterschiedlich interpretiert werden und dementsprechend divergierende Relevanz- und Bewertungssysteme den Urteilen zu Grunde liegen. Ein weiterer Nachteil besteht darin, dass die befragten Experten ihre Einschätzung im späteren Workshop gegen anderslautende Einschätzungen unbedingt verteidigen wollen, weil sie die Befürchtung haben, ihr Gesicht zu verlieren, wenn ihre individuell geäußerte Meinung unter Druck gerät. Diese Gefahr kann durch eine anonymisierte Ergebnisdarstellung der Vorabbefragung minimiert werden. Dennoch kennen die Experten ihre eigenen Antworten und das Risiko eines „Verteidigungsmechanismus" während der Gruppendiskussion ist nicht komplett auszuschließen.

Im Endeffekt besteht der Vorteil einer Vorabbefragung darin, im Vorfeld die Fragen aus dem Gruppendelphi auszuschließen, die offensichtlich keine widersprüchlichen Antwortmuster hervorrufen. Doch möglicherweise geschieht dies auf Kosten der Genauigkeit der Präferenzabbildungen der eingeladenen Experten. Ob im Vorfeld des Workshops der Fragebogen mit der Bitte zum Ausfüllen verschickt wird, kann von Fall zu Fall entschieden werden. Wenn wenig Zeit für den Workshop eingeplant ist, kann die Versendung eines Individualfragebogens helfen, die Diskussion stärker zu fokussieren und somit die Workshopzeit effizienter nutzen zu können.

Schritt 2

Neben der inhaltlichen Vorbereitung wählt das Forschungsteam die Experten aus und lädt zu dem Workshop ein. Dabei wird versucht, die gesamte Bandbreite an Expertise und relevanten Institutionen zu integrieren. Insgesamt werden meist zwischen 15 und 40 Experten eingeladen. Die Teilnahmebereitschaft kann durch eine frühzeitige Ansprache, eine aktuelle Forschungsfrage, einen interessanten Fragebogen und der Übernahme eventueller Reise- und Übernachtungskosten erhöht werden.

Schritt 3

Im Vorfeld oder spätestens zu Beginn des Workshops werden den teilnehmenden Experten die Aufgabenstellung und die Struktur des Fragebogens erläutert. Außerdem empfiehlt sich bei Unbekanntheit des Gruppendelphis eine kurze Plenumseinweisung in die Methode. Bei einem eintägigen Workshop raten wir für diesen Schritt maximal eine Stunde einzuplanen.

3.2 Der Ablauf eines Gruppendelphis

> **!** Eine der größten Herausforderungen bei der Organisation eines Gruppendelphis ist die **Teilnahmebereitschaft der designierten Experten**. Erfahrungsgemäß kann diese durch folgende Punkte erhöht werden:
> - Das Thema des Gruppendelphis ist interessant, aktuell und relevant.
> - Die Einladung erfolgt mindestens sechs Monate vor dem Workshop.
> - Die Einladung wird von einem Anschreiben des Auftraggebers begleitet, aus dem die Seriosität, Kompetenz und Neutralität des Forschungsteams hervorgeht.
> - Die Experten erhalten vorab die Ergebnisse des Workshops und könne diese für ihre eigenen Arbeiten nutzen.
> - Ausschöpfungssteigernd kann auch die Übernahme von Reise- und Übernachtulngskosten sein.

Schritt 4

Anschließend werden die Teilnehmer in einer ersten Runde in Kleingruppen aufgeteilt. Die Anzahl der Gruppen richtet sich nach der Anzahl der teilnehmenden Experten. Bei 25 Teilnehmern empfehlen wir die Bildung von fünf Gruppen und bei 16 Teilnehmern von vier Gruppen. Generell sollte die Gruppengröße zwischen drei und maximal sechs Personen liegen. Die Aufteilung erfolgt in der Regel zufällig und nicht systematisch. Dazu kann beispielsweise ein Losverfahren eingesetzt werden. Diese Art der Verteilung gewährleistet die Chance, dass Experten unterschiedlicher Disziplinen und Positionen gemeinsam in der Kleingruppe diskutieren und den Fragebogen beantworten.

Schritt 5

Jede dieser Kleingruppen erhält die gleiche Aufgabe, nämlich den zuvor erläuterten Fragebogen auszufüllen. Dazu werden die Gruppen idealerweise in verschiedene Räume geführt, die eine ungestörte Diskussion zulassen.

Zur Vermeidung externer Effekte diskutieren die Kleingruppen ohne Anwesenheit des Forschungsteams oder eines Moderators. Derart können und sollen mögliche Interviewereffekte minimiert werden und die Teilnehmer können ungehindert miteinander diskutieren. Ziel ist es, dass sich die Gruppen bei jedem Item auf eine gemeinsame Antwort einigen. Konsens wird angestrebt, allerdings sind auch abweichende Voten möglich. Einigt sich eine Gruppe nicht auf eine gemeinsame Antwort, können Mehrheits- und Minderheitsvoten abgegeben werden.

Für diese Phase empfehlen wir je nach Länge des Fragebogens zwischen ein bis zwei Stunden.

Schritt 6

Nach der ersten Kleingruppenarbeit haben die Experten eine Pause, üblicherweise Mittagspause. In dieser Zeit wertet das Forschungsteam die Fragebögen der Kleingruppen aus. Dazu sind verschiedene Möglichkeiten denkbar. Die Antworten können entweder über eine entsprechende Auswertungssoftware (z. B. Excel oder SPSS) analysiert werden.[2] Man kann sie aber auch direkt über die jeweilige Gruppenbezeichnung in eine digitale Version des Fragebogens einfügen. Der mit allen Gruppenantworten ausgefüllte Fragebogen kann in der anschließenden Plenumsdiskussion über einen Beamer präsentiert werden.

Das erste Verfahren ermöglicht eine relativ schnelle Berechnung statistischer Kennzahlen und die zweite Möglichkeit gewährleistet eine visuelle Darstellung der einzelnen Antworten und damit der Varianzen der Gruppenantworten.

Schritt 7

Im Plenum müssen diejenigen Experten, deren Bewertungen signifikant vom Mittelwert aller anderen Teilnehmer abweichen, ihren Standpunkt eingehend vor den anderen begründen und verteidigen. Sinn dieses Austauschs von Argumenten ist es, die knappe Zeit für die Kommunikation auf die Themen zu lenken, bei denen offensichtlich die größte Diskrepanz in den Einschätzungen auftritt. Ziel der Diskussion ist es, herauszufinden, worin der Dissens begründet liegt und ob die Diskrepanzen durch zusätzliche Informationen und Argumente der anderen Experten aufzulösen sind.

> **!** Um die knappe Zeit für die **Plenumsdiskussionen** effektiv und effizient zu nutzen, ist es sinnvoll die Diskussion mit den Fragen zu beginnen, die offensichtlich die größte Diskrepanz in den Antworten hervorrufen. Das systematische Durchgehen der Items, wie sie im Fragebogen abgefragt wird, birgt die Gefahr, dass die letzten Fragen nicht mit der gleichen Aufmerksamkeit und Konzentration diskutiert werden. Möglicherweise sind dies aber die Fragen mit der größten Streuung und Unsicherheit bei den Experten.

---

2 Eine speziell für Gruppendelphis programmierte Auswertungssoftware findet sich bei Schulz & Renn 2009

Schritt 8

In einer zweiten Delphi-Runde wird das Verfahren in neu gebildeten Kleingruppen wiederholt. Bei der Zusammenstellung der neuen Kleingruppen wird darauf geachtet, dass in jeder Gruppe Repräsentanten der Extremgruppen aus der ersten Runde vertreten sind. Dies kann in der Regel durch eine systematische Permutation der teilnehmenden Experten erreicht werden. Eine mögliche Permutation bei 16 Teilnehmern ist in Abbildung 10 dargestellt.

In der zweiten Kleingruppendiskussion werden nur die strittigen und unklaren Fragen weiter diskutiert. Da in dieser Phase die Anzahl der Fragen bereits deutlich gekürzt ist, kann die Dauer auf ca. 30-60 Minuten verkürzt werden.

1	2	3	4
5	6	7	8
9	10	11	12
13	14	15	16

Abb. 10 Permutation der Teilnehmer (Rechteck – 1. Aufteilung, Kreise - 2. Aufteilung)

Schritt 9

Die Abfolge von Einzelgruppensitzungen und Plenarsitzungen wird so lange fortgeführt, bis keine bedeutsamen Verschiebungen der Standpunkte mehr auftreten. Am Ende eines Gruppendelphis erhält man in der Regel eine wesentlich eindeutigere Verteilung der Antwortmuster. Entweder streuen die Einschätzungen der Experten um einen Mittelwert oder es bilden sich mehrgipflige Verteilungen. Im ersten Falle ist ein Konsens weitgehend erzielt, im zweiten Fall können deutlich mehrere, voneinander getrennte Positionen ausgemacht werden und im Idealfall Konsens über den Dissens festgestellt werden (vgl. Renn & Webler 1998). In beiden Fällen liefert das Gruppendelphi im Gegensatz zum traditionellen Delphi-Verfahren ausführliche Begründungen für jede Position. Am Ende des Workshops verfügt das Forschungsteam über ein von den Experten getragenes Profil vermuteter oder geschätzter Bewertungen.

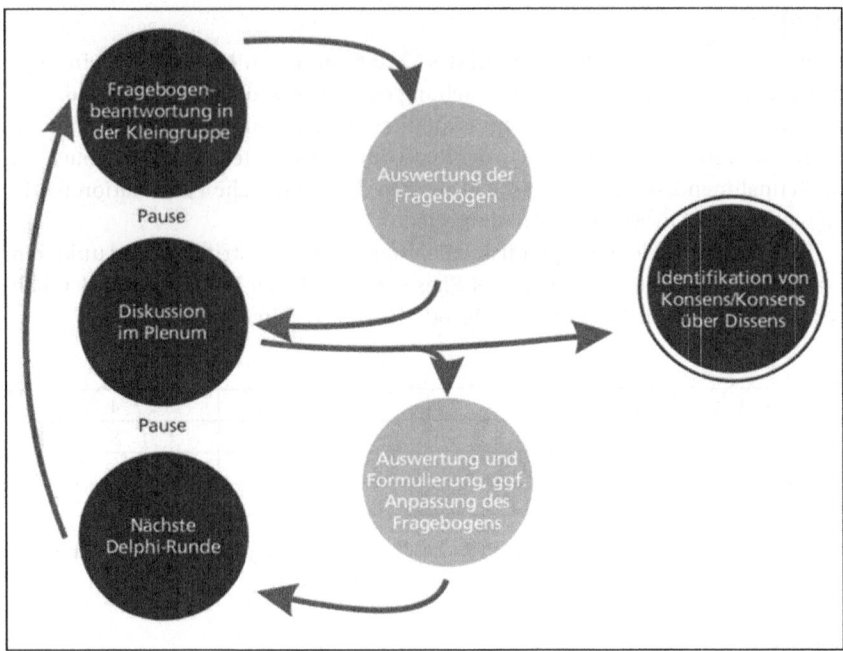

Abb. 11 Ablauf während des Workshops

Schritt 10

Im Anschluss an den Workshop erstellt das Forschungsteam ein belastbares Protokoll, das den Experten mit der Bitte um Freigabe oder ggfs. Korrektur zugeschickt wird. Dieses Protokoll enthält die zentralen statistischen Ergebnisse, sprich die relevanten Maße der zentralen Tendenz und Streuungsmaße, sowie ausführliche Darstellungen der Begründungen der Urteile. Damit wird sichergestellt, dass im Ergebnis des Gruppendelphis die Begründungen und Urteile der Experten adäquat erhoben und zusammengestellt werden. Damit kann die Validität der Ergebnisse erhöht werden.

Der Ablauf des Gruppendelphis ist nicht als strikt festlegte Vorgabe zu verstehen, sondern dient vielmehr der Orientierung. Die Dauer der einzelnen Schritte hängt unter anderem von der Länge des Fragebogens, von der Anzahl der Experten sowie von der eingeplanten Gesamtdauer des Workshops ab. Die Anzahl der Kleingruppendiskussionen richtet sich im Idealfall danach wie schnell Konsens bzw. Konsens über Dissens festgestellt werden kann. In der Regel reichen zwei

3.2 Der Ablauf eines Gruppendelphis

bis drei Kleingruppendiskussionen für ein Gruppendelphi aus, um Konsens bzw. Konsens über Dissens zwischen den Experten herzustellen.

Tab. 5 Beispiel eines Tagesablaufes für ein ein- und zweitägiges Gruppendelphi

Beispiel eintägiges Gruppendelphi (mit schriftlicher Vorabbefragung)	Beispiel zweitägiges Gruppendelphi
09:30 Uhr Eintreffen, Begrüßung & Vorstellung **10:00 Uhr** ggfs. Vorstellung der Ergebnisse des Vorfragebogens & Einteilung in Arbeitsgruppen **10:20 Uhr** Erste Delphi-Runde **12:00 Uhr** Mittagspause / Auswertung der Bögen des Vormittags **13:00 Uhr** Diskussion der Ergebnisse des Vormittags im Plenum **14:00 Uhr** Kaffeepause / Druck der gekürzten Fragebögen für Nachmittag **14:15 Uhr** zweite Delphi-Runde **15:30 Uhr** Kaffeepause / Auswertung der Bögen des Nachmittags **16:00 Uhr** Vorstellung und Diskussion der Ergebnisse des Nachmittags im Plenum **16:45 Uhr** Zusammenfassung der Ergebnisse, Verabschiedung **17:00 Uhr** Ende des Gruppendelphis	<u>Erster Tag:</u> **10:00 Uhr** Begrüßung durch Forschungsteam und kurze Vorstellungsrunde **10:20 Uhr** Einführung in das Thema und Ziel des Workshops **10:45 Uhr** Vorstellung des Fragebogens mit Rückfragen und Aufteilung in Kleingruppen **11:00 Uhr** Erste Delphi Runde **12:30 Uhr** Mittagspause / Auswertung der Bögen des Vormittags **13:30 Uhr** Diskussion der Ergebnisse des Vormittags im Plenum **15:00 Uhr** Kaffeepause / Druck der gekürzten Fragebögen für Nachmittag **15:10 Uhr** Zweite Delphi Runde **16:30 Uhr** Ende des ersten Tages (Forschungsteam wertet aus) Gemeinsames Abendessen <u>Zweiter Tag:</u> **09:00 Uhr** Begrüßung und Plenumssitzung der zweiten Delphi-Ergebnisse **10:30 Uhr** Kaffeepause / Druck der gekürzten Fragebögen **10:45 Uhr** dritte Delphi-Runde **12:00 Uhr** Mittagspause / Auswertung der Bögen des Vormittags **12:30 Uhr** Letzte Plenumssitzung und Verabschiedung **14:00 Uhr** Ende des Gruppendelphis

3.3 Gruppendynamik und Konsensbildung

Das Gruppendelphi ist in erster Linie ein Instrument der angewandten Forschung. Theoretische Diskurse oder methodologische Untersuchungen, beispielsweise über die Validität von Skalen, finden momentan kaum statt. Aber es gibt umfangreiche Fachliteratur über allgemeine Gruppendiskussionen, die auch theoretische Implikationen über Gruppendynamiken enthalten (vgl. Kühn & Koschel 2011). Assoziiertes Anliegen ist dabei oftmals eine systematische und valide Auswertung von Gruppendiskussionen. Reflektiert werden u. a. Annahmen der Psychoanalyse, Axiome des Symbolischen Interaktionismus oder der hermeneutischen Textinterpretation (vgl. Kühn & Koschel 2011). Diese Annahmen liefern auch einen theoretischen Eindruck über die Konsensbildung bei einem Gruppendelphi und sollen unter diesem Blickwinkel deshalb kurz vorgestellt werden.

Gruppendiskussionen verlaufen nach verschiedenen Phasen. Sie beginnen in der Regel mit einer Phase der Fremdheit und Orientierung, dann entsteht zunehmend Vertrautheit und Anpassungsmechanismen beginnen zu greifen. Letztendlich entsteht typischerweise Konformität und die Gruppe löst sich wieder auf (vgl. Kühn & Koschel 2011: 224ff). Die Konfliktphase verorten Gruppenforscher eher zu Beginn, nach einer ersten Orientierungsphase. Die genannten Phasen verlaufen nicht chronologisch, sie können auch mehrmals durchlaufen werden und sind oftmals miteinander verschränkt.

Die Redebeiträge der Teilnehmer sind dabei nicht zwangsläufig gleich verteilt. Dies ist unproblematisch, solange alle relevanten Positionen und Meinungen im Gruppendelphi berücksichtigt, formuliert und erfasst werden. Mögliche normative Effekte, die beispielsweise dazu führen, dass einzelne Experten sich nicht trauen in der Gruppe ihre Meinung zu vertreten, können durch die wechselnden Kleingruppendiskussionen zumindest abgeschwächt werden. Die Diskussion um soziale Erwünschtheit von Antworten, die bei Gruppenverfahren gerade bei sehr persönlichen und heiklen Themen immer wieder Dreh- und Angelpunkt der methodischen Diskussion ist, scheint beim Gruppendelphi weniger relevant. Denn hier geben die Experten nicht ihre persönliche Meinung wieder, sondern präsentieren eine fachliche Expertise bzw. Institution und vertreten idealtypischerweise ihre Meinung auf Basis von wissenschaftlichen Fakten. Die verschiedenen Einschätzungen und Urteile der Experten werden durch die Diskussion und das iterative Verfahren in einen Konsens, also in ein von allen getragenes Expertenvotum überführt.

3.3 Gruppendynamik und Konsensbildung

> **!** **Soziale Erwünschtheit** ist ein Störfaktor bei empirischen Befragungen. Sie liegt vor, wenn Befragte Antworten geben, von denen sie glauben, sie träfen eher auf Zustimmung als die korrekte Antwort, bei der sie soziale Ablehnung befürchten. Grundsätzlich können zwei Arten unterschieden werden. 1. Bei der *kulturellen sozialen Erwünschtheit* liegt die Ursache in internalisierten allgemeinen Verhaltenserwartungen (z. B. aufgrund traditioneller Geschlechterrollen „gute Mutter"). 2. Bei der *situationalen sozialen Erwünschtheit* liegt die Ursache in konkreten Stimuli der Befragungssituation (z. B. wegen Geschlecht oder Hautfarbe des Interviewers oder der Öffentlichkeit der Interviewsituation).

Diesen Prozess der Konsensfindung wird in der Literatur über Gruppendiskussionen mithilfe der Theorie des sozialen Vergleichs erläutert. Den Annahmen dieser Theorie zufolge, streben Menschen nach Harmonie und Einigung. Unstimmigkeiten zwischen Gruppenmitgliedern können ein Gefühl der Dissonanz auslösen und die Teilnehmer versuchen die Hintergründe zu rekonstruieren. Dies kann durch Strategien des Perspektivwechsels, der Überzeugungsarbeit oder ggfs. der Kennzeichnung (Labeling) eines Teilnehmers als irrelevant erfolgen (vgl. Kühn & Koschel 2011: 243f).

> **!** Die **Theorie des sozialen Vergleichs** besagt, dass Menschen Informationen über sich selbst durch den Vergleich mit anderen gewinnen können (vgl. Festinger 1954).

Bei einem Expertendialog spielen in diesem Zusammenhang informative Einflüsse eine zentrale Rolle (vgl. Deutsch & Gerard 1955). Denn Informationen und Wissen anderer Experten können dazu führen, dass eigene Einschätzungen überdacht und modifiziert werden. Die eigene Unsicherheit bei der Einschätzung bzw. Beantwortung der Fragen kann reduziert werden, wenn andere Experten ähnlich argumentieren. Zu beachten ist allerdings, dass Status und Seniorität die Glaubwürdigkeit von Informationen beeinflussen können. Dies ist ein Grund, warum bei einem Gruppendelphi möglichst Experten mit einem ähnlichen Status im jeweiligen Fachgebiet (aber mit heterogenen Ausgangspositionen) eingeladen werden.

Dennoch bilden sich nicht immer einstimmige Voten in einem Gruppendelphi heraus. Dies kann auf unterschiedliche Gewichtungen von Argumenten, der kommunikativen Kompetenz einzelner Experten, auf die Glaubwürdigkeit von

Personen und Institutionen oder sogar auf politisches Kalkül zurückgeführt werden. Mehrheits- und Minderheitsvoten sind in einem Gruppendelphi denkbar, zulässig und gewünscht. Dabei beeinflussen sich beide Standpunkte durch die Art, wie sie kommuniziert werden. Ein Minderheitsvotum kann dazu führen, dass die Mehrheit der Experten ihre Position relativiert. Bei rigider und wenig kompromissbereiter Haltung der Minderheitsvoten beharrt allerdings auch die Mehrheit eher auf ihrer Position (vgl. Kühn & Koschel 2011:246). In diesem Fall wird keine weitere Annäherung möglich sein und der Moderator eines Gruppendelphis kann Konsens über Dissens feststellen und die jeweiligen Argumente werden dokumentiert. Dies wiederrum verdeutlicht eindrucksvoll, warum bei einem Gruppendelphi keine Experten unterschiedlicher Weltanschauungen bzw. divergierender Überzeugungen eingeladen werden (z. B. über Religion oder Naturschutz). In diesen Fällen ist auch durch eine wissensbasierte Diskussion keine Annäherung möglich und Polarisierungen können die Folge sein.

3.4 Beispiele für Gruppendelphis

Thematisch lässt sich das Gruppendelphi für alle Themenbereiche einsetzen, bei denen Sachwissen für Entscheidungen relevant ist. Verfahren des Gruppendelphis wurden in der Vergangenheit vor allem zur Ermittlung von Expertenurteilen für Foresight-Prozesse, zur politischen Maßnahmenentwicklung und zur Prioritätensetzung eingesetzt. Die Fragestellungen berühren häufig den technik- und umweltsoziologischen Kontext. Einige Beispiele zeigt die folgende Tabelle. In dem Abschnitt Praxisbeispiele dieses Buches finden sich ausführliche Darstellungen ausgewählter Gruppendelphis (vgl. TEIL II: Fallbeispiele: Das Gruppendelphi in der Praxis)

Tab. 6 Beispiele für Gruppendelphi-Verfahren

Smart Metering (vgl. Kuhn et al. 2014)
• Literaturrecherche, Marktanalyse, Durchführung von Fokusgruppen zur Ableitung der Fragestellung für das Delphi • Durchführung eines Gruppendelphis mit 16 Experten aus unterschiedlichen wissenschaftlichen Disziplinen, • aus dem Bereich der Wirtschaft und aus Umweltverbänden beim Gruppendelphi zusammengebracht, um ein möglichst breites Spektrum aus Experten- und Erfahrungswissen abzudecken • Versand der Ergebnisse zur Validierung

Erfolgreiche Kommunikation wissenschaftlicher Inhalte am Beispiel von Testverfahren für Chemikalien (vgl. Benighaus et al. 2012)
• Eintägiger Workshop mit zwei Delphi-Runden • Verwendung eines standardisierten Fragebogens mit 10-stufigen Skalen, statistische Auswertung auf Basis von arithmetischen Mitteln
Übergewicht und **Adipositas bei Kindern und Jugendlichen** (vgl. **Deuschle & Sonnberger 2009; Zwick et al. 2011; Zwick 2008**)
• Eintägiger Workshop mit zwei Delphi-Runden, Auswertung auf Basis deskriptiver Statistik (Mittelwerte und Streuung)
Soziale Effekte von Stromerzeugungstechnologien (vgl. **Gallego Carrera 2009**)
• Zweitägiger Workshop mit drei Delphi-Runden, vorherige standardisierte Befragung der Experten mit dem gleichen Fragebogen wie beim Workshop

3.5 Fazit

Das Gruppendelphi unterscheidet sich in zwei zentralen Punkten vom klassischen Delphi-Verfahren. Zum einen beantworten die Experten den Fragebogen nicht mehr allein, sondern in der Gruppe auf einem Workshop und zum anderen werden neben den standardisierten Antworten die inhaltlichen Begründungen erfasst. Der Ressourcenaufwand, sowohl zeitlich als auch finanziell, ist in der Regel deutlich geringer als bei einem klassischen Delphi. Dies ist ein Grund, warum das Verfahren immer häufiger eingesetzt wird.

In der weiteren Darstellung werden einzelne Aspekte, die maßgeblich über die Qualität der Ergebnisse des Gruppendelphis entscheiden, detailliert dargelegt: Dazu gehören Hinweise zu den Experten, zur Fragebogengestaltung und zur statistischen bzw. inhaltlichen Auswertung.

Relevante Literatur

Niederberger, M. & Kuhn, R. (2013). Das Gruppendelphi als Evaluationsinstrument. Zeitschrift für Evaluation, 12(1), 53–77.

Renn, O. & Schulz, M. (2012). Das Gruppen-Delphi in der TA-Lehre. In M. Dusseldorp & R. Beecroft (Hrsg.), Technikfolgen abschätzen lehren. Bildungspotenziale transdisziplinärer Methoden (S. 241–257). Wiesbaden: VS Verlag für Sozialwissenschaften.

Schulz, M. & Renn, O. (Hrsg.). (2009). Das Gruppendelphi: Konzept und Fragebogenkonstruktion (1. Aufl.). Wiesbaden: VS Verlag für Sozialwissenschaften. doi: 10.1007/978-3-531-91511-1.

4 Experteneinbindung für ein Gruppendelphi

Gruppendelphis binden Experten unterschiedlicher Fachrichtungen und Disziplinen zur Beantwortung einer konkreten Forschungsfrage ein. Die Erfassung und Bündelung von Expertenwissen erscheint in der heutigen Gesellschaft zunehmend relevant und herausfordernd. Denn obwohl es niemals zuvor in der Geschichte so einfach war wie heute, an Informationen zu kommen, fehlt es oftmals an integrativem Wissen und adäquaten Verfahren zur Konsolidierung und Validierung von Wissen. Politische Entscheidungsverfahren und etablierte Wissenssysteme sind oft überfordert, angesichts der Komplexität und Pluralität von Wissen und Werten. In diesem Zusammenhang ertönt auch der Ruf nach mehr Partizipation. Bürger, Experten und Stakeholder sollen gleichermaßen im politischen Prozess Gehör finden und ihre Ansichten aktiv einbringen.

Eines der Hauptargumente für die Einbindung von Experten in politische Prozesse ist die Integration von externem Wissen, das je nach Thema sowohl wissenschaftlich-theoretisch als auch erfahrungsbasierend oder von praktischer Natur sein kann. Zahlreiche Verfahren und Methoden wie Szenarioanalysen, Experteninterviews oder Wertbaumanalysen etc. zielen genau auf diese Integration ab (vgl. Niederberger & Wassermann 2015). Dabei wird versucht, durch eine gezielte Auswahl der Experten sowie einer systematischen, regelgeleiteten und ergebnisoffenen Vorgehensweise den Problemen vorzubeugen, die aufgrund unterschiedlicher Wissenbestände und sektoraler Zuständigkeit entstehen. Die Berücksichtigung der gewonnenen Erkenntnisse, wird zur Grundvoraussetzung für eine adäquate, legitime und demokratische Entscheidungsfindung.

Im Folgenden wird zunächst eine Definition des Wortes „Experte" vorgestellt und anschließend die Notwendigkeit der systematischen und regelgeleiteten Integration bzw. Synthese von Expertenwissen diskutiert.

4.1 Definition Experte

Es gibt unzählige Definitionen von Experten. Basis ist oftmals das unterstellte Wissen, ihre berufliche Position oder ihre soziale Rolle innerhalb der Gesellschaft (vgl. Gläser & Laudel 2006; Bogner & Togersen 2005). Während Psychologen Experten eher dadurch definieren, dass sie etwas besonders gut können, definieren Soziologen Experten eher über ihre soziale Rolle (vgl. Peters 2002). Nicht selten werden dabei Experten und Laien als Gegensatzpaar konzipiert (vgl. Huber 2014a und 2014b). Teilweise werden auch differenziertere Typologien verwendet. So unterscheidet Schütz (1972) zwischen „Experten", dem „Mann auf der Straße" und den „gut informierten Bürger". Eine Auswahl an verschiedenen Definitionen von Experten zeigt Tabelle 7. Das zentrale Moment für die Definition von Experten ist ihr postuliertes Wissen. Experten verfügen über Wissen, das andere nicht haben bzw. nur schwer für andere zugänglich ist. Dieses Kapital erwerben sie über mehrere Jahre, im Rahmen ihrer Ausbildung und ihrer beruflichen Tätigkeit. Es wird bezogen auf spezifische Bereiche und ist nicht auf Persönlichkeitsmerkmale zurückzuführen. Als zentrale Elemente der Expertenkompetenz halten Mieg und Näf (2005) fest:

- die geringe Bedeutung von persönlichen Generalfertigkeiten (Intelligenz, Gedächtnis etc.) für die Expertenleistung
- die strikte Bereichsabhängigkeit der Expertenleistung (Sachkompetenz ist nicht auf andere Bereiche übertragbar)
- die langjährige Erfahrung: es gilt in etwa eine 10-Jahres-Regel (das Erlangen von Expertenkompetenz braucht etwa 10 Jahre Training und Erfahrung).

Allerdings ist der Aspekt der Bereichsabhängigkeit zu relativieren. Denn Experten werden oft gebeten, nicht nur Aussagen über ihren Bereich zu treffen, sondern zugleich Implikationen und Ableitungen für gesamtgesellschaftliche Fragen zu diskutieren. Nowotny (2005: 37ff) bezeichnet Expertise deshalb als transgressiv und verweist damit auf die schwammige Grenze zwischen Experten und Laien. Experten überschreiten oft ihre Kompetenz, wenn sie Fragen zur gesellschaftlichen Einbettung beantworten. Dabei ist keine eindeutige Trennung zwischen wissenschaftlichen Fakten und persönlichen Meinungen bzw. biografischen Erfahrungen möglich. Diese Problematik liegt auch beim Gruppendelphi vor. Denn hier liefern die einzelnen Experten im Grunde die disziplinspezifischen Puzzlesteine, die während des Workshops zusammengefügt werden und im Idealfall ein Ganzes ergeben. Weil dabei die Experten auch Elemente berücksichtigen müssen, die nicht zu ihrer Kernkompetenz gehören, besteht die Gefahr, dass persönliche Werte und Einstellungen die Diskussion beeinflussen.

4.1 Definition Experte

Tab. 7 Definitionen zum Begriff „Experte"

Wer ist ein Experte? Auswahl an Definitionen:
- Experten sind Menschen, die ein besonderes Wissen über soziale Sachverhalte besitzen (vgl. Gläser & Laudel 2006).
- „Der Experte verfügt über einen ausgesonderten Wissensbestand, der dem Nicht-Experten – jedenfalls in seiner Gesamtheit – nicht ohne weiteres zugänglich ist, der von diesem aber nachgefragt wird, auf den sich dieser im Hinblick auf bestimmte lebenspraktisch relevante Fragen ver- und angewiesen sieht. Der Experte wird vom Laien typischerweise konsultiert" (Hitzler 1994).
- Experten sind Personen, von denen angenommen wird, dass sie aufgrund ihres routinemäßigen Umgangs mit bestimmten Themen Erfahrungen in relevanten Handlungskontexten gesammelt haben und daher Vertrauen sowie gesellschaftliches Ansehen genießen (vgl. Stehr & Grundmann 2010)
- „Experten sind all diejenigen Menschen, die mit ihrer sachverständigen Sicht auf eine spezifische Realität dazu beitragen, dem Fragesteller seinen Blick auf die gleiche Realität zu bilden, zu weiten oder zu schärfen. Sie können das, weil sie einen Wissensvorsprung haben oder weil sie eine im Vergleich zum Fragesteller privilegierte Perspektive auf den jeweiligen Gegenstand (und dadurch einen Wissensvorsprung) haben. Mit anderen Worten: es handelt sich eindeutig um eine Zuschreibung oder eine begründete Erwartung seitens des Fragestellers" (Franz & Kopp 2004: 52).
- „Das Wissen des Experten ist auf ein beschränktes Gebiet begrenzt, aber darin ist es klar und deutlich. Seine Ansichten gründen sich auf gesicherte Behauptungen; seine Urteile sind keine bloße Raterei oder unverbindliche Annahmen" (Schütz 1972: 87).
- Experte ist jemand, der/die aufgrund langjähriger Erfahrung über bereichsspezifisches Wissen/Können verfügt (vgl. Mieg & Näf 2005).
- „Um zu einem öffentlich wahrgenommen und anerkannten Experten zu werden, muss ein Spezialist nicht nur über besonderes Fachwissen oder spezifische Fähigkeiten verfügen, er muss auch in der Lage sein, einen Bezug seines wissenschaftlichen Wissens zu gesellschaftlich relevanten Problemen und Problemlösungsvorschlägen herzustellen" (Saretzki 2005: 347).
- „ExpertInnen sind also Informant/innen, die über Wissen verfügen, das den ForscherInnen über andere Quellen nicht zugänglich ist. Oftmals sind diese Personen, die auch über Entscheidungsbefugnisse verfügen, also Führungskräfte, die Verantwortung für weiter reichende Entscheidungen tragen" (Littig 2008: 8).

Die Kennzeichnung als Experte erfolgt meist auf Basis der Anerkennung des Wissens durch die Gesellschaft. „ExpertIn ist hier ein hinsichtlich des jeweiligen Erkenntnisinteresses vom Forscher verliehener Status" (Meuser & Nagel 2005: 259). Bei einem Gruppendelphi entscheidet meist das Forschungsteam, wessen Expertise für die entsprechende Fragestellung relevant ist. Die Auswahl der Experten erfolgt in der Regel über ihre berufliche Position, fachspezifische Vorträge bzw. Publikationen oder auf Empfehlung Dritter. Annahmen der Innovationsforschung zu folge, kann explizites Wissen unter anderem über die Anzahl von Publikationen und Patenten operationalisiert und entsprechend gemessen werden (vgl. OECD 2005a; OECD 2005b). Zudem werden vor allem Experten ausgewählt, die sich seit mehreren Jahren und in leitender Funktion mit dem jeweiligen Thema beschäftigen. Damit wird die Chance einer belastbaren, umfassenden und fundierten Ergebnisproduktion und einer Diskussion auf Augenhöhe erhöht.

> Bei der Ansprache von Experten können sogenannte **Gatekeeper** helfen. Sie können als „Türöffner" den Feldzugang erleichtern, weil sie Empfehlungen aussprechen, Referenzen abgeben und wichtige Kontakthinweise liefern können. Dazu zählen beispielswiese Pressesprecher, Wissenschaftsjournalisten oder Doktoranden. Sie selbst müssen keine Experten sein. (vgl. Mieg & Näf 2005: 14)

Es wird im Vorfeld des Gruppendelphi-Workshops in der Regel nicht explizit geprüft, wie detailliert das Wissen der designierten Experten ist. Stillschweigend wird davon ausgegangen, dass nur Personen die Einladung zum Gruppendelphi annehmen, die nach eigener Überzeugung, über ausreichend Expertise für eine fundierte und sachliche Diskussion verfügen. Dies allerdings ist keinesfalls der alleinige Teilnahmegrund für Experten. Die Teilnahmebereitschaft kann auch aus Interesse am Thema, Neugier auf die Methode, dem Wunsch zum Netzwerken oder der „Spionage" der Erkenntnisse anderer Institutionen bzw. Experten erfolgen. Auch zur Instrumentalisierung des Gruppendelphi-Verfahrens für eigene, meist politische Zwecke kann die Teilnahme eingesetzt werden. Dies ist vor allem dann problematisch, wenn damit der sachliche und wissensbasierte Diskurs und damit die Konsensfindung unterbunden werden. Hier offenbart sich die Grenze des Verfahrens.

4.2 Expertentypen

Dass die Persönlichkeit der Experten bei jeder Art der empirischen Befragung eine Rolle spielt, wird in der methodologischen Forschung nicht bestritten. Neben soziodemografischen Variablen, wie Geschlecht, Alter oder Status, beeinflussen auch kommunikative und soziale Kompetenzen das Interviewverhalten der Experten. „Während die einen mit vielen technischen Details antworten, erzählen andere eher Anekdoten oder abstrahieren vom Konkreten. Wieder andere weichen aus, oder führen Beispiele ohne strengen Faktenbezug an." (Martens & Brüggemann

2006: 7). Martens und Brüggemann (2006) unterscheiden zehn Idealtypen von Experten, die zwar so in der Realität nicht anzutreffen sind, aber eine Hilfe- und Orientierungsfunktion für die Planung, Durchführung und Auswertung von empirischen Untersuchungen mit Experten bieten. Sie unterscheiden folgende Typen: detailverliebte Bürokraten und Besserwisser, anekdotenhafte Geschichtenerzähler und Missionare, abstrahierende Analytiker und Verkäufer, ausweichende Skeptiker und Zyniker, Pädagogen und Demagogen ohne strengen Faktenbezug (vgl. Martens & Brüggemann 2006: 16). Einen Überblick zeigt Tabelle 8.

Tab. 8 Typen von Experten (vgl. Martens &Brüggemann 2006)

		Intention des Experten	
		Information	Überzeugung
Kommuni-kationsstil des Experten	Detailverliebt	Bürokraten	Besserwisser
	Anekdotenhaft	Geschichtenerzähler	Missionare
	Abstrahierend	Analytiker	Verkäufer
	Ausweichend	Skeptiker	Zyniker
	Ohne strengen Faktenbezug	Pädagogen	Demagogen

Derartige Typologien sind insofern zentral, als sie den Blick für die unterschiedlichen Persönlichkeiten von Experten und den damit einhergehenden Herausforderungen bei der Befragung schärfen. Bei einem Gruppendelphi treffen diese verschiedenen Typen direkt aufeinander. Unterschiedliche Konstellationen haben dabei einen großen Einfluss auf die Diskussion und die Beantwortung des Fragebogens. Im Gruppendelphi wird dieser Herausforderungen durch die Permutation der Kleingruppen und dem Wechsel zwischen unmoderierten Kleingruppendiskussion und moderierter Plenumsdiskussion begegnet. Ein erfahrener Moderator kann durch Strategien wie Versachlichung, Konfrontation oder auch Konkretisierung mögliche Konfliktsituation abschwächen und damit entscheidend zum Erfolg der Diskussion und damit des Gruppendelphis beitragen.

4.3 Expertendilemma

Der grundsätzliche Bedarf an Expertenbefragungen rührt aus den zunehmenden gesellschaftlichen Anforderungen an die Nützlichkeit und Verwertbarkeit wissenschaftlicher Erkenntnisse (vgl. Howaldt 2004; Weingart 2003; Stehr 2001). Diese Anschlussfähigkeit ist aber aufgrund zunehmender Spezialisierung, vermehrter fachwissenschaftlicher Zuständigkeiten und erhöhter Tiefenschärfe von Wissen (vgl. Bergmann et al. 2010) nicht leicht zu bewerkstelligen. Es gilt theoretisches, praktisches und sektorales Wissen zu erfassen, zu systematisieren und zu bündeln. Dies allerdings gelingt nur mit ausreichend inter- und transdiziplinärer Kompetenz, die sich u.a. in Kommunikationsfähigkeiten oder in der Transfer—und Vermittlungsfähigkeit des Forschers offenbart. Denn semantische Besonderheiten, theoretische Differenzen und methodische Unterschiede erschweren eine Erfassung von wissenschaftlicher Expertise. Hinzu kommt das Problem der Glaubwürdigkeit der Quellen – insbesondere, wenn Experten sich nicht einig sind und zu unterschiedlichen Resultaten kommen. Geführt wird diese Problematik unter dem Begriff Expertendilemma (aktuelle Beispiele in Wassermann 2015a).

> **!** Mit **Expertendilemma** (oder Gutachtendilemma) meint man die Situation, dass „zu einem Problem verschiedene Stellungnahmen eingeholt werden, die zu divergierenden, nicht selten zu widersprüchlichen Resultaten kommen. Die Öffentlichkeit gewinnt bei einer solchen Sachlage leicht den Eindruck, wissenschaftliche Rationalität sei eine höchst fragwürdige Instanz." (Mohr 1998: 5)

Mit einem Expertendilemma sind keine widersprüchlichen wissenschaftlichen Ergebnisse, wie sie beispielsweise durch naturwissenschaftliche Experimente entstehen, gemeint. Derartige Unterschiede können durch die Weiterentwicklung experimenteller und theoretischer Methoden wie den Punkt-für-Punkt-Vergleich, überlappende Gutachten, Meta-Analysen oder Konvergenzstrategien (vgl. Wassermann 2015a) wissenschaftsintern gelöst werden. Problematisch sind vielmehr Expertenurteile an der Grenze zwischen Wissenschaft und Politik. Wenn mittels Gutachten z. B. eine neue Technologie bewertet wird, ist der gesellschaftliche Kontext zu berücksichtigen. So können sich die ökonomischen und ökologischen Risiken für den Bau von Windrädern in verschiedenen Regionen unterscheiden „Aussagen über Aus- und Rückwirkungen einer Technik lassen sich dann längst nicht mehr mit der gleichen Präzision erreichen, wie innerhalb der beweisfähigen Wissenschaft. Ins Spiel kommen hier immer (institutionalisierte) und mehr oder minder zutreffende Vorstellungen und

4.3 Expertendilemma

Sichtweisen darüber, wie ‚Gesellschaft' oder Teilbereiche der Gesellschaft funktionieren" (Braczyk 1996, S. 28). Dabei müssen Experten Beurteilungskriterien entwickeln und anwenden. „Wissen allein reicht in der Regel nicht, um z. B. zu Aussagen über die Eignung bestimmter Materialien, über die Sicherheit eines Staudammes oder über die Umweltverträglichkeit von Nanopartikeln zu kommen. Stets müssen in Expertenurteilen Wissensbestände und Beurteilungskriterien zusammengeführt werden: die Expertenrolle erschöpft sich nicht darin, Wissen bereitzustellen, sondern beinhaltet auch eine problembezogene *Urteilskraft"* (Grunwald 2010, S. 155). Dies allerdings erhöht die Wahrscheinlichkeit für divergierende Expertenurteile.

Nowotny spricht in diesem Zusammenhang sogar von einer neuen Form der Umstrittenheit von Expertise (vgl. Nowotny 2005:33). Expertisen werden von anderen Experten oder auch von der Öffentlichkeit angefochten und die Experten kommen in eine Rechenschaftspflicht. Wissenschaft wird damit politisiert, d. h. Expertise wird von bestimmten Interessengruppen angefragt und eine parzellierte Beratungslandschaft begünstigt (vgl. Weingart 2006). In der Bevölkerung kann dadurch die Glaubwürdigkeit von Experten und die Akzeptanz darauf aufbauender Entscheidungen sinken und die Politik gerät in ein Legitimationsdefizit.

Zudem können auch Experten nicht in die Zukunft sehen. Die Zukunft ist eine Resultante aus geplantem menschlichem Handeln (Intentionen), langfristigen, ‚robusten' Entwicklungen (Alterung der Gesellschaft), festen Zyklen (z. B. Jahreszeiten) und überraschenden Ereignissen (z. B. technische Innovationen, neue wissenschaftliche Erkenntnisse, Naturereignisse), deren Mischungsverhältnis unbekannt ist. Die Zukunft ist ergebnisoffen und zukünftige Ereignisse nicht prognostizierbar. Allenfalls für wenige Jahre lassen sich aus der bekannten Vergangenheit – ceteris paribus – künftige Entwicklungen extrapolieren. Deshalb gilt als Faustregel für ein Gruppendelphi, dass auch Experten einen Zeithorizont von maximal vier bis fünf Jahren einigermaßen übersehen können. Abschätzungen über längere Zeiträume sind nur in Ausnahmefällen valide.

> **Berühmte Beispiele für Fehlprognosen von Experten (weitere Beispiele in Häder 2014)**
>
> *„Es gibt keinen Grund, warum irgendjemand einen Computer in seinem Haus wollen würde." (Ken Olson, Präsident und Gründer von Digital Equipment Corp., 1977)*
> Ken Olson reagierte 1977 mit diesem Zitat auf ein neuartiges Phänomen, das bislang in der Computerbranche unbekannt war: dass Konkurrenzunternehmen erste Bausätze für private Homecomputer auf den Markt brachten.

Die Vorstellung eines Home-PC wurde damals von vielen IT-Experten als absurd empfunden. Was sollte ein Privatmensch damit anfangen?
Quelle: www.sueddeutsche.de 22.04.2010 (http://www.sueddeutsche.de/digital/beruehmte-fehlprognosen-computer-sind-nutzlos-1.935972-6)

„*Das Internet ist nur ein Hype*" *(Microsoft-Mitgründer und Harvard-Abbrecher Bill Gates 1993)*
Bill Gates verordnete seinen Mitarbeitern deshalb, sich erst mal um andere Dinge zu kümmern. Doch er irrte sich. Im Jahr 2011 war geschätzt ein Drittel der Weltbevölkerung online. Bill Gates wurde mittlerweile die Ehrendoktorwürde der Universitäten Harvard und Cambridge verliehen.

Das Gruppendelphi und das Expertendilemma: Chancen und Herausforderungen

Der Umgang mit unterschiedlichen Expertenurteilen ist grundsätzlich bei empirisch basierter Bündelung und Synthese von Wissen eine Herausforderung. Entsprechend systematische, regelgeleitete und nachvollziehbare Methoden können eine qualifizierte Zusammenführung unterschiedlicher Expertisen unterstützen. Methodisch gibt es hier drei grundlegende Varianten:

1. In der Politik aber auch in der trans- und interdisziplinären Forschung werden in zunehmenden Maße **Experteninterviews** (vgl. Gläser & Laudel 2006) eingesetzt. Dabei werden die Experten meist einzeln mithilfe eines Leitfadens befragt. Dieser gewährleistet eine gewisse Offenheit, Reflexivität und Vergleichbarkeit der Interviews. Unterschiede in den Urteilen bleiben jedoch meist ungeklärt. Divergierende Einschätzungen, beispielsweise bei Risikoabschätzungen, werden kaum aufgelöst – auch weil die Expertengespräche oft anonym durchgeführt werden und die Experten nicht mit Aussagen anderer Experten konfrontiert werden. Zudem werden aus Ressourcengründen meist nur eine begrenzte Anzahl an Interviews durchgeführt, so dass eine Abbildung aller relevanten Institute und Meinungen nicht immer möglich ist.

4.3 Expertendilemma

> ❗ Das **qualitative Experteninterview** zielt darauf ab, mit Hilfe eines Interviewleitfadens das Fachwissen von Experten zu einem bestimmten Thema strukturiert zu erfassen. Diese Methode kann in unterschiedlichen Phasen des Forschungsprozesses und zu sehr verschiedenen Zwecken eingesetzt werden. Üblicherweise variieren Experteninterviews zwischen den Zielen, einerseits erste literaturgestützte Annahmen empirisch abzusichern und andererseits auch ganz Neues und Unbekanntes zu erfahren. Der Interviewleitfaden umfasst daher die wichtigen, aus der Literatur und anderen Studien bekannten Themenfelder und Kategorien. Er muss allerdings so flexibel eingesetzt werden, dass auch Raum und Möglichkeiten für narrative Passagen und neue Hinweise während des Interviews zugelassen werden können. Experteninterviews können zur inhaltlichen Vorbereitung eines Gruppendelphis, insbesondere für die Fragebogenentwicklung, sinnvoll sein.

2. Auch die Durchführung von **klassischen Workshops**, bei denen Vertreter der unterschiedlichen Positionen eingeladen werden, laufen Gefahr, dass um den heißen Brei geredet wird und sich Urteile verfestigen.
3. **Standardisierte Umfragen** bieten die Chance eine große Anzahl an Experten zu befragen. Allerdings werden divergierende Urteile nicht begründet. Zudem birgt die statistische Analyse über Mittelwerte und Streuungen das Risiko relevante Minderheitsvoten zu vernachlässigen oder gar „zu übersehen".

Das Gruppendelphi verbindet quantitative und qualitative Elemente. Einerseits können statistische Verteilungsaussagen getroffen werden, andererseits verschafft der offene Austausch Minderheitsvoten Gehör und inhaltliche Begründungen werden erfasst. Dabei zu tage tretende divergierende Expertenurteile aufzulösen, sie entweder in einen Konsens zu überführen oder die Hintergründe für die unterschiedlichen Urteile zu erfassen und offen zu legen, ist Kernaufgabe eines Gruppendelphis. Methodisch wird die Auflösung divergierender Urteile durch drei zentrale Kennzeichen unterstützt. Diese Punkte sollen kurz erläutert werden:

- **Transparente Ergebnisproduktion:** Die Diskussion und auch die statistische Auswertung findet in Anwesenheit aller Experten statt. Die ausgefüllten Fragebögen der Kleingruppen werden noch während des Workshops in ein Auswertungsprogramm eingegeben und die statistischen Analysen durchgeführt. Die Ergebnisse werden in den Plenumssitzungen präsentiert und können so von den Experten kommentiert, begründet und richtiggestellt werden. Damit wird unter den Teilnehmern die Chance zur Akzeptabilität der Ergebnisse gefördert.

Zudem kann eine barrierefreie Veröffentlichung von Berichten im Internet die öffentliche Transparenz erhöhen (vgl. Nowotny 2005).

- **Rotierende Kleingruppendiskussion:** Der Austausch der Experten in rotierenden Kleingruppen wie auch der Wechsel zwischen unmoderierten Kleingruppendiskussionen und moderierten Plenumsdiskussionen mindert die Gefahr von Wortführern und eröffnet allen teilnehmenden Experten gleichermaßen die Chance zur aktiven Teilhabe und der direkten Konfrontation mit divergierenden Expertenurteilen.
- **Berücksichtigung aller relevanten Institutionen und Meinungen:** Mit dem Begriff „Demokratisierung der Expertise" wird im Allgemeinen die Einbindung der Öffentlichkeit in die wissenschaftliche Politikberatung gemeint. Auch die Auswahl von Experten kann unter dem Label der Demokratisierung gesehen werden. Demnach werden Experten nicht nur nach ihrer Expertise, sondern beispielsweise nach Geschlecht, regionaler Zuständigkeit und institutioneller Zugehörigkeit ausgewählt. Bei einem Gruppendelphi kann der letzte Punkt besonders bedeutsam sein, wenn zu gleichen Teilen Experten aus Wissenschaft, Industrie und Nichtregierungsorganisationen eingeladen werden (vgl. Schulz & Wassermann 2010). Damit soll die Produktion von Wissen in gewisser Weise demokratisiert oder genauer gesagt pluralisiert und die politische Verwertbarkeit sowie die Akzeptanz der Ergebnisse durch die Öffentlichkeit erhöht werden.

! Bei der **Auswahl der Experten** erweisen sich einige Punkte im Hinblick auf die spätere Verwertbarkeit und Akzeptabilität als besonders relevant. Die Experten

- vertreten die gesamte Bandbreite an Meinungen und Positionen
- verfügen über ein hohes Maß an fachlicher und kommunikativer Kompetenz
- kommen je nach Thema aus allen relevanten Wissensgruppen (etwa Wissenschaft, Nichtregierungsorganisationen, Politik und Industrie)
- verfügen über einen vergleichbaren Status und Seniorität
- sind männlich und weiblich

Teilnahmemotivation Experten

Auch für die Experten bietet die Teilnahme an einem Gruppendelphi Vorteile. Zu verweisen ist hierbei auf das in der Delphi-Literatur nicht unumstrittene *n+1 Argument* (vgl. Cuhls & Möhrle 2005: 104; Häder 2014: 41ff). Dieses Prinzip meint zweierlei: Einerseits können durch die Einbeziehung vieler Personen Synergieeffekte (z. B. In-Gang-Setzen kreativer Prozesse durch den kommunikativen Austausch) auftreten und die Informationsqualität nimmt zu, andererseits ist denkbar, dass mit steigender Anzahl der Experten qualitativ hochwertige Informationen durch minderwertige Informationen verdrängt werden. Bisherige Erfahrungen mit dem Gruppendelphi-Verfahren deuten eher auf den positiven Effekt des n+1 Prinzips hin. Denn neben der Diskussion, der im Fragebogen abgefragten Inhalte, können die Experten wechselseitig von den Erfahrungen und jeweiligen Wissensständen profitieren. Möglicherweise erhalten sie einen Einblick in innovative Denkweisen, neue Erkenntnisse und erhalten Einblicke in die Arbeit anderer Institutionen und Forschungsrichtungen. Dies kann auch den Blick auf die eigene Arbeit bereichern. Durch den Austausch in Kleingruppen und Gesprächen in den Pausenzeiten können zudem Kontakte entstehen, die auch nach dem Workshop Bestand haben. Deshalb erscheint gerade bei Programmevaluationen der Einsatz eines Gruppendelphis vielversprechend (vgl. Niederberger & Kuhn 2013). Durch den Workshop lernen sich die Experten kennen und es können im Sinne des interdisziplinären Austauschs wichtige Netzwerke entstehen.

> Als **Motive für die Teilnahme der Experten** an einem Gruppendelphi können folgende Möglichkeiten festgehalten werden (vgl. Littig 2008)
> - *Instrum*entelle Interessen: z. B. Hoffnung auf einen Zugewinn an Informationen und neuen Netzwerken, möglicher Imagegewinn aufgrund der Kooperation, vor allem bei der Durchführung des Gruppendelphis durch eine renommierte Forschungseinrichtung, aber möglicherweise auch der Wunsch der Deformierung des Prozesses
> - Psychosoziale Motive: z. B. Suche nach kompetenten Gesprächspartnern
> - Altruismus: z. B. Absicht, andere Forscher bei ihren wissenschaftlichen Studien zu unterstützen oder zum wissenschaftlichen Fortschritt beizutragen

4.4 Fazit

Basis einer konstruktiven, sachlichen und fundierten Argumentation während des Gruppendelphis ist eine ausgewogene und adäquate Auswahl der Experten. Wer dabei als Experte gilt, wird in der Regel über die berufliche Position festgelegt. Wenn diese ausreichend Kompetenz und Erfahrung vermuten lässt, werden die entsprechenden Personen eingeladen. Durch die Einladung und die damit einhergehende Information über das Thema und das Erkenntnisinteresse des Gruppendelphis erfolgt eine Art Selbstselektion der Teilnehmer. Denn in der Regel nehmen diejenigen Experten teil, die glauben, über ausreichend Wissen und Kompetenz für eine konstruktive Teilhabe am Workshop zu verfügen.

Die Diskussionen der Experten verlaufen anhand des standardisierten Fragebogens. Er strukturiert den Tagesablauf, die Diskussionen und dient allen Beteiligten als inhaltlicher „Anker". Aufgabe des Moderators ist es, dies auch immer wieder zu betonen. Durch diese Fokussierung können abschweifende Diskussionen vermieden und die Experten aufgefordert werden, klare und eindeutige Statements, in der Regel durch Nennung einer Antwortkategorie, zu wählen. Ausschweifungen und Fensterreden werden eingedämmt und unwahrscheinlicher. Dies ist insofern zentral, weil Experten bei Befragungen jeglicher Art mitunter zu anekdotischen, detailverliebten oder ausweichenden Antworten neigen. Ein Gruppendelphi kann diese Risiken minimieren und stattdessen einen zielführenden und konstruktiven Diskurs anleiten.

Relevante Literatur

Bogner, A. & Torgersen, H. (Hrsg.). (2005). Wozu Experten?: Ambivalenzen der Beziehung von Wissenschaft und Politik. Wiesbaden: VS Verlag für Sozialwissenschaften.

Gläser, J. & Laudel, G. (2006). Experteninterviews und qualitative Inhaltsanalyse als Instrumente rekonstruierender Untersuchungen (2., durchges. Aufl.). Lehrbuch. Wiesbaden: VS Verlag für Sozialwissenschaften. Abgerufen von http://deposit.d-nb.de/cgi-bin/dokserv?id=2835076&prov=M&dok_var=1&dok_ext=htm

Huber, B. (2014a). Experten als Untersuchungsgegenstand: Definitionen und Forschungsperspektiven. In B. Huber (Hrsg.), Öffentliche Experten (S. 23–39). Wiesbaden: Springer Fachmedien Wiesbaden. doi:10.1007/978-3-658-05405-2_2

Huber, B. (Hrsg.). (2014b). Öffentliche Experten. Wiesbaden: Springer Fachmedien Wiesbaden.

Kühn, T. & Koschel, K.-V. (2011). Gruppendiskussionen: Ein Praxis-Handbuch (1. Aufl.). Wiesbaden: VS Verlag für Sozialwissenschaften. doi:10.1007/978-3-531-93243-9

Meuser, M. & Nagel, U. (2009). Das Experteninterview: Konzeptionelle Grundlagen und methodische Anlagen. In S. Pickel, D. Jahn, H.-J. Lauth & G. Pickel (Hrsg.), Methoden der vergleichenden Politik- und Sozialwissenschaft. Neue Entwicklungen und Anwendungen (S. 465–479). Wiesbaden: VS Verlag für Sozialwissenschaften.

Wassermann, S. (2015a). Expertendilemma. In M. Niederberger & S. Wassermann (Hrsg.), Methoden der Experten- und Stakeholdereinbindung in der sozialwissenschaftlichen Forschung (S. 15–33). Wiesbaden: Springer Fachmedien Wiesbaden.

5 Die Fragebogenkonstruktion eines Gruppendelphis

Der Fragebogen ist das „Herz" eines Gruppendelphis. Er bildet die Grundlage und bestimmt Tiefe, Umfang und Reichweite der Analyse bzw. Ergebnisdarstellung. In weiten Teilen ähnelt ein Gruppendelphi-Fragebogen konventionellen Individualbefragungen mit Bürgern. Hinweise und Regeln bezüglich der Gestaltung, der Frageformulierung oder möglicher Antwortverzerrungen gelten grundsätzlich auch beim Gruppendelphi-Fragebogen. Im Detail können diese Anforderungen hier nicht besprochen werden (Details dazu z. B. in Porst 2009). Herausgearbeitet werden im Folgenden stattdessen Anforderungen und Besonderheiten eines Gruppendelphi-Fragebogens.

Die Besonderheiten bei der Planung und Entwicklung dieses Fragebogens rühren aus der spezifischen Situation eines Gruppendelphis, namentlich aus der Zielgruppe der Experten und der Workshopsituation. Im konkreten beeinflussen folgende Aspekte die Fragebogenkonstruktion eines Gruppendelphis:

1. In Anlehnung an die ursprüngliche Form des Delphis werden im Gruppendelphi in der Regel **quantitative Fragebögen** eingesetzt. Diese ermöglichen Durchschnitte und Varianzen mathematisch zu bestimmen. Um diese berechnen zu können, müssen allerdings die messtheoretischen Bedingungen, mithin metrische bzw. quasi-metrische Skalierungen, berücksichtigt werden.
2. Zentrales Element vieler empirischer Studien ist die **Anonymität der Befragten**. Damit soll gewährleistet werden, dass die Befragten offen und ehrlich antworten. Anonymität kann im Gruppendelphi nicht zugesichert werden. Wie auch bei anderen diskursiven Verfahren treten die Teilnehmer direkt in Kontakt und erörtern gemeinsam den entsprechenden Sachverhalt. Allenfalls, wenn der Fragebogen vorab postalisch mit der Bitte um Antwort an die Experten verschickt wird, kann Anonymität zugesichert werden.
3. Bei einem Gruppendelphi werden ausschließlich **Experten des relevanten Fachgebiets** eingeladen. Diese spezifische Zielgruppe erlaubt die Verwendung

von Fachtermini. Dieser Aspekt ist insofern zentral, da in Methodenbüchern der empirischen Sozialforschung genau dies abgelehnt wird, um die Befragten nicht kognitiv zu überfordern und Antwortverzerrungen, die beispielsweise durch Raten zustande kommen, oder Ausfälle von Befragten (sogenannte Drop Outs) zu verhindern.
4. Ziel des Gruppendelphis ist es, in einem **iterativen Prozess** Konsens bzw. Konsens über Dissens in den Expertenurteilen herzustellen. Da die Auswertungen innerhalb eines Gruppendelphis in den Pausenzeiten durchgeführt werden, ist der Zeitplan sehr eng. Qualitative Auswertungsstrategien erscheinen deshalb eher ungeeignet. Außerdem bedingt die höhere Subjektivität qualitativer Auswertungsstrategien Reliabilitätsprobleme (vgl. Lamnek 1995), die eventuell die Plenumsdiskussion beeinflussen und damit vom eigentlichen Thema ablenken können.
5. Zudem müssen der Umfang des Fragebogens wie auch die Frage- bzw. Antwortformulierung den **zeitlichen Restriktionen** angepasst werden.

Neben diesen formalen bzw. methodischen Aspekten gilt es auch, die geplanten Inhalte des Gruppendelphi-Verfahrens adäquat umzusetzen. Denn wie bei jeder empirischen Untersuchung müssen Planung und Konstruktion des Fragebogens der inhaltlichen Schwerpunktsetzung der Studie entsprechen. Gruppendelphis werden in der Regel im politischen Umfeld, beispielsweise zur Analyse des aktuellen Wissenstandes, zur Prognose, zur Entwicklung geeigneter Handlungsstrategien, für Machbarkeitsstudien oder zur Analyse bestimmter politischer Rahmenbedingungen eingesetzt. Der jeweilige inhaltliche Bezug muss klar herausgearbeitet werden und stellt das Forschungsteam oftmals vor große Herausforderungen. Denn neben methodischen und statistischen Kenntnissen, ist häufig ein fundiertes Wissen über den Gegenstand der Befragung von Vorteil. Nur so können aktuelle Wissensbestände, Fachbegriffe und disziplinspezifische Besonderheiten adäquat berücksichtigt werden. Nicht selten werden die Fragebögen deshalb durch ein interdisziplinäres Team, häufig in Kooperation von Sozialwissenschaftlern und Experten des Befragungsthemas, entwickelt, getestet und ausgewertet. Die in Repräsentativumfragen kritischen Aspekte der theoretischen Einbettung der verwendeten Konstrukte und Skalen, spielen dabei nur eine untergeordnete Rolle. Ziel eines Gruppendelphis ist in der Regel weder Hypothesengenerierung, noch ihre Überprüfung. Dementsprechend werden Problematiken der adäquaten Operationalisierung hier nicht weiter thematisiert. Stattdessen werden die semantischen, messtheoretischen und grafischen Aspekte der Fragebogengestaltung in den Vordergrund gestellt.

5.1 Struktur des Fragebogens

Die Struktur eines Fragebogens sollte für die designierten Experten generell übersichtlich und nachvollziehbar sein. Deshalb werden in der Einleitung zunächst die Teilnehmer über den Inhalt und den Umfang des Fragebogens sowie über ihre Rolle innerhalb des Gruppendelphis informiert. Einen Lückentext, der als Vorlage verwendet werden kann, findet sich in Abbildung 12.

Aus Gründen der Übersichtlichkeit werden die Fragen zu Themenkomplexen gebündelt. Themenkomplexe strukturieren den Fragebogen und erhöhen die Übersichtlichkeit. Dabei sind Überleitungssätze zwischen den einzelnen Blöcken denkbar, aber für den Workshop nicht zwangsläufig notwendig. Denn der Fragebogen wird vorab vom Forschungsteam erläutert, das Forschungsteam ist vor Ort und kann somit jederzeit bei Unklarheiten bzw. Problemen unterstützend zur Seite stehen.

Hinweise zum Ausfüllen des Fragebogens

Sehr geehrte Damen und Herren,

vielen Dank für Ihre Bereitschaft, unsere Projektarbeit mit Ihrer Expertise zu unterstützen. Im Rahmen des Projektes „…", erheben wir mittels eines Gruppendelphis Expertenurteile zur … . Die Ergebnisse sollen sowohl auf der politischen als auch auf der wirtschaftlichen Ebene Orientierungs- und Entscheidungshilfe bieten und damit die Koordinierung neuer Aktivitäten erleichtern.

Der Fragebogen wurde in … Teilbereiche untergliedert. Diese Teilbereiche beschäftigten sich …. Zu diesen Themenbereichen werden Ihnen insgesamt … Fragen gestellt. Bitte beantworten Sie diese Fragen für den jeweiligen Bereich. Weiterhin möchten wir Sie bei einigen Fragen um die Selbstbewertung ihrer Urteilssicherheit bei der Beantwortung der Fragen bitten. Insbesondere die Fragen, bei denen eine hohe Urteilsunsicherheit bzw. eine Divergenz der Urteile vorherrscht, möchten wir gerne mit Ihnen im Plenum diskutieren.

Abb. 12 Einleitungstext Fragebogen (Hinweis: „…" sind Platzhalter)

Bei der Länge des Fragebogens gilt, dass die Anzahl der Fragen angemessen und praktikabel sein muss. Der zeitliche Aufwand zum Ausfüllen und für die Auswertung darf nicht zu hoch sein bzw. muss schnell und nachvollziehbar durchzuführen sein. Denn nach jeder Kleingruppendiskussion ist es Aufgabe des Forschungsteams, die Varianzen zwischen den Gruppenantworten zu ermitteln. In dieser Zeit sind die Teilnehmer häufig in der Mittags- oder Kaffeepause. Deshalb werden Pausenzeiten und Auswertungsaufwand aufeinander abgestimmt. Als Auswertungssoftware bietet sich je nach Umfang des Fragebogens und der anvisierten statistischen Prozeduren SPSS oder Excel an.

Bei der Konstruktion eines Fragebogens für ein Gruppendelphi ist, wie bei jeder Befragung, insbesondere auf die erste Frage, die so genannte Eisbrecherfrage, zu achten. Sie kann zum Erfolg des Gruppendelphis beitragen, weil sie für die Experten ein erster Indikator für die Qualität des Fragebogens und der inhaltlichen Diskussion ist.

Klassischerweise werden in standardisierten Befragungen am Ende auch Fragen zur Person gestellt. Sie ermöglichen unter anderem repräsentative Analysen, die Betrachtung des Rücklaufs und die Durchführung eventuell notwendiger statistischer Gewichtungen (z. B. nach Ost/West oder Geschlecht). Da es in einem Gruppendelphi weder um repräsentative Aussagen, noch um soziodemografische Bestimmungsmerkmale der Befragten geht, können solche Fragen ausgelassen werden. Nur bei einer Vorabbefragung erscheinen allgemeine Fragen, beispielsweise zur institutionellen Zugehörigkeit (Industrie, Wissenschaft, Nichtregierungsorganisation) oder zur sozialräumlichen Zuständigkeit (z. B. bei Bildungsthemen) sinnvoll.

5.2 Verzerrungseffekte

In der Methodendiskussion der empirischen Sozialforschung werden eine Vielzahl von Formen der Antworttendenzen diskutiert (z. B. Schnell et al. 1999: 320f). Gemeint sind systematische Verzerrungen in den Reaktionen der Befragten. Damit besteht die Gefahr, dass der „wahre" Wert durch die Antwort des Befragten nicht abgebildet wird. Solche Verzerrungen können durch die Gestaltung des Fragebogens, der Befragungssituation, durch den Interviewer und durch die Fragen selbst begünstigt werden. Einen Überblick über die wichtigsten Formen der Antwortverzerrungen zeigt folgende Zusammenstellung.

! **Antwortverzerrungen** bei standardisierten Befragungen (Response Errors) (vgl. Schnell et al. 1999: 330ff)
- *Item-Nonresponse:* explizite Verweigerung einer Antwort
- *Meinungslosigkeit:* Abgabe einer „Weiß-nicht"-Antwort obwohl möglicherweise eine Meinung vorherrscht, der Befragte sich aber nicht anstrengen möchte
- *Non-Attitudes:* Abgabe einer inhaltlichen Antwort, obwohl keine Meinung zum erfragten Gegenstand ausgebildet worden ist

5.2 Verzerrungseffekte

- *Ausstrahlungseffekt:* eine Frage beeinflusst das Antwortverhalten für eine andere Frage
- *Sozial-Erwünschtheit:* die Abgabe sozial erwünschter Antworten aufgrund kultureller oder situationaler Aspekte
- *Positionseffekte:* Reaktionen auf die Abfolge von Fragen
- *Sponsorship-Effekte:* Reaktionen auf den Auftraggeber der Studie
- *Akquieszenz:* tendenzielle Zustimmung zu Fragen unabhängig vom Inhalt der Frage
- *Weak Satisficing:* Abkürzung der zur Beantwortung notwendigen kognitiven Prozesse aufgrund von Ermüdung /Unlust, z. B.:
  - Bevorzugung bestimmter Kategorien (Extremkategorien, Mittelkategorie)
  - Ratetendenz, d. h. zufällige Auswahl einer Antwort
  - Bevorzugung von Geschwindigkeit vor Genauigkeit
- *Primacy- und Recency-Effekte:* psychologisches Gedächtnisphänomen, bei dem früher (primacy) und später (recency) erfasste Information gegenüber anderer eingehender Information bevorteilt werden

Die Gefahr möglicher Antwortverzerrungen wird durch die spezifische Workshopsituation des Gruppendelphis abgemildert. So sind Probleme, die sich durch die Reihenfolge der Fragen ergeben, wie der Ausstrahlungs- oder auch Hallo-Effekt genannt, in einem Gruppendelphi wenig relevant. Da besonders schwierige bzw. kontroverse Fragen im Plenum bzw. in den Kleingruppen diskutiert werden, verliert sich im Verlauf des Gruppendelphis die Reihenfolge und damit auch eventuelle Ausstrahlungs- oder Platzierungseffekte. Auch Meinungslosigkeit, Non-Attitude, Item-Nonresponse und Akquieszenz sind wenig problematisch. Denn zum einen werden sogenannte Ausweichkategorien im Gruppendelphi-Fragebogen vermieden (z. B. weiß nicht, keine Angabe) und zum anderen zeigen methodische Untersuchungen, dass solche Effekte eher bei formal niedrig gebildeten Personen auftreten (vgl. Schnell et al. 1999: 332). Sie sind bei Experten deshalb nicht zu erwarten.

Relevant kann allerdings der Sponsorship-Effekt sein. Dieser zeigt sich aber erfahrungsgemäß bereits bei der Teilnahmebereitschaft der Experten. Auch Ermüdungserscheinungen (Weak Satisficing) können im Laufe des Workshops zunehmen. Dem kann durch eine abwechslungsreiche Agenda, einen erfahrenen Moderator und einer angemessenen Fragebogenlänge entgegengewirkt werden. Auch soziale Erwünschtheit kann eine Rolle spielen, wird aber durch eine professionelle Moderation und eine ausgewogene Auswahl der Experten mit vergleichbaren Status und Seniorität abgemildert.

Doch auch soziale Verzerrungseffekte können bei einem Gruppendelphi beobachtet werden. Sie können sich beispielsweise durch unterschiedlich intensive Beteiligung an der Diskussion oder im divergierenden Umgang mit konträren Meinungen äußern. Hier kommen klassische Gruppendynamikprozesse und individuelle Persönlichkeitsmerkmale zum Tragen. In der Wirtschaftspsychologie werden derartige Effekte durch Analysen von Gruppenarbeiten ausführlich untersucht und belegt (vgl. Wiswede 2012). Sie treten vor allem dann auf, wenn der einzelne glaubt, er bliebe anonym und kann sich hinter der Gruppe verstecken. Bei einem Gruppendelphi liegt die Vermutung nahe, dass dahinter auch der Wunsch stecken kann, von dem Wissen der anderen zu profitieren oder zu glauben, dass man selbst weniger beitragen kann als die anderen Teilnehmer. Umgekehrt ist es vorstellbar, dass Experten sich mit ihren Argumenten zurückhalten, wenn sie den Eindruck haben, dass sich die anderen nicht gleichermaßen einbringen und ihr Wissen nicht ebenso offenlegen.

! **Soziale Verzerrungseffekte** bezeichnen typische Verhaltensmuster von Personen, die sich durch Gruppen- bzw. Teamarbeit ergeben können. Unterschieden wird zwischen folgenden sozialen Verzerrungseffekten (Auswahl) (vgl. Wiswede 2012)
- *Ringelmann-Effekt:* Mit zunehmender Gruppengröße kann es aufgrund von Koordinierungs- und Motivationsverlusten zu einer abnehmenden relativen Leistung kommen.
- *Trotteleffekt:* Wenn Gruppenmitglieder wahrnehmen, dass andere ihre Anstrengung verringern. Um nicht ausgenutzt zu werden, verringern sie ihre Anstrengung.
- *Sucker-Effekt:* Man befürchtet, von der Gruppe ausgenutzt zu werden.
- *Freerider-Effekt:* Einzelne glauben ohne wesentlichen eigenen Beitrag in den Genuss des Gruppenergebnisses zu gelangen.

5.3 Layout des Fragebogens

Unstrittig ist, dass die grafische Präsentation eines Fragebogens ansprechend und übersichtlich sein muss. Auf diese ästhetische Dimension der Fragebogenkonstruktion wird hier nicht ausführlicher eingegangen (Vorschläge hierzu in Schnell et al. 1999: 323f). Allerdings sind nach unserer praktischen Erfahrung drei Aspekte im Zusammenhang eines Gruppendelphis so relevant, dass sie gesondert hervorzuheben sind:

1. Die Antworten der Kleingruppen können während des Workshops entweder durch eine statistische Auswertung mit SPSS bzw. Excel oder durch das Eintragen der Antworten in einen digitalen Fragebogen erfolgen. Die zweite Variante ermöglicht es, den Experten auch ohne statistische Vorkenntnisse die Verteilung der Antworten übersichtlich und klar zu präsentieren. Wird diese Variante gewählt, ist es dringend erforderlich den **Fragebogen entsprechend grafisch so aufzuarbeiten, dass er auch über einen Beamer deutlich zu erkennen ist**. Das ist bei der Auswahl von Farben sowie Schriftart und -größe entsprechend zu berücksichtigen.
2. Da der Fragebogen im Verlauf des Gruppendelphi-Workshops beispielsweise durch Feststellung von Konsens gekürzt werden kann, ist das Layout so zu gestalten, dass **relativ einfach Fragebatterien oder auch einzelne Items gelöscht oder umformuliert werden können**. Dabei darf die Struktur des Fragebogens nicht zerstört werden und neue aufwendige Formatierungen erforderlich machen. Umgekehrt kann es möglich sein, dass während des Workshops neue Fragen formuliert und integriert werden. Wichtig ist die Bewahrung der Übersichtlichkeit bis zum Ende des Gruppendelphi-Workshops, auch wenn während des Workshops ständig Fragen verändert oder gelöscht werden.
3. Ca. 10% der Männer leiden an einer **Rot-Grün**-Sehschwäche[3] (vgl. Lübbe 2013: 64). Diese Menschen sehen die Farben rot und grün eher als graue Flächen. Dies kann dazu führen, dass Präsentationen oder Fragen mit den Farben Grün und Rot schlecht gelesen und unterschieden werden können. Wenn bei einem Gruppendelphi ein Experte an dieser Schwäche leidet, kann er bzw. sie sich ungerecht behandelt fühlen und wird dies unserer Erfahrung nach entsprechend kundtun. Um derartige missmutige Gefühle und Äußerungen zu unterbinden, raten wir von der Verwendung der Farben rot und grün bei der Fragebogengestaltung ab.

5.4 Strukturtypus von Fragen

In der Methodenliteratur werden drei Strukturtypen von Fragen diskutiert: geschlossene, offene und halboffene Fragen (vgl. Schnell et al. 1999: 308ff). Doch welche erscheinen für ein Gruppendelphi adäquat?

---

3 Die Begriffe Rot-Grün-Sehschwäche und Rot-Grün-Blindheit stehen für bestimmte Farbfehlsichtigkeiten, nach der die Betroffenen die Farben Rot und Grün schlechter als Normalsichtige unterscheiden können.

1. Traditionelle Delphi-Befragungen beruhen auf der Verwendung von **geschlossenen Fragen**. Zumeist sind es vollstandardisierte Befragungen, bei denen sämtliche Fragen und Antwortvorgaben vorformuliert sind. Dieser Logik folgt auch das Gruppendelphi. Einer der wichtigsten Gründe dafür ist die reliable und objektive Auswertungsmöglichkeit standardisierter Fragen im Vergleich zu offenen Formulierungen.
2. Dennoch, so hier das Argument, können in einem Gruppendelphi durchaus **offene Fragen** verwendet werden. Dafür spricht vor allem ein Grund: ein Gruppendelphi kann nicht nur zur Ermittlung von Dissens und Konsens zu einem bestimmten Thema durchgeführt werden, sondern ebenso explorativ zur Identifikation von Neuerungen und Innovationen. Zudem kann nicht davon ausgegangen werden, dass dem Forschungsteam des Gruppendelphis im Vorfeld alle relevanten Aspekte und Antwortmöglichkeiten bekannt sind. Liegen beispielsweise nur wenig Veröffentlichungen zu einem Thema vor, können Forschungslücken auftauchen, die zum Gegenstand des Gruppendelphis werden können. Offene Fragen zeigen den Experten zudem, dass das Forschungsteam keinen Anspruch auf Vollständigkeit erhebt und beugt somit a priori möglichen kritischen Stimmen vor. Allerdings werden offene Fragen in einem Gruppendelphi nur marginal eingesetzt. Im Grunde verhält es sich ähnlich wie mit dem klassischen Postscriptum, welches bei qualitativen Interviews am Ende der Befragung, häufig zur Ermittlung soziodemografischer Variablen eingesetzt wird (vgl. Witzel 1982). Wir empfehlen die Verwendung weniger offener Fragen am Ende des Fragebogens, sozusagen als Postskriptum für eventuell vernachlässigte oder bisher unbekannte Aspekte. Vor allem bei einer eventuellen Vorabbefragung der Experten erscheint dies ein wichtiger Aspekt.

Tab. 9 Beispiel offene Frage für ein Gruppendelphi einer Vorabbefragung

Gibt es noch Bereiche, Probleme oder Themen, die in diesem Fragebogen nicht gefragt wurden, die Sie aber für die Diskussion zum Thema …. für wichtig erachten und auf dem Workshop diskutieren möchten?

3. Von der Verwendung expliziter Hybridfragen, sprich **halboffener Fragen**, raten wir eher ab. Die Verwendung offener Kategorien fördert und provoziert die Haltung zur weiteren Differenzierung, die oft den Erkenntnisstand nicht weiterbringt, sondern eher vernebelt. Außerdem besteht die Gefahr der po-

tentiellen Unendlichkeit weiterer Ergänzungen. Wenn dies geschieht, können diese im Rahmen des Gruppendelphis nicht mehr ausreichend berücksichtigt werden. Außerdem kann die Vielfalt möglicher Ergänzungen durch die Experten kontraproduktiv sein, vor allem wenn die Relevanzen für spezifische politische Szenarien zur Diskussion stehen und nur genau diese diskutiert werden sollen. Einzelne, besonders relevante Ergänzungen werden die Befragten nach unserer Erfahrung selbstständig in der Kleingruppe oder im Plenum ergänzen, auch wenn sie nicht explizit erfragt werden. Damit erscheint die Verwendung von Hybridfragen im Rahmen eines Gruppendelphis nicht notwendig und praktikabel.

Grundsätzlich gelten die Empfehlungen für den Fragebogen einer Vorabbefragung und für den Workshop: Es gilt die Prämisse der Verwendung geschlossener Fragen. Aufgrund der unterschiedlichen Erhebungssituation ist es aber wichtig, dass bei einer Vorabbefragung alle notwendigen Informationen zum Inhalte und zur Methode des Gruppendelphis formuliert werden. Zudem sind hier eher offene und Hybridfragen geeigneter, weil damit der Workshop vorbereitet wird und das Risiko wichtige Fragen bzw. Aspekte zu vergessen minimiert werden kann. Auch die Fragen zur Urteilssicherheit zu einzelnen Items und nach der grundsätzlichen Kompetenz des Experten sind für die Analyse und Interpretation der statistischen Befunde wichtig. Bei dem Fragebogen für den Workshop bringen diese Aspekte aufgrund des persönlichen Austausches keinen Mehrwert.

Struktur des Fragebogens für eine eventuelle Vorabbefragung	Struktur des Fragebogens für den Workshop
• Deckblatt • Einleitungstext: Hintergrund, Auftraggeber und Forschungsfrage, Zeitplan, Vorgehen • Themenblöcke (vor allem geschlossene Fragen und vereinzelt Hybrid- und offene Fragen): unterteilt in sinnvolle inhaltliche Abschnitte • Fragen zur Urteilssicherheit • Kompetenzfragen nach Zuständigkeit und Expertise des einzelnen • Postskriptum (offene Fragen)	• Deckblatt • Themenblöcke (möglichst geschlossene Frage): unterteilt in sinnvolle inhaltliche Abschnitte

Abb. 13 Empfehlungen für die Struktur eines Gruppendelphi-Fragebogens

Im Folgenden stellen wir einige Beispiele für geeignete Frage- und Antwortformulierungen vor. Die Beispiele verstehen sich als eine Art Template, die je nach inhaltlicher Zielsetzung des Gruppendelphis entsprechend angepasst und ergänzt werden müssen.

5.5 Frageformulierung

Für die konkrete Frageformulierung erarbeiten verschiedene Grundlagenbücher empirischer Sozialforschung eine Reihe wichtiger Vorschläge (vgl. Mayer 2006: 89; Kromrey 2002; Schnell et al. 1999: 312f; Diekmann 1999: 410ff). Deshalb werden an dieser Stelle nur die zentralen Aspekte herausgegriffen. Wie bei jeder standardisierten Befragung gelten folgende Regeln: Verwendung einfacher Worte, kurze und konkrete Formulierung der Fragen, Vermeiden von Suggestivfragen und Unterstellungen, Verzicht auf wertende Wörter, keine Verwendung von hypothetischen Fragen und Vermeiden von doppelten Verneinungen.

> **!** Die zehn Gebote der Fragebogenformulierung (vgl. Porst 2009)
> - Du sollst einfache, unzweideutige Begriffe verwenden, die von allen Befragten in gleicher Weise verstanden werden!
> - Du sollst lange und komplexe Fragen vermeiden!
> - Du sollst hypothetische Fragen vermeiden!
> - Du sollst doppelte Stimuli und Verneinungen vermeiden!
> - Du sollst Unterstellungen und suggestive Fragen vermeiden!
> - Du sollst Fragen vermeiden, die auf Informationen abzielen, über die viele Befragte mutmaßlich nicht verfügen!
> - Du sollst Fragen mit eindeutigem zeitlichem Bezug verwenden!
> - Du sollst Antwortkategorien verwenden, die erschöpfend sind.
> - Du sollst sicherstellen, dass der Kontext einer Frage sich nicht auf deren Beantwortung auswirkt!
> - Du sollst unklare Begriffe definieren!

Drei spezifische Anforderungen bei der Formulierung der Fragen für einen Gruppendelphi-Fragebogen möchten wir explizit hervorheben:

- In Methodenbüchern werden die Forscher mitunter vor so genannten **schwierigen Fragen** gewarnt. Dies sind Fragen, bei denen sich die Befragten scheuen,

5.5 Frageformulierung

Auskunft zu geben, vielleicht weil sie zu persönlich sind oder sich die Befragten schämen. Verschiedene Verfahren zur Erhöhung der Antwortquote werden meist mitgeliefert. So schlägt Kromrey (2002) neben geeigneten Formulierungen, die Präsentation der Frage als Selbstverständlichkeit vor. Da aber Gruppendelphis in der Regel im wissenschaftlichen und politischen Kontext durchgeführt werden und zur Ermittlung sehr persönlicher und evtl. individuell heikler Themen eher ungeeignet erscheinen, trifft die Problematik thematisch schwieriger Fragen nur marginal zu. Werden aber Fragen formuliert, bei denen eine heiße Diskussion zu erwarten ist, kann die Idee von Kromrey aufgegriffen werden und auf externe Informationsquellen wie Medien verwiesen werden (vgl. Abbildung 14).

In den Medien zu lesen ist, dass ... sind. Inwieweit stimmen Sie dieser Aussage zu?

Abb. 14 Beispiel schwierige Frage

- Wichtig sind vor allem das **exakte wissenschaftliche Wording** und die Berücksichtigung des aktuellen Wissenstandes. Dies zeigt die inhaltliche Kompetenz des Gruppendelphi-Teams. Wenn die Experten das Gefühl haben, sie müssen zunächst Grundlagenwissen ihres jeweiligen Faches vermitteln, können sie unangenehm reagieren und schlimmstenfalls ihre Teilnahme abbrechen. Deshalb erscheinen beispielsweise die Diskussionen von Definitionen für einen Gruppendelphi-Workshop ungeeignet, es sei denn sie betreffen das Expertendilemma.

! Wenn ein **Fachbegriff** in unterschiedlichen oder unklaren Definitionen gebraucht wird, aber zentrales Thema des geplanten Gruppendelphis ist, empfiehlt es sich eine Definition vorab auszuwählen und anzugeben. In der Regel wird eine Definition einer anerkannten Institution oder die in der wissenschaftlichen Community häufig verwendete Definition gewählt. Die Auswahl einer geeigneten Definition setzt zwingend eine gewisse Fachkenntnis voraus (vgl. Mieg & Näf 2005: 17). Während des Gruppendelphis kann die Akzeptanz der gewählten Definition durch die teilnehmenden Experten kritisch hinterfragt werden und ggfs. alternative Formulierungen eingebracht werden.

- Bei den einzelnen Statements sollten keine **Füllwörter** wie „alle", „immer", „niemand", „niemals", „nur", „gerade" oder „kaum" enthalten. Derartige pauschale Aussagen stoßen bei Experten in der Regel auf Skepsis und es besteht die Gefahr, dass sich die Diskussion um die Pronomen und nicht um den Inhalt des Statements dreht. Ein Beispiel für ein unnützes „nur" zeigt das folgende Beispiel (vgl. auch Niederberger & Kuhn 2013).

Im Folgenden finden Sie einige typische Aussagen über **allgemeine Erfolgskriterien** einer dauerhaften Förderung technisch-naturwissenschaftlicher Interessen bei Kindern und Jugendlichen. Inweiweit stimmen Sie den folgenden Aussagen zu? Bitte tragen Sie einen Wert ein. Geben Sie 10 an, wenn Sie der Aussagen voll und ganz zustimmen und 1, wenn Sie die Aussage ganz und gar ablehnen.									
	Ablehnung	2	3	4	5	6	7	8	9	Zustimmung
Nur eine kontinuierliche Förderung, vom Kindergarten bis zum Studium/Ausbildung kann ein dauerhaftes Interesse ermöglichen.										

Abb. 15 Beispiel ungeeignete Frage

5.6 Fragetypen

Wir haben bereits erläutert, dass wir in erster Linie geschlossene Fragen und bei Bedarf vereinzelt offene Fragestellungen empfehlen. Neben den methodischen Anforderungen spielen für die Formulierung die inhaltlichen Themen eine große Rolle. Bei einigen Sachverhalten ist es einfacher, quantitative Formulierungen zu finden als bei anderen. Die Schwierigkeit kann zudem in Abhängigkeit des jeweiligen Kenntnisstandes zum relevanten Thema variieren. Dennoch sehen wir eine Reihe von themenunabhängigen Möglichkeiten, wie in einem Gruppendelphi Items so formuliert werden können, dass sie das semantische Antwortfeld in eine mathematisch interpretierbare Ordnung bringen (quasi-quantitative Anordnung) und damit letztendlich eine zügige Auswertung gestatten. Dafür stehen im Grunde zwei Verfahren zur Messung zur Verfügung: Ranking- und Ratingverfahren. Diese beiden Verfahren präsentieren neben offenen Fragen die relevanten Techniken zur Frageformulierung für ein Gruppendelphi. Sie werden im Folgenden diskutiert.

Rankingskalen

Rankingskalen fordern eine Reihung von Items. Die Befragten werden gebeten, eine Rangordnung zwischen verschiedenen Antwortalternativen zu erstellen. Der Vorteil von Rankingskalen ist die relative Einschätzung eines Items zu anderen Items. Damit können Prioritäten zwischen verschiedenen Alternativen gemessen werden, ein Ziel, das in Gruppendelphi-Prozessen häufig formuliert wird. Auf der anderen Seite erfordern Rankingverfahren, dass die Alternativen mitbedacht werden und somit steigen die kognitiven Anforderungen für den Befragten. Aus diesem Grund empfehlen wir neben Rankingfragen zusätzlich auf Ratingskalen zurückzugreifen.

Ratingskalen

Mithilfe von Ratingskalen werden in der empirischen Sozialforschung zumeist die Zufriedenheit oder die Wichtigkeit, von „sehr wichtig" bis „gar nicht wichtig", abgefragt. Rating-Skalen geben markierte Abschnitte eines Merkmalkontinuums vor, die der Untersuchungsteilnehmer bewerten soll (vgl. Bortz & Döring 2016: 176ff). Bortz und Döring (2016) schlagen drei Varianten zur Darstellung der Ausprägungen vor: numerisch, grafisch oder verbal. Bei einem Gruppendelphi geht es in der Regel darum numerische Skalierungen zu verwenden, die eine Rangfolge zwischen den einzelnen Ausprägungen erlauben, wobei die Abstände gleich groß sind. Bei verbalen Darstellungen kann die Äquidistanz der Antworten nicht exakt angegeben werden und bei grafischen Darstellungen fehlt die praktische Erfahrung und methodische Reflexion. Deshalb werden in der Regel, so auch unsere Empfehlung für ein Gruppendelphi, numerische Formulierungen gewählt. Dies kommt dem beruflichen Alltag der meisten Experten entgegen, die häufig aus professionellen Zusammenhängen kommen, in denen quantitative Skalen verwandt werden. Zudem erlaubt eine Skalierung etwa von null bis zehn oder null bis fünf eine Klassifizierung nach den Wissenskategorien absurd bis sicher (siehe Abschnitt 3.1).

Wichtig bei der Erstellung quantitativer Fragebögen ist die Diskussion um die Anzahl der Ausprägungen einer Ratingskalierung. Messtheoretisch erfüllen rangskalierte Merkmale nicht die für das metrische Skalenniveau notwendige Voraussetzung der Äquidistanz der einzelnen Messpunkte. Verschiedene Untersuchungen haben aber gezeigt, dass die Analyse solcher Variablen auch mit Verfahren, die ein metrisches Messniveau erfordern (wie etwa die Varianzanalyse), nicht zu nennenswerten Verzerrungen der Analyseergebnisse führt (vgl. Allerbeck 1978;

Labovitz 1970; Diehl & Kohr 1987: 374). „Genau genommen liefern Ratingskalen lediglich ordinale Daten. Bei einer genügend großen Anzahl von Ausprägungen, kann doch angenommen werden, dass die Abstände auf der Skala von den Befragten als gleiche Intervalle aufgefasst werden" (Mayer 2006: 82). Wie groß diese Anzahl genau sein soll, ist bisher unklar. Urban & Mayerl (2008, S. 275) empfehlen fünf Ausprägungen bzw. Kategorien, weisen aber darauf hin, dass mehr besser sind. Wir empfehlen für ein Gruppendelphi die klassische fünfstufige Ratingskalierung auf acht oder zehn Items auszuweiten. Damit kann das ursprünglich ordinale Messniveau auf quasi-metrisches Niveau angehoben werden und dementsprechend Varianzen berechnet werden. Die Anzahl wird so gewählt, dass Unterschiede in den Streuungen und Mittelwerten differenziert herausgearbeitet werden können, der kognitive Aufwand für die Beantwortung aber begrenzt bleibt. Dies deckt sich auch mit den Erfahrungen der quantitativen Entscheidungsanalyse (MAU oder MCR Verfahren), bei der für vergleichende Nutzenbewertungen von Alternativen meist eine 10er Skala eingesetzt wird (vgl. von Winterfeldt & Edwards 1984).

Kontrovers kann die Notwendigkeit einer Mittelkategorie, sprich die Frage, ob die Anzahl der Items gerade oder ungerade sein sollte, gewertet werden. Wenn keine Mittelkategorie erhoben wird, wird der Befragte quasi zur Abgabe eines Urteils genötigt. Wird eine angegeben, kann diese als Fluchtkategorie zu voreilig von den Befragten gewählt werden oder sie wird gewählt, wenn man sich bei der Beantwortung sehr unsicher fühlt. Bortz und Döring (2016) sprechen ein weiteres Problem in diesem Zusammenhang an: Mit Ambivalenz-Indifferenz meinen sie, dass bei der Wahl der mittleren Antwortkategorie nicht klar ist, ob die Teilnehmer keine dezidierte Meinung vertreten, oder ob ihre Meinung bezüglich dieses Merkmals ambivalent ist.

Für ein Gruppendelphi erscheint eine solche Mittelkategorie weder geeignet noch notwendig. Da auch die Urteilssicherheit der Teilnehmer (vgl. Abschnitt 5.8) bei der Beantwortung der einzelnen Fragen gemessen werden kann, ist eine Mittelkategorie nicht notwendig. Auch im Hinblick auf die inhaltliche Zielsetzung eines Gruppendelphis erscheint dies nicht sinnvoll. Politische Entscheidungsträger und Auftraggeber von Gruppendelphi-Verfahren wollen wissen, wie ihre nächsten Handlungen aussehen können. Eine Mittelkategorie kann dies nicht gewährleisten. Deshalb empfehlen wir die Verwendung einer geraden Anzahl von Ausprägungen.

Der Vorteil der Ratingskalen liegt in dem vergleichsweise geringen kognitiven und zeitlichen Aufwand für Teilnehmer und Forschungsteam. Allerdings kann bei einer Vielzahl hintereinander gestellter Ratingskalen ein Response Set einsetzen, d. h. die Befragten kreuzen immer wieder die gleiche Antwort an. Ein Problem, welches vor allem bei einem Versand des Fragebogens im Vorfeld des Workshops zum Tragen kommen würde. Um Routineverhalten bzw. Response Sets bei solchen

5.6 Fragetypen

Frageformulierungen zu vermeiden, empfehlen Methodenbücher einen Wechsel der Beurteilungsrichtung (vgl. Schnell et al. 1999). Da beim Workshop die Fragen gemeinsam diskutiert werden, glauben wir nicht an das Einsetzen einer Routinehandlung und halten einen Wechsel der Bewertungsrichtung für wenig relevant. Bei einer Vorabbefragung ist diese Möglichkeit zu erwägen.

Tab. 10 Überblick Rating- und Rankingskala (vgl. Klein & Arzheimer 1999)

	Vorteile	Nachteile
Ratingskala	Geringe kognitive Anforderungen für Teilnehmer	Anfällig für Response Sets, bspw. in Form einer Zustimmungstendenz
	Geringer Zeitaufwand beim Ausfüllen und Analysieren	Gefahr der Nicht-Differenzierung, d. h. alle Variablen werden gleich bewertet
	Absolute Interpretation möglich	Problem der Validität der Daten
Rankingskala	Alternativen bestimmbar	Höherer Anspruch in der Entwicklung
	Mindestmaß an kognitivem Aufwand notwendig	Schnelle Überforderung der Teilnehmer
	Prioritätensetzung möglich	Aufwendige statistische Auswertung, da ipsative Messung, d. h. Messwerte bedingen sich gegenseitig

Im Folgenden werden einige konkrete Beispiele für Frage- und Antwortformulierungen im Rahmen eines Gruppendelphis vorgestellt. Sie müssen am konkreten Thema angepasst und modifiziert werden.

Beispiele Rankingfragen

Für ein Gruppendelphi schlagen wir folgende Arten der Rankingformulierung vor.

Beispiel 1

Die Befragten werden gebeten, Schulnoten zu vergeben. Dieses System hat den Vorteil der Alltagsnähe, es ist den Befragten bekannt und erleichtert somit möglicherweise die Antwortabgabe.

	Schulnote
Antwort a	
Antwort b	
Antwort c	
Antwort d	
Antwort e	
Antwort f	

Abb. 16 Beispiel Rankingfrage über Schulnoten

Beispiel 2

Eine andere Möglichkeit ist die Vergabe festgesetzter Summen, beispielsweise in Form von Budgets. Da Gruppendelphis vor allem im politischen Umfeld eingesetzt werden, bietet es sich an, die Befragten zu bitten, ein bestimmtes fiktives aber realistisches Budget, von beispielsweise 100 Mio Euro, auf verschiedene vorgegebene Kategorien zu verteilen. Die Höhe des zur Verfügung stehenden Budgets sollte keine Utopie sein, sondern eine annähernd realistische Größe, um die Befragung zur Abgabe umsetzbarer Antworten zu animieren. Gerade wenn Gruppendelphis zur Entwicklung und Bewertung bestimmter Maßnahmen oder Programme eingesetzt werden, kann dies hilfreich sein.

Stellen Sie sich vor, die Bundesregierung stellt Ihnen 10 Millionen Euro für ... zur Verfügung. Ihre Aufgabe ist es, dieses Geld auf die folgenden Ziele zu verteilen.
Bitte tragen Sie jeweils die Summe ein, die Sie aus dem Budget von 10 Millionen jedem der unten genannten Ziele zuordnen wollen. Es zählt hier nur Ihre Meinung unabhängig davon, ob Sie Ihre Vorschläge politisch durchsetzen können oder nicht.

Antwort a	
Antwort b	
Antwort c	
Antwort d	
	Summe 10 Mio Euro

Abb. 17 Beispiel Rankingfrage über fiktives Budget

Beispiel 3

In gleicher Logik können auch eine vorgegebene Anzahl von Punkten vorgegeben werden, die dann entsprechend zugeordnet und verteilt werden. Hier empfiehlt sich allerdings die Begrenzung auf wenige Auswahlmöglichkeiten. Hier ist der Abstraktionsgrad allerdings sehr hoch, die Formulierung wenig alltagsnah, und der Einsatz sollte deshalb nur in Ausnahmefällen erfolgen.

Stellen Sie sich vor, ... Sie können bei der Bewertung 10 Punkte geben. Bitte verteilen Sie die Punkte auf die verschiedenen Alternativen.	
Antwort a	
Antwort b	
Antwort c	
Antwort d	
	Summe 10 Mio Euro

Abb. 18 Beispiel Rankingfrage Vergabe von Punkten

Beispiele Ratingfragen

Auch für Ratingskalen sehen wir verschiedene Möglichkeiten der Abfrage:

Beispiel 1

Wie bereits oben formuliert, empfehlen wir bei Ratingskalen eine gerade Anzahl von Items. Um metrisches Messniveau unterstellen zu können, sollten idealerweise acht oder zehn Abstufungen formuliert werden.

Zu welchen Fragestellungen und Maßnahmenoptionen sollten sich … untereinander verständigen? Bitte tragen Sie einen Wert ein. Geben Sie 10 an, wenn hoher Abstimmungsbedarf besteht und 1, wenn kein Bedarf besteht.

	Kein Abstimmungsbedarf	2	3	4	5	6	7	8	9	Hoher Abstimmungsbedarf
Antwort a										
Antwort b										

Abb. 19 Beispiel Ratingfragen 10er Skalierung

Beispiel 2

Die Abfrage von Prognosen kann über Zeitintervalle erfolgen. Diese können methodisch gesehen auf jedem Messniveau abgefragt werden. Wenn Intervalle verwendet werden, dann möglichst ohne offene Kategorien. Außerdem empfiehlt es sich, gleich große Intervalle zu erheben. Nur die Verwendung gleicher Intervalle, ohne offene Kategorien, bei mehr als fünf Ausprägungen gewährleistet quasi-metrisches Messniveau. Ansonsten liegt ordinales Niveau vor und das arithmetische Mittel kann messtheoretisch argumentiert nur unter Vorbehalt berechnet werden.

Wann kann diese Maßnahme ihrer Meinung nach frühestens umgesetzt werden? Bitte kreuzen Sie an.

	2 Jahren	4	6	8	10	12	14	16	18	20 Jahren
Umsetzung erreicht in …										

Abb. 20 Beispiel Ratingfragen Abfrage Zeitintervalle

Konkrete Zeitpunkte werden beim klassischen Delphi und beim Gruppendelphi eher selten abgefragt. Häder (2014) formuliert einige Gründe für diese Zurückhaltung und betont vor allem die kognitiven Anforderungen zur Beantwortung. Bei der Abfrage von Zeitpunkten, schlägt er die Vorgabe von Antwortmöglichkeiten vor, „damit kann eine kognitive Überforderung der Teilnehmer verhindert werden" (Häder 2014: 135). Allerdings kann eine mögliche kognitive Überforderung durch Fragen zur Urteilssicherheit gemessen werden. Alternativ können konkrete Zeitpunkte auch durch offene Formulierungen, wie im nächsten Abschnitt dargestellt, erhoben werden.

Wie lange dauert ihrer Meinung nach die Entwicklung von …? Bitte kreuzen Sie an.
1. Weitere 0-9 Jahre
2. Weitere 10-19 Jahre
3. Weitere 20-29 Jahre
4. Weitere 30-39 Jahre
5. Weitere 40-49 Jahre

Abb. 21 Beispiel Ratingfragen Abfrage Zeithorizont

Beispiel 3

Die Abfrage von Wahrscheinlichkeitsaussagen kann ebenfalls über eine Ratingskala, beispielsweise von 0 bis 10 abgefragt werden. Dabei bedeutet die „0" ausgeschlossen bzw. unmöglich (absurd), die „1-9" spiegeln unterschiedliche Grade der Wahrscheinlichkeit wider, und „10" bedeutet sicher. Man kann aber hier auch einen numerischen Wert zwischen 1 und 100 abfragen, weil dies dem gängigen Verfahren nach Vergabe von Prozentwerten (etwa 35 Prozent Wahrscheinlichkeit) bei Wahrscheinlichkeitsaussagen entspricht. Auch Intervalle wie 0, 1-10, 11-20 … 90-99, 100 können als Skalenwerte gewählt werden.

Für wie wahrscheinlich halten Sie es, dass x als Folge von y eintreffen wird?											
	ausgeschlossen	1	2	3	4	5	6	7	8	9	sicher
Sinnvoller Zeithorizont											

Abb. 22 Beispiel Wahrscheinlichkeitsmessung

Beispiel offene Fragen

Generell sind offene Fragen nach Häufigkeiten im Gruppendelphi sinnvoll, da diese numerisch sind und dementsprechend wieder statistisch ausgewertet werden können. Einige Beispiele hierfür folgen nun.

Beispiel 1

Schätzfragen, die prozentual skaliert sind, stellen eine adäquate Möglichkeit für eine quantitative Frage im Gruppendelphi dar. Einzelne Alternativen können durch die Angabe einer entsprechenden Prozentangabe bewertet werden, eine Relation zu den anderen Alternativen ist dabei nicht vorgesehen.

Wie hoch schätzen Sie das Vertrauen ein, dass … typischerweise in … haben?
Bitte tragen Sie für jede Antwort einen Prozentwert ein. Hierbei stehen 100 % für ein absolutes Vertrauen in das .., 0 % für ein absolutes Misstrauen. Mit den Werten dazwischen können Sie differenzieren.

    Alternative a _____ %
    Alternative b _____ %

Abb. 23 Beispiel offene Frage prozentuale Abfrage

Häder (2014) schreibt, dass hierbei eine klassische ordinale Skalierung geeigneter ist, wenn die exakte Schätzung die Experten überfordern würde. Dieses Argument kann durch die Integration einer Frage zur Urteilssicherheitsfrage bei einer schriftlichen Befragung reduziert werden. Wenn die Frage auf dem Workshop diskutiert wird, wird die mögliche Überforderung durch den gemeinsamen Austausch abgemildert.

Beispiel 2

In ähnlicher Weise wie die Schätzfragen, können offene Formulierungen nach Häufigkeiten eingesetzt werden. Auch diese Methode ermöglicht die spätere Berechnung statistischer Kennzahlen, die metrisches Messniveau erfordern.

Wie häufig ….? Bitte geben Sie die genaue Anzahl an.
_____

Abb. 24 Beispiel offene Frage nach Häufigkeiten

Beispiel 3

Wie oben formuliert, können in einem Gruppendelphi offene Fragen bei eventuellen Wissenslücken verwendet werden. Wir empfehlen diese am Ende des Fragebogens sozusagen als Fazit zu formulieren.

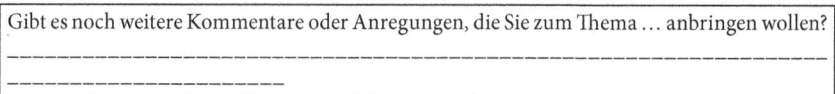

Gibt es noch weitere Kommentare oder Anregungen, die Sie zum Thema ... anbringen wollen?

Abb. 25 Beispiel offene Frage Postscriptum

5.7 Ausweichkategorien

In standardisierten Befragungen sind die so genannten Ausweichkategorien ein zentrales Instrument, sowohl für die inhaltliche als auch für die methodische Aus- und Bewertung des Fragebogens. Ausweichkategorien stehen hier als Oberbegriff für Antworten, die nicht inhaltlich auswertbar sind. Dazu gehören in der Regel Angaben der Kategorien: „Weiß nicht", „Trifft nicht zu" oder „Keine Angabe".

Bei standardisierten postalischen Befragungen werden in der Regel explizite „Weiß nicht" Kategorien eingesetzt. Damit soll verhindert werden, dass sich die Befragten zu einer inhaltlichen Abgabe genötigt sehen. Denn post hoc ist nicht mehr festzustellen, wie die Befragten zu ihren Urteilen kamen oder wie sicher sie in ihrer Einschätzung waren. Für die statistische Auswertung werden solche Antworten in der Regel auf so genannte fehlende Werte (missing values) gesetzt und allenfalls für die methodische Überprüfung der Qualität der Frage- bzw. Antwortformulierung eingesetzt. Die methodischen Funktionen solcher Ausweichkategorien bestehen darin:

- die Befragten bei Unsicherheit oder Unwissenheit nicht zur Abgabe einer inhaltlichen Antwort zu nötigen
- anhand der Häufigkeit der Angabe einer Ausweichkategorie die Angemessenheit und Relevanz der Frage kritisch zu reflektieren
- a priori zwischen Unwissenheit („weiß nicht") und der Verweigerung der Angabe („keine Angabe") zu differenzieren.

Für einen Gruppendelphi-Fragebogen erscheint eine explizite Antwortvorgabe „weiß nicht" oder „keine Angabe" nicht sinnvoll, obwohl auf den ersten Blick gerade beim Gruppendelphi die Unsicherheit bei der Beantwortung bestimmter Fragen eine besondere Rolle spielen dürfte. Gegen eine Aufnahme von Ausweichkategorien sprechen drei Gründe: Zum einen können die Kleingruppen während des Workshops ein Mehrheits- und Minderheitsvotum bei Uneinigkeit abgeben, zweitens werden kritische Fragen im Plenum aufgegriffen und reflektiert und drittens können Fragen zur selbst eingeschätzten Urteilssicherheit formuliert werden, die als funktionales Äquivalent zu diesen Ausweichkategorien eingesetzt und im folgenden Abschnitt näher erläutert werden.

5.8 Fragen zur Urteilssicherheit

Fragen zur Urteilssicherheit hängen unmittelbar mit dem Ziel der standardisierten Erfassungen, komplexer Sachverhalte bei einem Gruppendelphi zusammen. Hintergrund ist die Empfehlung zur Verwendung metrischer Skalen, weil sie den Experten die Gelegenheit einer differenzierten Antwort geben. Allerdings wächst gleichzeitig die Schwierigkeit zur Abgabe einer adäquaten Antwort und die Antwortunsicherheit wächst. Das heißt: umso differenzierter die Antwortvorgaben, desto schwerer ist die Abgabe eines exakten Urteils. Denn die kognitiven Anforderungen nehmen zu, insbesondere bei inhaltlich schwierigen Themen.

Zudem erfolgt die Ansprache möglicher Teilnehmer des Gruppendelphis oftmals auf Basis von zugeschriebener Expertise (vgl. Abschnitt 4.1). Inwieweit diese Zuschreibung durch das Forschungsteam korrekt ist, zeigt sich häufig erst bei der Beantwortung der Fragen. Dabei kann es vorkommen, dass die Experten nicht alle Aspekte des Themas gleichermaßen einschätzen und bewerten können und die Urteilssicherheit zwischen den Items variiert.

Letztendlich erscheinen Fragen zur Urteilssicherheit vor allem für eine Vorabbefragung relevant. Bei dem Workshop selbst kann die Urteilssicherheit offen kommuniziert werden, bei einer schriftlichen Vorabbefragung ist dies die einzige Möglichkeit für das Forschungsteam sichere von unsicheren Antworten zu differenzieren.

! **Fragen zur Urteilssicherheit** sind vor allem bei einer schriftlichen Vorab-Befragung der Experten relevant. Bei dem Workshop selbst kann eventuelle Unsicherheit direkt kommuniziert und damit auch erfasst werden.

5.8 Fragen zur Urteilssicherheit

Mit zunehmender Differenzierung der Antwortmöglichkeit und steigenden kognitiven Anforderungen an die Teilnehmer, wächst die Relevanz der Fragen zur Urteilssicherheit. Diese ermöglichen die Identifikation unsicherer Antworten. Möglich ist, dass zwar alle Experten eine Aussage treffen, die gemessen am Durchschnitt wenig variieren, aber vielleicht sind die Befragten bei der Abgabe ihres Urteils unsicher. Möglicherweise ist die fachliche Expertise bei einzelnen Fragen nicht ausreichend für die Abgabe eines sicheren Urteils. Dies ist ein Problem, das bei einer klassischen standardisierten Befragung wenig bis gar nicht aufgelöst werden kann.

Beim Gruppendelphi dagegen sollen diese Fälle explizit herausgearbeitet werden und auf dem Workshop diskutiert werden. Fragen zur Urteilssicherheit dienen deshalb meist als Gewicht und Filter für den konkreten Verlauf des Gruppendelphi-Verfahrens. Wenn eine Person oder eine Gruppe glaubt, sie sei sehr unsicher oder sie verfüge über nicht genügend fachliche Kompetenz zur Beantwortung einer Frage, können sie dies über Angaben zur Urteilssicherheit deutlich machen.

Doch wo genau sind Fragen zur Urteilssicherheit im Fragebogen zu platzieren? Die Fragen zur Urteilssicherheit werden in der Regel unmittelbar nach der jeweiligen inhaltlichen Frage gestellt. Wenn sie explizit als Filtervariable eingesetzt werden, können sie auch vor der inhaltlichen Frage gestellt werden (vgl. Häder 2014). In diesen Fällen erfüllen sie in der Regel die Funktion zur Einschätzung der eigenen Expertise bzw. Kompetenz im Vorfeld der Begutachtung des Sachverhaltes. Solche Kompetenzfragen sollten im Gruppendelphi-Prozess allerdings nur im Ausnahmefall eingesetzt werden, weil in der Regel gerade die trans- und interdisziplinäre Beurteilung durch die eingeladenen Experten interessiert (vgl. Abschnitt 4). Deshalb wird in der Regel auch bereits im Einladungsschreiben die thematische Ausrichtung des Gruppendelphis deutlich gemacht.

Insgesamt erfüllen Fragen zur Urteilssicherheit vier technische Funktionen im Gruppendelphi (vgl. Häder 2014): Zum einen können sie als Filter eingesetzt werden und zum anderen signalisieren sie den Experten, dass keine mit Sicherheit korrekten numerischen Antworten erwartet werden „Sie tragen damit zum Abbau bzw. zur Verhinderung von Irritationen bei den Teilnehmern bei" (Häder 2014: 133). Außerdem können sie als ein möglicher Indikator für Gründe von Dissens unter den Experten dienen. Und letztendlich können sie als Gewichtungsvariablen eingesetzt werden, so dass Bewertungen mit hoher Urteilssicherheit mit höherer Gewichtung in die Mittelwertbildung einfließen als solche mit geringer Urteilssicherheit.

Einschränkend ist anzumerken, dass Fragen zur eigenen Urteilssicherheit je nach inhaltlicher Frageformulierung nicht immer gleich angemessen scheinen. Grundsätzlich gilt: Je höher der kognitive Anspruch, desto wichtiger ist die Abfrage der subjektiven Urteilssicherheit. Bei der Verwendung von Ratingskalen erscheinen sie weniger relevant als bei Rankingverfahren, da diese höheren Anforderungen an die kognitiven Fähigkeiten der Experten stellen.

Formulierung von Fragen zur Urteilssicherheit

Die Fragen zur Urteilssicherheit können auf verschiedenen Wegen gestellt werden (vgl. Abbildung 26). Wir empfehlen allerdings, wenn möglich, bei einer Art der Frageformulierung zu bleiben. Da die Fragen zur Urteilssicherheit normalerweise nicht in elaborierte Berechnungen einfließen, kann das Messniveau hier niedriger als bei den inhaltlichen Fragen gewählt werden.

Variante 1				
	Sehr sicher	Eher sicher	Eher nicht sicher	Absolut nicht sicher
Wie sicher fühlen Sie sich bei der Beantwortung dieser Frage?	☐	☐	☐	☐

Variante 2
Wie vertraut fühlen Sie sich bei der Beantwortung dieser Frage?
☐ Mit dem Gegenstand gar nicht vertraut
☐ Gelegentlich vertraut
☐ Vertraut
☐ Sachverständig
☐ Experte

Variante 3
Wie sicher sind Sie, dass das von Ihnen gefällte Urteil in dieser Frage den wahren Sachverhalt trifft?
☐ 100 %
☐ _____% (Tragen Sie einen Zahlenwert von 0-99 hier ein)
☐ Kann ich beim besten Willen nicht angeben

Variante 4
Wie kompetent fühlen Sie sich, um über ... Auskunft zu geben?
☐ Sehr kompetent
☐ Teilweise kompetent
☐ Wenig kompetent
☐ Nicht kompetent

5.8 Fragen zur Urteilssicherheit

Variante 5

Wie vertraut sind Sie mit Fragen der …?
- ☐ Überhaupt nicht vertraut (Filter zum nächsten Fragekomplex)
- ☐ Vertraut
- ☐ Sehr vertraut

Variante 6

Bei einer Wahrscheinlichkeit von 95 %, in welchem Bereich vermuten Sie den wahren Wert? Kreuzen Sie bitte den kleinsten und den größten Wert an, den Sie für möglich halten.

	1	2	3	4	5	6	7	8	9	10
Antwort a										

Abb. 26 Beispiele für Fragen zur Urteilssicherheit (vgl. Häder 2014)

Die verschiedenen Varianten stellen an die befragten Experten unterschiedliche kognitive Anforderungen (vgl. Abbildung 26). Während die Varianten 1 und 2 beispielsweise eher allgemein gehalten sind, ist die Variante 3 deutlich anspruchsvoller. In der Praxis haben sich vor allem die Varianten durchgesetzt, die zügig durch die Experten zu beantworten sind, auch wenn damit weniger statistische Auswertungen möglich sind.

Eine Art der Abfrage der Urteilssicherheit ist besonders hervorzuheben und aufgrund der Komplexität zu erläutern: die Abfrage über ein Vertrauensintervall (vgl. Abbildung 26 Variante 6). Die mathematische Logik beruht auf der Inferenzstatistik, bei der mithilfe eines Konfidenz- oder auch Vertrauensintervalls die Spannbreite möglicher Antworten angegeben werden kann (vgl. Bortz 1999: 101ff). „Das Konfidenzintervall kennzeichnet denjenigen Bereich eines Merkmals, in dem sich 95 % (99 %) aller möglichen Populationsparameter befinden, die den empirisch ermittelten Stichprobenkennwert erzeugt haben können" (Bortz 1999: 101). Der Grundgedanke lässt sich am besten anhand der Gaußschen Normalverteilung erklären. Charakteristisch ist, dass es ein Maß der zentralen Tendenz gibt, d.h. Median, Modus und arithmetisches Mittel fallen zusammen, und dass in einem bestimmten Bereich, dem Konfidenzintervall, ein exakt definierter prozentualer Anteil aller Fälle liegt.[4] Umso weiter sich aber die Werte vom Maß der zentralen

---

4 In den Bereich +/- 1 Standardabweichung fallen 68,3 % aller Fälle, in den Bereich +/- 2 Standardabweichung fallen 95,5 % aller Fälle, in den Bereich +/- 3 Standardabweichung fallen 99,7 % aller Fälle.

Tendenz entfernen, desto extremer werden die Antworten und desto seltener liegen sie vor. So ergibt sich idealerweise eine eingipflige und symmetrische Kurve, deren Enden sich asymptotisch der Abszisse nähern.

Als Wahrscheinlichkeit für diese Intervalle wird üblicherweise 95 % festgelegt. Dieser Wert empfiehlt sich auch bei einem Gruppendelphi, da dieser Wert vielen Experten vertraut sein wird. Die Logik und Anwendung für ein Gruppendelphi lässt sich anhand eines fiktiven Beispiels erläutern: Nehmen wir an, drei Kleingruppen beurteilen zuerst die Relevanz einer spezifischen Maßnahme mit einem konkreten Wert und werden dann gebeten, bei einer Wahrscheinlichkeit von 95 % den vermuteten wahren Bereich anzugeben (vgl. Abbildung 27). Jede Gruppe gibt einen bestimmten Bereich an, von dem sie glaubt, dass in diesem der wahre Wert liegt. Werden diese Bereiche addiert ergibt sich eine Häufigkeitsverteilung, die Auskunft über die Verteilung der Antworten gibt. Dahinter steckt die Vermutung, dass der Modus, sprich der häufigste Wert der Verteilung der wahre Wert ist. Es ist sozusagen der kleinste gemeinsame Nenner. Je breiter allerdings die Verteilung wird, desto mehr streuen die Antworten der Experten und umso „unsicherer" ist die angegebene Antwort. Die Anwendung dieser Art der Sicherheitsfrage ist vergleichsweise aufwendig in der Auswertung. Die Praktikabilität ist deshalb von Fall zu Fall kritisch zu prüfen.

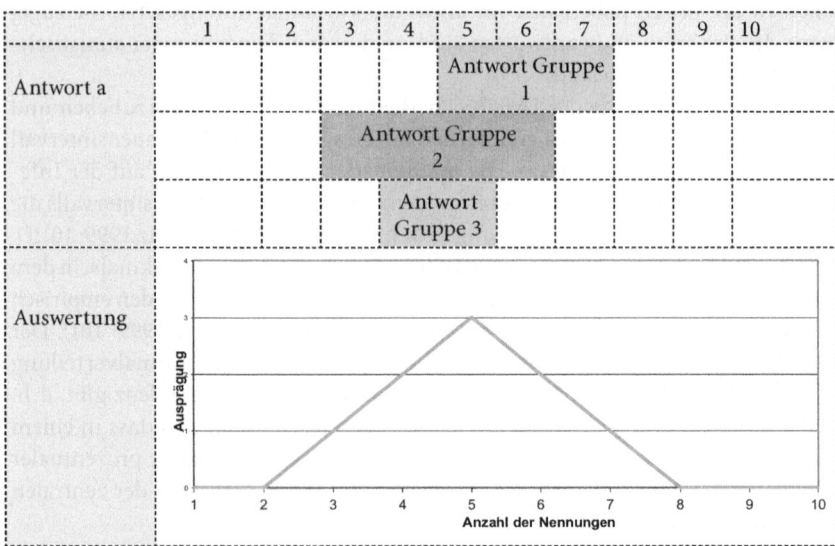

Abb. 27 Beispiel Antwortverhalten und Auswertung einer Sicherheitsfrage mit Konfidenzniveau

5.9 Inhaltliche Dimensionen des Fragebogens

Eine besondere Herausforderung ist die inhaltliche Gestaltung des Fragebogens. Spielen hier bei klassischen Umfragen vor allem Theorien, Hypothesen und Operationalisierungen eine wichtige Rolle, geht es bei einem Gruppendelphi um die exakte und vollständige Abfrage der konkreten Dimensionen eines Themas. Da Gruppendelphis aber häufig bei sehr anspruchsvollen und komplexen Themen, oftmals bei technologischen oder ökonomischen Sachverhalten eingesetzt werden, spielen hier andere Aspekte eine zentrale Rolle. Konzipiert, moderiert und ausgewertet werden Gruppendelphis häufig von Sozialwissenschaftlern. Sie verfügen über entsprechende methodische, statistische und kommunikative Kompetenzen, die für eine erfolgreiche Durchführung eines Gruppendelphis elementar sind. Allerdings sind Sozialwissenschaftler nicht unbedingt Experten für das jeweilige Thema. Deshalb werden Gruppendelphis häufig in Zusammenarbeit mit Fachleuten des jeweiligen Themas konzipiert, durchgeführt und ausgewertet. Sie können beispielsweise relevante Literatur und aktuelle Studien einbringen, wichtige Experten identifizieren und die Exaktheit zentraler Begrifflichkeiten prüfen. Wenn keine Fachleute als Partner eingebunden werden können, werden mitunter Workshops oder qualitative Interviews mit einigen wenigen Experten dem Gruppendelphi-Prozess vorgeschaltet (vgl. Abschnitt 10).

5.10 Pretest

Wie bei jeder empirischen Erhebung kann ein Pretest zur Überprüfung der Qualität des Fragebogens eingesetzt werden. Auf Basis des Pretests werden Frageformulierungen und Anweisungen ggfs. optimiert, einzelne Fragen gelöscht oder neue formuliert. Derartige Pretests erfüllen für ein Gruppendelphi in der Regel folgende Funktionen:

- Überprüfung des Verständnisses, der Eindeutigkeit und der fachlichen Richtigkeit der Fragen und Antworten
- Überprüfung der Vollständigkeit
- Überprüfung der Effekte der Fragenanordnung
- Abschätzung der Befragungsdauer
- Abschätzung der Teilnahmebereitschaft zu dem Thema

Zudem dient bei einem Gruppendelphi der Pretest zum Test der statistischen Auswertung. Geprüft wird, inwieweit diese in dem begrenzten Zeitrahmen eines Workshops durchführbar ist und inwieweit das Layout eine einfache und schnelle Kürzung bzw. Anpassung des Fragebogens zulässt.

Wichtig ist, dass der Pretest mit der Expertengruppe stattfindet, die Zielgruppe der Untersuchung ist. Nur die Experten können die fachliche Richtigkeit, Relevanz und Angemessenheit beurteilen. In welcher Form diese Pretests durchgeführt werden, ist sehr unterschiedlich. Denkbar sind beispielsweise kognitive Interviews. Diese haben sich bei der Prüfung von standardisierten Befragungen bewährt (vgl. Prüfer & Rexroth 2005)

> **Kognitive Interviews** (vgl. Prüfer & Rexroth 2005) werden in der Entwicklungsphase eines Fragebogens durchgeführt, um einen Einblick in die kognitiven Prozesse zu bekommen, die beim Beantworten von Fragen ablaufen. Speziell ist dabei von Interesse, wie Befragte
> - Fragen oder Begriffe interpretieren und verstehen
> - Informationen und Ereignisse aus dem Gedächtnis abrufen
> - Entscheidungen darüber treffen, wie sie antworten
> - ihre „intern" ermittelte Antwort formalen Antwortkategorien zuordnen.
>
> Das eigentliche Ziel dabei besteht darin, durch diese Informationen Hinweise auf unterschiedlichste Frage-Probleme zu erhalten. Konzipiert werden können sie als:
> - Probing: Hier werden gezielte Nachfragen gestellt.
> - Confidence Rating: Hier werden Nachfragen zum Verständnis formuliert und die Befragten beschreiben, wie sie bestimmte Aspekte einer Frage oder eines Begriffs verstehen.
> - Think Aloud Interview: Hier werden die Befragten gebeten, laut zu äußern, was sie beim Ausfüllen denken.

5.11 Fazit

Der Fragebogen ist das „Herzstück" eines Gruppendelphi-Verfahrens. Er zeigt die inhaltliche und methodische Kompetenz des Forschungsteams und entscheidet maßgeblich über die Reichweite und Qualität der Ergebnisse. Das standardisierte Vorgehen ermöglicht eine relativ zügige Bearbeitung einer in der Regel komplexen und anspruchsvollen Materie. Die Experten werden durch dieses Vorgehen angehalten, ihre Urteile genau zu bestimmen und sich zu positionieren. Inhaltliche Ausschweifungen, politische Fensterreden oder persönliche Ausflüchte werden damit unwahrscheinlicher und die Diskussion wird auf die zentralen Punkte fokussiert. Um dies zu gewährleisten, ist eine fachlich korrekter und den aktuellen Wissenstand reflektierender Fragebogen Grundvoraussetzung.

Relevante Literatur

Bortz, J., & Döring, N. (2016). Forschungsmethoden und Evaluation. Berlin, Heidelberg: Springer-Verlag.

Porst, R. (2009). Fragebogen: Ein Arbeitsbuch (2. Aufl.). Studienskripten zur Soziologie. Wiesbaden: VS Verlag für Sozialwissenschaften. doi:10.1007/978-3-531-91840-2

Schumann, S. (2006). Repräsentative Umfrage: Praxisorientierte Einführung in empirische Methoden und statistische Analyseverfahren (4., überarb. und erw. Aufl.). Lehr- und Handbücher der Politikwissenschaft. München: Oldenbourg.

6 Die Auswertung eines Gruppendelphis

Bei einem Gruppendelphi geht es schwerpunktmäßig um die quantitative Auswertung des Fragebogens. Allerdings werden die inhaltlichen Argumente aus dem Workshop integriert. Im Folgenden wird deshalb zunächst die quantitative Auswertung erläutert und anschließend die Integration der qualitativen Aspekte vorgestellt.

6.1 Quantitative Auswertung

Ziel der quantitativen Auswertung ist die Identifikation strittiger und unsicherer Themen. Aus diesem Grund werden bei einem Gruppendelphi die inhaltlichen Items und die Fragen zur Urteilssicherheit analysiert.

Analyse der inhaltlichen Items

In der statistischen Analyse von Gruppendelphis geht es ausschließlich um deskriptive Statistiken. Signifikanzen spielen keine Rolle, weil zum einen keine Zufallsauswahlen vorliegen und zum anderen keine repräsentativen Aussagen oder Mittelwerttests angestrebt werden. Die statistische Analyse eines Gruppendelphis orientiert sich weitgehend an einem klassischen Delphi. Für die Berechnung und Interpretation der Maße der zentralen Tendenz und der Streuungsmaße sei auf den Abschnitt 2.1 „Auswertungsstrategie des klassischen Delphis" verwiesen. Im Folgenden liegt das Augenmerk auf der statistischen Analyse zur Herausarbeitung und Identifikation strittiger und unsicherer Punkte. Denn Ziel des Gruppendelphis ist es mit jeder Delphi-Runde den Fragebogen auf strittige Fragen zu kürzen und im Idealfall am Ende alle Fragen in einen Konsens bzw. Konsens über Dissens überführt zu haben.

Analyse durch den Variationskoeffizienten

Bei den standardisierten Items werden die messtheoretisch angemessenen Mittelwerte und Streuungen berechnet. Da bei einem Gruppendelphi hauptsächlich metrische oder quasi-metrische Daten erhoben werden, werden vor allem das arithmetische Mittel, Varianzen und Standardabweichungen berechnet.

Die Frage, ab welcher Streuung ein Item als strittig angesehen wird, kann nicht pauschal beantwortet werden. In der Regel wird diese Entscheidung über einen relativen Vergleich aller Items bzw. den jeweiligen Streuungen hinweg getroffen. Die Fragen mit der größten Streuung bleiben im Verfahren und die Fragen mit geringer Streuung werden als Konsens festgestellt und nicht weiter thematisiert. Doch die Streuungswerte hängen ab von der Anzahl der Ausprägungen. Deshalb wird zusätzlich der Variationskoeffizient angegeben und berechnet (vgl. Abbildung 28). Dieser setzt das arithmetische Mittel und die Streuung ins Verhältnis und erlaubt itemübergreifend einen Vergleich der Streuung und damit ein Ranking der Items von der größten zur kleinsten Streuung.

$$V = \frac{s}{mean}$$

Abb. 28 Formel Variationskoeffizient (VarK)

Bei zehnstufigen Ratingskalen hat sich als Faustregel für den Gruppendelphi-Workshop etabliert, dass die Fragen beibehalten werden, bei denen der Variationskoeffizient über 1 liegt. Bei einem knappen Zeitbudget können im Plenum nur die Variationskoeffizienten über 1 diskutiert werden.

Mehrheits- und Minderheitsvoten

Bei einem Gruppendelphi-Workshop werden die Experten gebeten, den Fragebogen gemeinsam in rotierenden Kleingruppen zu beantworten. Ziel ist es, dass sich die Experten auf ein gemeinsames Votum einigen. Sollte diese nicht der Fall sein, können aber Mehrheits- und Minderheitsvoten abgegeben werden. Fragen, bei denen derartige Minderheitsvoten auftreten, stehen dann im Mittelpunkt der Diskussion. Wenn durch einen offenen Austausch und ggfs. eine Erläuterung keine weitere Annäherung erfolgt, wird geprüft werden, ob eine weitere Aufnahme für die nächste Delphi-Runde Sinn macht oder ein Dissens festgehalten wird. Eine Weiterverfolgung im Verfahren ist sinnvoll, wenn das Minderheitsvotum aufgrund anderer Erkenntnisse oder missverständlicher Formulierungen gefällt wurde.

Wenn dagegen ein fachlich begründeter Dissens vorliegt, kann dieser mit den Begründungen festgehalten werden und das Item scheidet aus dem Verfahren aus.

Fehlende Antworten

Möglicherweise werden in den Kleingruppen nicht alle Fragen beantwortet. In der Plenumsdiskussion wird der Moderator diesen Umstand hinterfragen. Das Nichtausfüllen von Items kann ein Zeichen für Zeitprobleme oder einer heftigen Diskussion innerhalb der Kleingruppe sein. Bei ersterem kann die Frage für die nächste Delphi-Runde beibehalten werden. Bei letzterem werden die konträren Sichtweisen und Begründungen erfragt und genau dokumentiert. Ggfs. ist hier eine Um- oder Neuformulierung der Frage und die Aufnahme für die nächste Delphi-Runde auf dem Workshop wichtig.

Offene Anmerkungen

Wie bei jeder standardisierten Befragung können Kommentare, Anmerkungen und ikonografische Zeichen von den Experten auf dem Fragebogen vermerkt werden. In der quantitativen Forschung werden solche Dinge im Einzelfall ignoriert. Wenn sie sich häufen, können inhaltsanalytische Analysen Klarheit über die Hintergründe und Motive aufzeigen (vgl. Weiß et al. 2013). Eine solche Analyse wurde im Rahmen einer standardisiert angelegten Evaluation eines Bildungsprogramms durchgeführt. Sie brachte folgende Kategorien zu Tage:

- Bestreiten der Passung eines Items oder eines Messinstruments
- Einschränken der Aussagekraft einer Antwort
- die Begründung oder Rechtfertigung einer Antwort
- Verständnisfragen
- und (meist unspezifische) Befindlichkeitsäußerungen (vgl. Weiß et al. 2013)

Diese Kategorien kommen auch bei einem Gruppendelphi in Betracht. Die Klärung obliegt dem Moderator und je nach Ausgang kann das Item um- oder neuformuliert werden und in der nächsten Delphi-Runde des Workshops allen Experten zur Beantwortung vorgelegt werden.

Analysen der Urteilssicherheit

Neben den inhaltlichen Items können die Experten nach ihrer Urteilssicherheit befragt werden. Statistisch können hier alle messtheoretisch angemessenen Berechnungen durchgeführt werden. Allerdings zielen die Fragen der Urteilssicherheit oftmals auf den Wunsch einer Gewichtung ab. Fragen, bei denen sich die Experten sehr sicher sind, können anders gewichtet werden als Fragen mit hoher Unsicherheit. Zudem sind Angaben zur Urteilssicherheit ein Indiz für unpräzise oder unklare Frage- und Antwortformulierungen. Deshalb empfehlen wir zwei verschiedene analytische Analysestrategien:

- **Absolute Analyse**: Angabe der Modi, um den häufigsten Wert der Urteilssicherheit anzugeben. Wenn eine eindeutige Mehrheit der Experten ein unsicheres Urteil abgibt, sollte diese Frage beibehalten werden.
- **Relative Analyse**: Relativ heißt, dass die verschiedenen Urteilssicherheitsfragen im Vergleich betrachtet werden und der Fokus auf Items gelegt werden, bei denen sich die Experten am unsichersten sind.

! Ob **Fragen zur Urteilssicherheit bei einem Gruppendelphi-Workshop** überhaupt Sinn machen, ist allerdings strittig. Im Hinblick auf die knappe Workshopzeit ist diese Frage nicht trivial. Denn grundsätzlich ermöglicht der persönliche Austausch in den Kleingruppen und im Plenum die Verbalisierung von Unsicherheit und die dazugehörigen Gründe. Nur bei einer Vorabbefragung empfiehlt sich die Verwendung von Fragen zur Urteilssicherheit.

Schwerpunkt der quantitativen Analyse liegt also auf der Betrachtung der Variationskoeffizienten, der besonderen Beachtung von Fragen mit Mehrheits- und Minderheitsvoten und wenn abgefragt, auf unsicheren Fragen. Ziel der Analysen ist die Identifikation von strittigen, unklaren und unsicheren Fragen, weil die im Gruppendelphi explizit thematisiert werden. Einen Überblick über die jeweiligen Analysen zeigt Tabelle 11.

Wichtig ist, dass die quantitative Analyse zügig, aber valide durchgeführt werden kann. Dies ist im Grunde nur möglich, wenn die Länge des Fragebogens überschaubar ist und ein entsprechendes Auswertungsprogramm verwendet wird. Letzteres kann von teilnehmenden Experten auch als Zeichen der Kompetenz des Gruppendelphi-Teams, der Seriosität des Verfahrens und der Transparenz der Auswertung wahrgenommen werden. Die transparente Vorgehensweise kann unterschiedliche Deutungen und Interpretationen zwischen den Experten und damit mögliche inhaltlichen und semantischen Missverständnissen vorbeugen.

Tab. 11 Überblick über statistische Analysen

Dimension	Identifikation über
Strittige Fragen	• Relativer Vergleich der Variationskoeffizienten über alle Items hinweg • Angabe von Mehr- und Minderheitsvoten
Unklare Fragen, Fragen, die unterschiedlich interpretiert werden	• Bei Angabe einer hohen Urteilssicherheit • Angabe von Mehr- und Minderheitsvoten • Hinweise durch offene Kommentare • fehlende Antworten
Fragen, bei denen sich die Experten unsicher sind bzw. glauben, dass ihre Kompetenz nicht ausreicht	• Bei Angabe einer hohen Urteilssicherheit

6.2 Qualitative Auswertung

Die Durchführung eines Gruppendelphi-Workshops erlaubt neben der quantitativen Analyse die Integration qualitativer Aspekte, das heißt Argumentationsketten, Hintergrundinformationen und Deutungsmuster werden offengelegt, diskutiert, analysiert und interpretiert. Ein Gruppendelphi kann Ergebnisse generieren, die über die Befunde aus Individualbefragungen hinausgehen. Der direkte Austausch ruft Aspekte in Erinnerung, die sonst verloren gegangen wären und zwingt zu konkreten Formulierungen und auch für fachfremde verständlicher Argumente. Dieser Vorteil der Workshopsituation wird mit dem bereits detaillierter erläuterten n+1 Argument unterlegt (vgl. Cuhls & Möhrle 2005: 104; Häder 2014) (vgl. Abschnitt 4.3).

Eine valide und reliable Analyse der qualitativen Anteile erfordert eine Video- oder Audioaufnahme des Workshops bzw. der Plenumsdiskussion. Diese kann transkribiert und anschließend mit Hilfe einer qualitativen Auswertungsstrategie analysiert werden. Dies allerdings bedeutet einen enormen Ressourcenaufwand, der gerade bei drittmittelgeförderten Forschungsprojekten nicht leistbar ist und im Hinblick auf die Zielstellung eines Gruppendelphis nicht angemessen scheint. Ziel ist nicht die Identifikation neuer theoretischer Konstrukte oder subjektiver Relevanzstrukturen und Deutungsmuster (vgl. Kuckartz 2010). Es geht vielmehr darum, die quantitativen Befunde durch Beispiele und Erläuterungen zu untermauern, Hintergründe für strittige Punkte offen zu legen, unklare Formulierungen zu präzisieren und auf neue, zusätzliche Aspekte hinzuweisen. Diese Punkte können durch eine Paraphrasierung von Audiomitschnitten oder auf Basis von schriftlichen Protokollen der Diskussionen erfolgen. Zur Illustration können prägnante und zentrale wörtliche Zitate transkribiert werden. Dabei ist auf die Sicherstellung der Anonymität des jeweiligen Experten zu achten.

! Bei einer **Paraphrasierung** werden die sachlichen Aussagen festgehalten, so dass die inhaltliche Aussage im Wesentlichen erhalten bleibt.

Qualitative Argumente, Begründungen und Deutungen ergänzen, erläutern und vervollständigen die quantitative Auswertung des Fragebogens eines Gruppendelphi-Workshops. Dies ist die Stärke eines Gruppendelphi im Vergleich zum klassischen Delphi und anderen Expertenbefragungen. Harte Fakten und Zahlen kombiniert mit Erläuterungen und Erklärungen, gemeinsam mit den Experten entwickelt, ermöglichen die Erstellung eines validen und belastbaren Ergebnisberichtes.

6.3 Fazit

Die statistischen Analysen im Rahmen eines Gruppendelphis konzentrieren sich auf Mittelwerte und Streuungsmaße. Sie dienen der Darstellung zentraler und diskrepanter Ergebnisse und sind Basis der Diskussion auf dem Gruppendelphi-Workshop. Ziel ist es durch den persönlichen Austausch die Streuung der Ergebnisse zu verringern und bei abweichenden Voten inhaltliche Begründungen zu erfassen und zu dokumentieren.

Relevante Literatur

Benninghaus, H. (2005). Deskriptive Statistik: Eine Einführung für Sozialwissenschaftler (10., durchges. Aufl.). Studienskripten zur Soziologie. Wiesbaden: VS Verlag für Sozialwissenschaften.

Kuckartz, U. (2010). Einführung in die computergestützte Analyse qualitativer Daten. Wiesbaden: VS Verlag für Sozialwissenschaften.

Kuckartz, U., Rädiker, S., Ebert, T. & Schehl, J. (2010). Statistik: Eine verständliche Einführung. Wiesbaden: VS Verlag für Sozialwissenschaften / GWV Fachverlage GmbH Wiesbaden. doi:10.1007/978-3-531-92033-7

Zusammenfassung Teil I 7

In dem ersten Abschnitt des Buches ging es um das Konzept und die Vorgehensweise eines klassischen Delphis und eines Gruppendelphis. Dargestellt wurde das klassische Delphi, als Ursprung des Gruppendelphis. Zudem wurden in speziellen Abschnitten die Experteneinbindung, die Fragebogenkonstruktion und die Auswertung diskutiert. Im Fazit können folgende Aspekte festgehalten werden:

Herkunft des Gruppendelphis
Expertendelphis eignen sich vor allem, wenn es um wissensbasierte Urteile und Einschätzungen aus unterschiedlichen disziplinären Perspektiven über unsichere Entwicklungen, Handlungs- und Entscheidungsoptionen oder die Wirksamkeit von Maßnahmen geht. Dabei kann zwischen dem klassischen Delphi und dem Gruppendelphi, eine Modifikation des klassischen Delphis, unterschieden werden. Bei einem Gruppendelphi werden Experten über einen standardisierten Fragebogen und einem gemeinsamen Workshop zusammengebracht und befragt. Damit kann es als ein Mixed-Method-Verfahren angesehen werden, in dem quantitative und qualitative Elemente einfließen. Eine Auflistung der jeweiligen Vorteile der zwei Delphi-Verfahren zeigt die Tabelle 12.

Tab. 12 Vorteile des klassischen Delphi-Verfahrens und des Gruppendelphis

Vorteile des klassischen Delphis	Vorteile des Gruppendelphis
Größere zeitliche Flexibilität für die Experten und geringer Zeitaufwand für die Erhebung	Experten können sich sofort face-to-face austauschen, Argumente und Urteile diskutieren, kritisieren und ggf. revidieren bzw. neue Aspekte entwickeln
Größere räumliche Flexibilität (Ausland)	Geschwindigkeit: Nach Abschluss des Workshops sind alle Daten erhoben, der Ergebnisbericht kann in kurzer Zeit fertig gestellt werden
Geringe Kosten, vor allem bei Online-Erhebungen (keine Anreise und ggf. Übernachtungskosten für die Experten)	detailliert Erfassung der Gründe für abweichende Bewertungen
Größere Anzahl an Experten (bis zu mehreren Tausend sind denkbar)	Möglichkeit zwischen Dissens in der Sache und semantischen Unklarheiten zu differenzieren und daher Möglichkeit der sofortigen Anpassung bzw. Verbesserung der Frageformulierung und Beseitigung semantischer Unklarheiten
Abfrage einer umfassenderen Anzahl an relevanten Themen bzw. Variablen	kein „Sterben" des Panels

Experteneinbindung

Das Gruppendelphi erlaubt die Einbindung einer interdisziplinär zusammengesetzten Expertengruppe. Das sind Personen, die nach Ansicht des Forschungsteams über ausreichend Wissen und Kompetenz zum jeweiligen Thema verfügen. Die Einbindung aller relevanter Perspektiven und Meinungen ist gerade bei strittigen Themen und Zukunftsaussagen zentral. Denn jeder Experte ist Spezialist für sein eigenes Arbeitsgebiet. Die Beantwortung von Fragen zur Vorausschau und Folgenabschätzungen, wie sie bei einem Delphi-Prozess typisch sind, setzen aber die umfassende, interdisziplinäre Gesamtwürdigung einer Vielzahl von Faktoren voraus. Unsicherheiten und Ambiguitäten bei der Bewertung des Wissensstandes, bei der Ableitung von Maßnahmen und der Erstellung von Prognosen lassen sich am ehesten vermeiden, wenn Prognosen von einer interdisziplinär zusammengesetzten Gruppe von Experten erstellten werden.

7 Zusammenfassung Teil I

Der Fragebogen eines Gruppendelphis

Die Befragung von Experten impliziert die Verwendung komplexer und kognitiv anspruchsvoller Fragen. Der Fragebogen muss jedoch von allen Experten der verschiedenen Disziplinen eindeutig verstanden werden können. Fachtermini und theoretische Implikationen müssen korrekt und das Thema und Fragedesign niveauvoll sein. Ansonsten fühlen sich die Experten nicht ernst genommen und die Teilnahmemotivation sinkt. Darüber hinaus sind folgende Punkte zu beachten:

- Bei einem Gruppendelphi-Workshop geht es nur um Interpretationen, Einschätzungen und Bewertungen der Experten auf Basis von Fachwissen, Kompetenz und Erfahrung. Persönliche Motive, Gefühle oder Präferenzen spielen keine Rolle.
- Der Fragebogen muss klar strukturiert sein und sollte vor allem geschlossene Fragen beinhalten.
- Die Bearbeitung und Auswertung des Fragebogens muss auf dem Workshop möglich sein. Der Fragebogen sollte unserer Erfahrung nach max. 15 Fragen enthalten. Es gilt das Primat der Konzentration auf das absolut Wesentliche!
- Im Sinne einer zügigen und nachvollziehbaren statistischen Auswertung sind nur Variablen mit metrischem oder quasi-metrischen Messniveau (Mittelwert, Streuung) zu verwenden.

Die Auswertung eines Gruppendelphis

Die Auswertung beruht auf einer Kombination aus statistischen und qualitativen Analysen.

1. Die Auswertung der Delphi-Fragebögen erfolgt mithilfe der deskriptiven Statistik. Wichtig ist, dass die **statistische Auswertung** der Fragebögen während des Workshops geschieht und dementsprechend ein Statistikprogramm (z.B. SPSS, Excel) vorbereitet werden muss. Zentral sind dabei die Formeln für das arithmetische Mittel und der Streuung der Antworten. Die statistische Auswertung muss auch grafisch im Rahmen des Workshops darstellbar und für die teilnehmenden Experten nachvollziehbar sein.
2. Die **inhaltlichen Begründungen** sind Teil des Gruppendelphis und gehören damit zur Auswertung. Die Datenaufbereitung des gewonnenen Textmaterials kann entweder durch eine wörtliche Transkription des Textmaterials (ggfs. Bedürfnisse des Datenschutzes vorher abklären) oder durch eine Paraphrasierung auf Basis des Protokolls bzw. des Audiomitschnitts erfolgen.

TEIL II
Fallbeispiele: Das Gruppendelphi in der Forschungspraxis

Im Folgenden werden einige konkrete Gruppendelphi-Verfahren aus der angewandten Sozialwissenschaft vorgestellt. Die Auswahl der Gruppendelphi-Verfahren verdeutlicht die Spannbreite an möglichen Fragestellungen, konkretisiert das methodische Vorgehen und offenbart mögliche Fallstricke. Die Projektbeispiele werden nachfolgendem Schema dargestellt:

- Projekthintergrund
- Ablauf des Gruppendelphis
- Fragebogen
- Zentrale Ergebnisse
- Methodische Reflexion

Sie lernen in diesem Abschnitt wie ein Gruppendelphi in der Praxis umgesetzt wird, welche Vorgehensweisen sich bewährt haben, mit welchen Herausforderungen sie rechnen müssen und wie sie damit umgehen können. Dabei wird keine methodologische Grundsatzdiskussion erfolgen, stattdessen werden praktische und umsetzbare Hinweise und Tipps abgeleitet. Die verschiedenen Thematiken geben zudem einen Eindruck über die inhaltliche Spannbreite und die unterschiedlichen Einsatzmöglichkeiten eines Gruppendelphis.

8 Gruppendelphi zur Analyse des Wissenstandes
Am Beispiel der umstrittenen Technologie CCS

Das folgende Projektbeispiel verdeutlicht die Herausforderungen eines Gruppendelphis bei einer sowohl unter Experten als auch unter Bürgern sehr kontroversen und strittigen Technologie. Hintergrund ist CCS (Carbon Capture and Storage), eine Technologie, mit der Kohlendioxid abgeschieden und gespeichert werden kann. CCS galt in Deutschland eine Zeitlang als Übergangstechnologie zwischen Atomkraft und Erneuerbaren Energien. Doch unter anderem aufgrund der großen Proteste in der Bevölkerung und der politisch gewollten Energiewende spielt CCS in Deutschland mittlerweile kaum mehr eine Rolle.

Doch diese Entwicklung war zum Zeitpunkt des CCS-Gruppendelphis nicht absehbar. Das im Folgenden diskutierte Gruppendelphi fand ein Jahr vor der Reaktorkatastrophe in Fukushima 2011 statt, also in einer Phase als die energiepolitische Kehrtwende noch nicht beschlossen war. Das CCS-Gruppendelphi ist damit ein gutes Beispiel für den Einsatz im Rahmen einer Fragestellung mit hoher gesellschaftlicher Brisanz, viel Konfliktpotenzial und weit auseinandergehenden Expertenurteilen, die teilweise ethisch unterfüttert sind.

Zunächst wird der Projekthintergrund, anschließend der Ablauf des Gruppendelphis vorgestellt und Hinweise zum Fragebogen formuliert. Abschließend werden zentrale Ergebnisse des Gruppendelphis präsentiert und das methodische Vorgehen reflektiert.

Lernbeispiel für
- den Einsatz des Gruppendelphis bei einem gesellschaftlich hoch brisanten und wissenschaftlich umstrittenen Thema
- die Kombination eines Gruppendelphis mit einem klassischen Delphi
- die Bedeutung der Zusammensetzung der teilnehmenden Expertengruppe
- die Relevanz einer kompetenten, professionellen und neutralen Moderation
- die Identifikation möglicher Hintergründe für das Nicht-Zustandekommen von Konsens unter Experten
- die Relevanz und das Zustandekommen von Mehrheits- und Minderheitsvoten

8.1 Projekthintergrund

Deutschland hat sich einige Jahre an der Erforschung und Entwicklung von CCS-Technologien (Carbon Capture and Storage – die Abscheidung und Einlagerung von CO_2) beteiligt. CCS-Technologien wurden von internationalen Organisationen wie z. B. dem Intergovernmental Panel on Climate Change (IPCC) der Vereinten Nationen, als vielversprechende vorläufige Klimaschutzoption auf dem Weg zu einer nachhaltigen Energieversorgung bewertet. Die großen wissenschaftlichen sowie auch sozialen und politischen Herausforderungen bestanden 2010 in besonderem Maße im Hinblick auf Fragen der (großtechnischen) Machbarkeit der Speicherung von CO_2[5], der ökonomischen Wettbewerbsfähigkeit sowie der langfristigen Risikoabsicherung – und nicht zuletzt der gesellschaftlichen Akzeptanz gegenüber dieser Technologie.

Um das Für und Wider der Speicherung von CO_2, den damit verknüpften Risiken und Chancen sowie der Frage, inwiefern CCS generell als Klimaschutzoption sinnvoll oder sogar notwendig ist, systematisch in den Blick zu nehmen, hat die Universität Stuttgart im Auftrag des Bundesministeriums für Bildung und Forschung (BMBF) ein Delphi-Verfahren durchgeführt. Hierbei bewerteten und diskutierten Experten unterschiedlicher Fachrichtungen den aktuellen Stand des Wissens über die Speicherung von CO_2. In dem folgenden Kapitel werden die zentralen Ergebnisse dieses Projektes zusammengefasst und die methodische Vorgehensweise reflektiert. Die inhaltlichen und fachlichen Hintergründe des teilweise sehr komplexen und technisch anspruchsvollen Themas werden im Folgenden so gewählt, dass sie auch

---

5 Im Folgenden wird der Begriff Speicherung von CO_2 verwendet, da sich dieser politisch durchgesetzt hat und Eingang in das Gesetz zur Demonstration der dauerhaften Speicherung von Kohlendioxid (Kohlendioxid-Speicherungsgesetz – KSpG) von 2012 gefunden hat. Allerdings war zum Zeitpunkt des CCS-Gruppendelphis diese Terminologie unter den Experten umstritten. Einige favorisierten den Begriff Endlagerung von CO_2.

ohne entsprechende Vorkenntnisse nachvollziehbar sind, auch wenn dies aus Sicht eines CCS-Experten zu Lasten der wissenschaftlichen Exaktheit geht.

8.2 Ablauf des Gruppendelphis

Das CCS Delphi wurde zu einem in der Wissenschaft als auch in der Gesellschaft sehr umstrittenen Themenfeld durchgeführt. Um die Chance einer Verwertbarkeit, Akzeptanz und politischen Beachtung der Ergebnisse zu erhöhen, sollten deshalb möglichst viele Experten mit allen relevanten Standpunkten und Institutionen bei dem geplanten Delphi-Prozess vertreten sein. Da dies im Rahmen eines Workshops nicht möglich ist, wurde vorab eine schriftliche Befragung durchgeführt. Hier wurden 300 CCS-Experten aus Deutschland um ihre Einschätzung bezüglich der Chancen und Risiken von CCS gebeten.

Der Gruppendelphi-Workshop wurde anschließend als zweitägige Veranstaltung konzipiert. Die Ergebnisse wurden in einem Bericht zusammengefasst (vgl. Schulz & Wassermann 2010). Zur Freigabe des Berichtes haben alle Experten des Workshops den Bericht vorab zum Korrekturlesen bzw. zur kommunikativen Validierung erhalten.

Tab. 13 Projekt „CCS": Ablauf des Gruppendelphis

Vorgehensweise beim Delphi zu CCS
• Entwicklung eines standardisierten Fragebogens anhand von Literaturanalysen
• Versand des Fragebogens an 300 Experten aus Deutschland unterschiedlicher Disziplinen und Institutionen (Wissenschaft, Wirtschaft und Vereine/Verbände)
• Auswertung der schriftlichen Befragung und Kürzung des Fragebogens auf die Fragen mit großer Streuung und Urteilsunsicherheit der Experten
• Durchführung eines zweitägigen Gruppendelphis mit 16 Experten
• Auswertung der Ergebnisse und Rückkopplung des Abschlussberichtes an die Teilnehmer des Gruppendelphis mit der Bitte um Korrektur
• Veröffentlichung der Ergebnisse

Teilnehmende Experten bei der schriftlichen Vorab-Befragung

Die Expertenliste beinhaltet, zu etwa gleichen Teilen, Personen aus der Wissenschaft, der Politik, Nichtregierungsorganisationen (NGOs) und Industrie. Der Rücklauf liegt mit 25 % (n=75) im üblichen Bereich bei derartigen Delphi-Befragungen (vgl.

Cuhls 2009). 48 % der Experten arbeiten in der Wissenschaft, 30 % in der Industrie, 7 % bei NGOs, 4 % in der Politik und 11 % geben „sonstiges" als Tätigkeitsfeld an. Die meisten Befragten (96 %, n=70) beschäftigen sich seit mindestens zwei Jahren mit dem Thema CCS. Ihr thematisches Sachverständnis schätzen 33 % (n=24) der Experten als „sehr hoch" und 58 % (n=42) der Experten als „eher hoch" ein. Ihre Kompetenz im Bereich Speicherung von CO_2 sehen die Experten vor allem bei naturwissenschaftlichen Aspekten, im Bereich Klimaschutz, bei geologischen Gesichtspunkten und bei technischen Aspekten bezüglich Erneuerbarer Energien und Kohlekraftwerke. Im Bereich Partizipation und administrativen Aspekten geben nur wenig Experten eine gewisse Kompetenz an (vgl. Tabelle 14).

Tab. 14 Projekt „CCS": Expertise der Teilnehmer (Mehrfachnennungen möglich)

	Häufigkeit	%
Naturwissenschaftliche Aspekte	44	19 %
Geologische Aspekte	37	16 %
Klimaschutz	28	12 %
Technische Aspekte/Kohlekraftwerke	20	9 %
Technische Aspekte/Erneuerbare Energien	19	8 %
Umweltschutz	17	8 %
Juristische Aspekte	13	6 %
Technikakzeptanz	13	6 %
Kommunikation	12	5 %
Administrative Aspekte	11	5 %
Sonstiges	11	5 %
Partizipation	3	1 %
Total	228	100 %

Die meisten befragten Experten halten CCS für sehr wichtig. Auf einer zehnstufigen Skala, bei der zehn „sehr wichtig" ausdrückt, liegt der Durchschnitt bei sieben. Ein ähnliches Ergebnis zeigt sich bei der Frage nach der Akzeptanz von CCS. Auch hier halten die meisten Befragten CCS für sehr akzeptabel.

Insgesamt ist der Rücklauf bei Vertretern aus Wissenschaft und Industrie, oftmals in leitenden Positionen, am höchsten. Die Kompetenz der Experten liegt nach eigener Auskunft vor allem im naturwissenschaftlichen und geologischen Bereich, meist unter dem Blickwinkel Klimaschutz. Im Großen und Ganzen ist die Akzeptanz von CCS bei den meisten Befragten sehr hoch. Es haben also vorrangig CCS-Befürworter an der schriftlichen Delphi-Befragung teilgenommen.

Teilnehmende Experten beim Workshop

Auch auf dem anschließenden Workshop wurde versucht, die gesamte Spannbreite an Meinungen und Expertenurteilen abzubilden. Teilgenommen haben 16 Experten aus den Bereichen Wissenschaft, Industrie, Politik und Nichtregierungsorganisationen (NGOs) mit unterschiedlichen Standpunkten zu CCS und der Speicherung von CO_2. Die größte Gruppe stellten Experten aus der Industrie. Zudem vertraten, wie auch bei der schriftlichen Befragung, die meisten Experten eine eher positive Haltung gegenüber CCS.

Warum haben sich nur wenige Skeptiker von CCS an dem Delphi-Prozess beteiligt?

Warum sich die Skeptiker von CCS in der schriftlichen Befragung als auch beim Workshop weniger beteiligten als die Befürworter, kann nicht eindeutig geklärt werden. Möglicherweise ist der Anteil der Skeptiker unter den Experten generell geringer als der der Befürworter. Eventuell scheuen die Kritiker den direkten Austausch mit Befürwortern, vielleicht haben sie das Gefühl nichts bewegen zu können, oder sie wollen durch eine Nicht-Teilnahme ihre grundsätzliche Ablehnung der Technologie bzw. der Speicherung von CO_2 ausdrücken. Über die genauen Gründe kann nur spekuliert werden.

Welche Rolle spielt dieses Ungleichgewicht für die Ergebnisqualität?

Bei der Ergebnispräsentation spielt das Ungleichgewicht von Befürwortern und Gegnern allerdings nur eine untergeordnete Rolle, da bei einem Gruppendelphi Mehrheits- und Minderheitsvoten gleichermaßen berücksichtigt und festgehalten werden. Im Endeffekt ist es unwesentlich, wie viele Experten das eine oder andere Statement abgeben. Allerdings zeigt sich während der Diskussionen auf dem CCS-Gruppendelphi, dass die wenigen Kritiker im Vergleich zu den anderen Experten relativ hohe Redeanteile hatten. Zum einen wollten sie ihre Position angemessen berücksichtigt sehen und zum anderen wurden sie häufig von den anderen Teilnehmern um ein Statement bzw. eine Erklärung für die ablehnende Haltung gebeten.

8.3 Der Fragebogen

Der Fragebogen der Vorabbefragung ist sehr umfassend und enthält fast ausschließlich standardisierte Fragen, vor allem Ratingfragen. Er gliedert sich in sechs Abschnitte:

1. Technische Herausforderungen
2. Administrative und rechtliche Regelungen
3. Chancen und Risiken CCS
4. Gesellschaftliche Relevanz und Handlungsbedarf

5. Kommunikations- und Partizipationsstrategien
6. Zur Person
7. Offene Fragen

Insgesamt beinhaltet der Fragebogen über 33 Frageblöcke und knapp 200 Items. Die geschätzte Bearbeitungsdauer lag bei 2 Stunden. Aufgrund der ungewöhnlichen Länge der Befragung war der Rücklauf bei der Vorabbefragung mit knapp 25 % zufriedenstellend.

Für den zweitägigen Workshop wurde der Fragebogen deutlich gekürzt: 11 Frageblöcke mit knapp 50 Items wurden ausgewählt.

8.4 Präsentation ausgewählter Ergebnisse

Im Folgenden werden die zentralen Ergebnisse des CCS-Delphis vorgestellt. Ausgewählt werden die Ergebnisse, die für die methodische Reflexion relevant erscheinen. Die Darstellung verdeutlicht die Herausforderung bei einem Gruppendelphi, Konsens bzw. Konsens über Dissens unter den Experten zu identifizieren.

Konsensfindung

Das CCS-Delphi offenbart die Schwierigkeit, auf einem Gruppendelphi-Workshop eine konstruktive, sachliche und konsensorientierte Diskussion zu führen. Im Endeffekt konnte hier nicht in allen Punkten ein Konsens hergestellt werden. Die Debatte zeigt folgende Herausforderungen:

1. unterschiedliche Bewertung der Glaubwürdigkeit von Studienergebnissen renommierter Forschungsinstitute
2. die diskursive Untermauerung von epistemischen Argumenten durch persönliche Meinungen und Weltanschauungen
3. das Mitdenken und Einschätzen von möglichen Reaktionen am Delphi-Prozess unbeteiligter Akteure
4. Identifikation von konkreten Zahlen, beispielsweise in Form von Grenzwerten

Diese Herausforderungen werden im Folgenden genauer erläutert.

1. **Die fachliche Untermauerung von Argumenten mit Studienergebnissen renommierter Institute ist kein Garant für eine Konsensfindung. Denn die Glaubwürdigkeit der Quellen wird mitunter sehr unterschiedlich bewertet.**

Auf dem Gruppendelphi-Workshop wird die Lagerkapazität von CO_2 in tiefliegenden Sandsteinschichten, den sogenannten salinaren Aquiferen[6] kontrovers diskutiert. In der Diskussion wird auf zwei widersprüchliche Studien verwiesen. Die eine Gruppe von Experten bezieht sich auf die Ergebnisse des Wuppertal Instituts[7] und die andere Gruppe favorisiert die Befunde der Bundesanstalt für Geowissenschaften und Rohstoffe (BGR)[8]. Befürworter der Wuppertal-Studie kritisieren an den Daten der BGR mangelnde Transparenz. Das Vorgehen der Bundesanstalt wird als unsauber und unseriös bezeichnet. Die Kritiker der Studie des Wuppertal Instituts betonen dagegen die theoretischen Annahmen, deren empirische Evidenz nicht belegt ist. Zudem sei die Wuppertal Studie im Rahmen einer Diplomarbeit entwickelt worden und daher die Reichweite der Aussagen kritisch zu sehen.

2. **Die Diskussion um CCS ist geprägt von Werten und Weltanschauungen der Experten.** Die Experten werden bei der schriftlichen Befragung und auf dem Workshop gebeten, zwischen fünf verschiedenen Forschungsvorhaben eine Rangfolge zu erstellen. Die Rangfolge ist bei den Befragungen gemessen an den Durchschnittswerten identisch (vgl. Tabelle 15). Auf Platz 1 liegt jeweils „Forschung im Bereich Erneuerbare Energie". Allerdings zeigt die Diskussion auf dem Workshop, dass genau dieser Punkt sehr unterschiedlich bewertet wird. Einige Experten sprechen sich für eine ausschließliche Förderung in diesem Bereich aus und lehnen alle mit CCS verbundenen Forschungsaktivitäten grundsätzlich ab. Andere Experten würden der Forschung im Bereich Erneuerbare Energien im Vergleich zu den anderen abgefragten Bereichen den geringsten Stellenwert einräumen. Hinter den unterschiedlichen Positionen verbergen sich divergierende Einstellungen zu Natur- und Umweltschutz. Denn die Gegner von CCS präsentieren sich auf dem Workshop als Mitglieder von Umweltvereinen bzw. -verbänden, die ausschließlich auf Erneuerbare Energien setzen und andere Technologien verteufeln.

---

6 Saline Aquifere sind tiefliegende, mit Salzwasser getränkte Sandsteinschichten. Durch ihre porösen Gesteinsformationen können sie zur CO2-Aufnahme genutzt werden.
7 Abrufbar über http://www.wupperinst.org/uploads/tx_wiprojekt/RECCSplus_Endbericht.pdf
8 Abrufbar über http://www.bgr.bund.de/cln_144/nn_1933780/DE/Themen/Geotechnik/CO2-Speicherung/Downloads/ET-knopf-2010,templateId=raw,property=publicationFile.pdf/ET-knopf-2010.pdf

Tab. 15 Projekt „CCS": Relevanz der Forschungsaktivitäten: Ergebnisse der schriftlichen Befragung und des Workshops 1"oberste Priorität" 5"geringste Priorität", Rangfolge ermittelt auf Basis der Durchschnittswerte

	Rang
Forschung im Bereich Erneuerbarer Energien	1
Monitoringmethoden zur Überwachung zukünftiger CO_2-Speicher	2
Suche und Erforschung der Speicherpotenziale in Deutschland	3
Entwicklung verbesserter Prozessmodellierungen zur Risikoabschätzung	4
Geochemische und biogeochemische Forschung über das Verhalten und Reaktionen von CO_2 in großen Tiefen	5

3. **Wenn das Verhalten anderer, am Gruppendelphi-Prozess unbeteiligter Gruppen und Organisationen (z. B. Bürger) eingeschätzt werden soll, können auch Experten nur spekulieren. Damit werden Kontroversen wahrscheinlicher.**
   Die Experten des CCS-Gruppendelphis spekulieren auf dem Workshop über die möglichen Gründe lokaler Bürgerbewegungen für die ablehnende Haltung gegenüber der CO_2-Speicherung. Nach Einschätzung der Experten assoziieren Bürger die Speicherung von CO_2 mit der Debatte um atomare Endlager und den Begriff CCS mit Kohle. Die genauen Motive hängen nach Ansicht einiger Experten von der Betroffenheit der Bürger ab. Einige Experten geben an, bei lokalen Widerständen einen NIMBY („Not In My Back Yard")-Effekt[9] zu beobachten, nach dem CCS vor allem dann abgelehnt wird, wenn die Speicherung in unmittelbarer Nachbarschaft erfolgen soll. Andere Experten zweifeln die Existenz dieses NIMBY-Effektes an und sehen ihn als Erfindung der Industrie. Vielmehr seien moralische Bedenken bei der Bevölkerung ausschlaggebend. Diese Frage kann auf einem Gruppendelphi-Workshop letztendlich nicht aufgelöst werden. Hierfür wären Befragungen der betroffenen Bevölkerungsgruppen notwendig.
4. **Die Identifikation und Ableitung von konkreten Zahlen (z. B. die Definition von Grenzwerten) ist auf einem Gruppendelphi-Workshop kaum zu realisieren.** Die Unsicherheiten und Ambiguitäten bei weit in die Zukunft gerichteten Aktivitäten werden insbesondere in Diskussionen um konkrete Zahlen deutlich. Beim CCS-Gruppendelphi verdeutlicht dies die Frage, ob der Terminus der

---

9 NIMBY steht im Wesentlichen für eine individuelle und politische Position, die darauf bedacht ist, Probleme nicht im unmittelbaren Umfeld zu ertragen. Sie wird beispielsweise bei dem Aufstellen von Windrädern oder Mülldeponien in der unmittelbaren Nähe von eigenen Häusern angewendet.

„Dauerhaftigkeit" numerisch fassbar ist. Das ist sowohl für die Haftungsdauer des Betreibers einer CO_2-Speicheranlage als auch bei Risikoabschätzungen virulent. Bei beiden Punkten kann unter den Experten kein Konsens hergestellt werden:

- Hinsichtlich der *Risikoabschätzungen* verweisen einige Experten auf bereits existierende und weitgehend anerkannte Risikowerte und -verfahren, welche auf den Bereich Speicherung von CO_2 übertragen werden können. Dem widerspricht wiederum ein Teil der Experten vehement, mit dem Hinweis auf eine fehlende Vergleichbarkeit.
- Hinsichtlich der *Haftungsdauer* sprechen sich vor allem die Kritiker von CCS gegen eine zeitliche Eingrenzung der Haftungsdauer für die Industrie aus. Eine Begrenzung der Haftungsdauer und eine damit verbundene Übergabe an die öffentliche Hand lehnen diese grundsätzlich und für immer ab. Andere Experten favorisieren dagegen eine solche Definition. Aber auch unter diesen Experten kann kein Teilkonsens über die konkrete numerische Ausprägung erzielt werden.

Fazit

Im Fazit bleiben relativ viele Punkte unter den Experten des CCS-Delphiprozesses strittig. Die CCS Befürworter und Gegner verteidigen oftmals unterschiedliche Standpunkte und zeigen keine Bereitschaft der Annäherung. Dahinter stecken oftmals divergierende Einstellungen gegenüber Klima- und Umweltschutz aber mitunter auch politisches Kalkül. Unter den Experten herrscht bei den folgenden Punkten Dissens:

- Ob das Injizieren von CO_2 für einen dauerhaften Verbleib im Untergrund als „Speicherung" oder „Endlagerung" benannt und in der Öffentlichkeit entsprechend kommuniziert werden soll, kann nicht geklärt werden.
- Der mögliche Beitrag von CCS für den Klimaschutz wird unterschiedlich bewertet. Einige Experten stehen für einen multioptionalen Ansatz demnach sowohl CCS als auch Erneuerbare Energien zu fördern seien; andere Experten befürworten ausschließlich die Förderung Erneuerbarer Energien.
- Es wird kein Konsens über die Länge der Haftungsdauer für Speicherbetreiber erzielt. Vor allem der Begriff der „Dauerhaftigkeit" wird kritisch gesehen.
- Die numerische Abschätzung von Grenzwerten, wie zulässige Leckageraten und der Reinheitsgrad des zu speichernden CO_2, kann nicht geklärt werden.

8.5 Methodische Reflexion

Das Projektbeispiel CCS erlaubt wichtige methodische Implikationen für die Durchführung eines Gruppendelphis zur Analyse des Wissenstandes. Im konkreten zeigt sich:

1. Die Relevanz einer gleichwertigen Berücksichtigung von Minder- und Mehrheitsvoten
2. Das Risiko von Instrumentalisierungs- und Manipulationsversuchen des Gruppendelphis durch einzelne Experten
3. Die Herausforderung für den Moderator im Umgang mit vehement verteidigten Minderheitsvoten

Zu 1. Das CCS-Delphi verdeutlicht sehr eindrücklich das Risiko von Fehlinterpretationen statistischer Verteilungsaussagen im Rahmen eines klassischen Delphi-Verfahrens. Konkret besteht die Gefahr durch Häufigkeiten, Mittelwerte und Streuungen die Meinungen einzelner Experten zu übersehen. Zudem ist die absolute Häufigkeit nicht gleichbedeutend mit inhaltlicher oder gar politischer Relevanz. Denn Minderheitsvoten können in der schriftlichen Auswertung im statistischen Rauschen untergehen, im politischen Sinne, aber alles verändern. Denn sie können in bestimmten Bevölkerungsgruppen auf Gehör stoßen und wie bei CCS geschehen, massive Bürgerproteste auslösen, die eine weitere Erforschung der Technologie verhindern. Deshalb ist für ein belastbares und tragfähiges Ergebnis die gleichwertige **Berücksichtigung der Mehrheits- und Minderheitsvoten** und die Abbildung der gesamten Bandbreite an Urteilen und deren Begründungen absolut notwendig. Selbst wenn Minderheitsvoten weniger auf Basis sachlicher Argumente, sondern zum Zwecke politischer Manipulationsversuche und/oder auf Basis persönlicher Einstellungen und Präferenzen vertreten werden.

Zu 2: Bei einem Gruppendelphi besteht die Gefahr, dass einzelne Experten das Verfahren **instrumentalisieren** und die konstruktive und dialogische Ergebnisfindung blockieren. So hat bei dem CCS-Gruppendelphi ein Gegner von CCS teilgenommen, der versucht hat, bei jeder Fragestellung die grundsätzliche Relevanz von CCS im Vergleich zu Erneuerbaren Energien zu hinterfragen und weitergehende inhaltliche Diskussionen um den Einsatz von CCS zu blockieren. Damit wird die Grenze des Gruppendelphi-Verfahrens offenbar. Dieser Kritiker distanzierte sich am Ende von den Ergebnissen, trotz der Erfassung seiner Minderheitsmeinung. Er gab dafür auf auch Nachfrage keine Gründe an.

8.5 Methodische Reflexion

Zu 3: Gleichzeitig verdeutlichen die Erfahrungen, dass die Qualität der Workshopdiskussion und letztendlich auch die der Ergebnisse vor allem von dem **Moderator** abhängen. Er braucht mitunter viel Erfahrung, Fingerspitzengefühl und zumindest rudimentäre Grundkenntnisse zum Thema. Denn wenn sehr unterschiedliche Positionen aufeinandertreffen, können heftige Diskussionen erfolgen, deren Moderation nicht immer einfach ist. Dazu gehört auch die Fähigkeit zu erkennen, wann keine weitere Annäherung der Positionen mehr möglich ist und Konsens über Dissens besteht. Beim CCS-Workshop war im Grunde keine Annäherung von Experten mehr möglich, wenn es um das Verhältnis von CCS und Erneuerbare Energien ging. Einzelne Experten bestanden auf eine ausschließliche Förderung Erneuerbarer Energien, andere Experten präferierten eine multioptionale Klimaschutzstrategie, der zufolge sowohl die Entwicklung von CCS als auch der Ausbau der Erneuerbaren Energien vorangetrieben wird.

Im Fazit konnten bei dem CCS-Delphi durch die Kombination eines klassisches Delphis mit einem Gruppendelphi eine große Anzahl an Experten ihren Standpunkt zu CCS deutlich machen und in vielen Punkten konnte ein gemeinsames Votum formuliert werden. Aber gleichzeitig werden die Grenzen des Gruppendelphis bei sehr konträren Themen deutlich. Bei moralisch oder ethisch unterfütterten Themen mit einer hohen politischen Brisanz ist abzuwägen, ob ein Gruppendelphi grundsätzlich angemessen ist. Denn derartige Diskussionen sind mit sachlichen und epistemischen Argumenten nicht aufzulösen.

Was lernen wir aus dem Projektbeispiel CCS?
1. Das Gruppendelphi eignet sich für kontroverse und anspruchsvolle Themen, solange die Diskussion vorrangig auf Basis fachlicher und wissenschaftlicher Erkenntnisse beruht.
2. Die Diskussionen während eines Gruppendelphi-Workshops laufen ins Leere, wenn sachliche Argumente durch grundlegende Werthaltungen und Einstellungen ersetzt werden.
3. Mitunter nutzen Experten ein Gruppendelphi, um politisch Einfluss zu nehmen und Ergebnisse bewusst zu manipulieren, zu verzerren und Konsensfindung zu verhindern.
4. Die Kombination eines klassischen Delphis mit einem Gruppendelphi ermöglicht die Einbindung einer sehr großen Anzahl an Experten. Mithilfe des Gruppendelphis können Minderheitsvoten herausgearbeitet werden, die sonst im „statistischen Rauschen" untergehen.
5. Der Moderation eines Gruppendelphi-Workshops muss unabhängig und neutral sein, damit sich Vertreter konträrer Sichtweisen gleichermaßen ernst genommen fühlen und einbringen. Die Leitung der Diskussion verlangt Erfahrung und rudimentäre Grundkenntnisse zum Thema, damit eine Diskussion auf Augenhöhe mit den Experten möglich ist.

6. Divergierende Urteile können auf eine Vielzahl möglicher Ursachen zurückgeführt werden. Dazu gehört auch die unterschiedliche Bewertung der Glaubwürdigkeit von renommierten und anerkannten Institutionen und Studien.

Relevante Literatur

Schulz, M. & Wassermann, S. (2010). Expertenbewertung einer dauerhaften Speicherung von Kohlendioxid: Ergebnisse des Delphis über den Stand des Wissens zur Speicherung von Kohlendioxid. Abgerufen von www.zirn-info.de/Kurzbericht%20Delphi%20Stand%20 des%20Wissens%20zur%20Speicherung%20von%20CO2.pdf

Wassermann, S., Schulz, M. & Scheer, D. (2011). Linking Public Acceptance with Expert Knowledge on CO2 Storage: Outcomes of a Delphi Approach. Energy Procedia, 4, 6353–6359. doi:10.1016/j.egypro.2011.02.652

Gruppendelphi zur Identifikation von Handlungsempfehlungen

Am Beispiel eines Projektes zur Klimaanpassung

Im Auftrag des Umweltbundesamtes wurde 2008 mit Experten aus dem Bereich Wasserwirtschaft und mit der Wasserwirtschaft in Zusammenhang stehenden Sektoren ein eintägiges Gruppendelphi durchgeführt, dessen Ablauf und zentrale Ergebnisse hier zusammengefasst werden. Thematisiert werden auf dem Gruppendelphi grundlegende Aspekte der Wasserwirtschaft sowie die Einschätzungen der Experten zu den Themen Hochwasser, Niedrigwasser und Grundwasser angesichts der Bedrohungen durch den Klimawandel.

Zunächst wird der Projekthintergrund vorgestellt und anschließend werden der Ablauf des Gruppendelphis und Hinweise zum Fragebogen formuliert. Abschließend werden zentrale Ergebnisse des Gruppendelphis präsentiert und das methodische Vorgehen reflektiert.

> **Lernbeispiel für:**
> - die Erfassung von Expertenurteilen und der Ableitung von Handlungsempfehlungen
> - die Notwendigkeit einer präzisen Formulierung von Fragen und Antwortmöglichkeiten
> - den Umfang des Fragebogens unter zeitlichen Restriktionen des Workshops
> - die Notwendigkeit der Flexibilität der Agenda und der postalischen Rückkopplung der Ergebnisse
> - die (IR-)Relevanz der Fragen zur Urteilssicherheit bei einem Gruppendelphi-Workshop

9.1 Projekthintergrund

Das Umweltbundesamt (UBA) förderte im Zeitraum 2007 bis 2009 im Auftrag des Bundesministeriums für Umwelt, Naturschutz und Reaktorsicherheit (BMU) das Projekt „Wasserwirtschaftliche Anpassungsstrategien an den Klimawandel", kurz

„Klimaanpassung" (www.wasklim.de). Dieses Projekt wurde unter der Leitung von UDATA (Umweltschutz und Datenanalyse), unter der Mitarbeit der Fakultät für Bauingenieur- und Vermessungswesen der Bundeswehr Universität München und dem gemeinnützigen Forschungsinstitut DIALOGIK durchgeführt. Ziel des Projektes war die Untersuchung regionalspezifischer Vulnerabilitäten und Anpassungskapazitäten gegenüber dem Klimawandel (Schwerpunkt Wasserwirtschaft) sowie die Erarbeitung fachlicher und methodischer Beiträge zu Unterstützung der Deutschen Strategie zur Anpassung an den Klimawandel (DAS). Die DAS sollte nach dem Gruppendelphi im Jahr 2008 von der Bundesregierung beschlossen werden.

Die Aufgabe von DIALOGIK bestand vornehmlich in der kommunikativen und methodischen Unterstützung des Projektes. Dazu wurde unter anderem eine Fachkonferenz nach der Methode des „open space" entwickelt und durchgeführt. Außerdem hat DIALOGIK ein Gruppendelphi mit Experten zum Thema Wasserwirtschaft initiiert. Letzteres steht im Mittelpunkt des folgenden Kapitels.

9.2 Ablauf des Gruppendelphis

Grundlage für die Konzeption des Gruppendelphis war ein qualitativ ausgerichteter Fragebogen, der bereits im Vorfeld des Projektes (Herbst 2007) durch das Umweltbundesamt an Vertreter der Länder, Bundesressorts und relevanter Verbände verschickt wurde, um – unter anderem – ein möglichst breites Informationsbild über das verfügbare Wissen zu Risiken, möglichen Auswirkungen des Klimawandels und Anpassungsoptionen und -maßnahmen für unterschiedliche Regionen und Sektoren zu gewinnen sowie Wissenslücken aufzuzeigen. Diese qualitative Befragung verfolgte vier wesentliche Ziele:

a. Zusammenstellung der Betroffenheit verschiedener wasserwirtschaftlicher Sektoren im Hinblick auf klimabedingte Änderungen
b. Abfrage der Anpassungsnotwendigkeit bestehender Leitbilder oder Planungsziele
c. Erfassung von Konzeptionen und Maßnahmen im Hinblick auf Anpassung an den Klimawandel sowie
d. Abfrage der laufenden oder geplanten Prozesse, um Klimaänderungen und Klimafolgen zu begegnen.

Dieser Fragebogen und dessen Ergebnisse bildeten die Grundlage für das durchzuführende Gruppendelphi. Die Teilnehmer wurden aus dem Rücklauf der Fragebögen eruiert und die Identifikation der relevanten Frageaspekte beruhte auf den

9.2 Ablauf des Gruppendelphis

Ergebnissen der Auswertung. Da mit dem Versand der Fragebögen bereits eine erste Einbindung der Experten in den Informations-, Planungs- und Umsetzungsprozess der Bundesregierung vorgenommen wurde, wurde im Projekt „Klimaanpassung" auf einen postalische Vorabbefragung der designierten Teilnehmer verzichtet.

Der Gruppendelphi-Workshop fand an einem Tag von 9:00 Uhr bis 17:00 Uhr statt. Von der ursprünglichen Planung von insgesamt drei Kleingruppenrunden wurde im Verlauf der Sitzung aus Zeitgründen abgewichen (vgl. Tabelle 16). Insgesamt konnten zwei Delphi-Runden durchgeführt werden.

Tab. 16 Projekt „Klimaanpassung": Ablauf des Gruppendelphis

Umweltbundesamt-Expertendelphi zur Entwicklung eines Leitbildes für die Anpassungsstrategie an den Klimawandel im Bereich Wasserwirtschaft	
09:00 Uhr	Begrüßung
09:10 Uhr	Einführung in das Thema und das Forschungsprojekt
09:40 Uhr	Einführung in das Gruppendelphi und den Tagesablauf
10:00 Uhr	Vorstellung des Fragebogens mit Rückfragen
10:30 Uhr	Erste Kleingruppendiskussion
12:00 Uhr	Mittagspause
12:30 Uhr	Plenarsitzung: Diskussion der Ergebnisse der Kleingruppen
13:30 Uhr	Zweite Kleingruppendiskussion
14:00 Uhr	Kaffeepause
14:30 Uhr	Plenarsitzung: Diskussion der Ergebnisse der Kleingruppen
15:30 Uhr	eventuell dritte Kleingruppendiskussion
16:00 Uhr	Kaffeepause
16:15 Uhr	Letzte Plenarrunde: Diskussion der Ergebnisse der Kleingruppen
16:45 Uhr	Verabschiedung
17:00 Uhr	Ende

Für die Einteilung in die Kleingruppen wurde ein Zufallsverfahren ausgewählt. Dazu durfte zu Beginn des Workshops jeder Teilnehmer ein Los ziehen. Insgesamt nahmen 21 Experten an dem Workshop teil, daraus wurden fünf Kleingruppen mit je vier bzw. fünf Teilnehmern gebildet.

9.3 Der Fragebogen

Auf Basis der umfangreichen Vorarbeiten des Auftraggebers, einer zusätzlichen Literaturrecherche und durch die Einbindung des interdisziplinären Projektteams wurde ein standardisierter Fragebogen für den Gruppendelphi-Workshop entwickelt. Die spezifischen wasserwirtschaftlichen Inhalte werden hier nicht weiter diskutiert. Stattdessen werden der Aufbau sowie die Frage- und Antwortformulierung vorgestellt und kritisch reflektiert.

Insgesamt beinhaltete der Fragebogen 17 Fragekomplexe, die verschiedene Unterfragen und Fragen zur Urteilssicherheit beinhalteten. Der Fragebogen unterteilt sich in fünf Bereiche:

- Wasserwirtschaft und betroffene Sektoren,
- Hochwasser,
- Niedrigwasser,
- Grundwasser und
- offene Fragen.

Im ersten sehr allgemeinen Abschnitt ging es vor allem um einen intersektoralen Vergleich zwischen den vom Klimawandel betroffenen Sektoren, wie Forstwirtschaft, Landwirtschaft oder Verkehr. Dabei wurden die Experten beispielsweise gebeten, ein fiktives Budget auf die verschiedenen Sektoren aufzuteilen (vgl. Tabelle 17). Zumeist wurden hier Rankingfragen eingesetzt, um eine Rangfolge zwischen den einzelnen Sektoren zu erhalten. Denn zentrales Anliegen des Gruppendelphis war auf Wunsch des Auftraggebers die Priorisierung zwischen verschiedenen vom Klimawandel betroffenen Handlungsfeldern, wie Wasserwirtschaft und Forstwirtschaft.

9.3 Der Fragebogen

Tab. 17 Projekt „Klimaanpassung": Beispielfrage mit vorgegebenem Budget

	Summe Budget
Nun zu einer ähnlichen Frage: Stellen Sie sich wieder vor, die Bundesregierung würde für ganz Deutschland 100 Millionen Euro für Anpassungsmaßnahmen im Bereich der Wasserwirtschaft im Rahmen eines 10 Jahres Planes zur Verfügung stellen. Wie viel Geld aus diesem Budget würden Sie für die folgenden Großregionen in Deutschland vorsehen, wenn Sie dies zu entscheiden hätten?	
Nordost-Tiefland	
Mittelgebirge	
Westdeutsches Tiefland	
Alpen, Alpenvorland	
Küstenregionen	
Summe	100 Mio

In den spezifischen Abschnitten zu Hochwasser, Niedrigwasser und Grundwasser wurden die Inhalte und die Art der Fragen soweit möglich vereinheitlicht. Zunächst beurteilten die Experten die Relevanz von spezifischen Anpassungserfordernissen, danach schätzten sie ihre politische Durchsetzbarkeit ab und abschließend gaben sie ihre Zustimmung zu spezifischen themenrelevanten Items ab. Alle Fragen wurden über Ratingskalen abgefragt. Bei jeder Frage wurden die Experten, um die Abgabe ihrer Urteilssicherheit gebeten. Diese wurde auf ordinalem Messniveau mit vier Ausprägungen erhoben.

Tab. 18 Projekt „Klimaanpassung": Beispielfragen Ratingskalen

Wenn Sie an die politische Durchsetzungsfähigkeit denken, wie realistisch ist es, dass die folgenden Anpassungserfordernisse zum Hochwasserschutz auch politisch in die Realität umgesetzt werden können? Bitte tragen Sie einen Wert ein. Geben Sie 10 an, wenn Sie die politische Durchsetzungsfähigkeit als sehr hoch einschätzen, und 1, wenn Sie diese als verschwindend gering ansehen.	Extrem geringe Durchsetzungschance	2	3	4	5	6	7	8	9	Sehr hohe Durchsetzungschance	Wie sicher fühlen Sie sich bei der Beantwortung der Fragen?			
											Sehr sicher	Eher sicher	Eher nicht sicher	Absolut nicht sicher
Technischer Hochwasserschutz (z. B. Bau von Dämmen, Hochwasserrückhaltebecken)											☐	☐	☐	☐
Maßnahmen des dezentralen (nicht-technischen) Hochwasserschutzes											☐	☐	☐	☐
Verstärkung der Kommunikation zur Sensibilierung der Hochwasservorsorge											☐	☐	☐	☐
Verbesserung der Hochwasservorhersagen											☐	☐	☐	☐
Verbesserung der Instrumentarien zur Steuerung der Bauleitplanung											☐	☐	☐	☐
Optimierung der Steuerungsstrategien bei Hochwasserrückhaltebecken und Talsperren											☐	☐	☐	☐
Landnutzungsänderung zur Verbesserung des Wasserrückhaltes											☐	☐	☐	☐

Im letzten Abschnitt des Fragebogens wurden drei offene Fragen für Empfehlungen an die Bundesregierung, über prioritäre Maßnahmen in der Wasserwirtschaft sowie für weitere Kommentare vorgegeben. Die Einbindung offener Fragen erfolgte mit dem Ziel einer möglichen Priorisierung von Anpassungserfordernissen und Maßnahmen.

Tab. 19 Projekt „Klimaanpassung": Beispielfrage offene Formulierung

Wenn Sie an die Notwendigkeit der Anpassung an den Klimawandel denken, was würden Sie der Bundesregierung empfehlen, was im Bereich Wasser/Wasserwirtschaft prioritär zu tun sei?	
Maßnahmen	Anwendungsbereich

9.4 Präsentation ausgewählter Ergebnisse

Im Folgenden werden die zentralen Ergebnisse und Erkenntnisse aus dem Gruppendelphi im Projekt „Klimaanpassung" vorgestellt. Das eintägige Gruppendelphi identifiziert vier **inhaltliche Relevanzen**:

1. **Bei einem Großteil der Fragen kann am Ende des Workshops Konsens erzielt werden.** Konsens besteht unter den Experten vor allem hinsichtlich der Relevanz der Bereitstellung von Informationen für relevante Institutionen und die Bevölkerung. Auch die Notwendigkeit zur Verbesserung von Klimavorhersagen wird einheitlich befürwortet. Dies verdeutlicht die Notwendigkeit zur Verstärkung der Kommunikation im Bereich Hochwasservorsorge, zur Verbesserung von Hochwasservorhersagen, zur flächendeckenden Einrichtung eines Niedrigwasser-Infodienstes sowie der Ermittlung der künftigen Veränderungen der Grundwasserverhältnisse.
2. **Einige abgefragte Maßnahmen zur Anpassung an den Klimawandel und deren Umsetzung werden kontrovers diskutiert und nicht in allen Fällen kann ein gemeinsames Expertenvotum entwickelt werden.** Dies liegt zum einen an unterschiedlichen regionalen Aspekten aber auch an divergierenden Blickwinkeln.

a. Die Diskrepanzen in der Beurteilung der Relevanz einzelner Anpassungserfordernisse variiert vor allem in Abhängigkeit der regionalen Zuständigkeit. Deshalb sind bei allen geplanten Maßnahmen zur Anpassung an den Klimawandel die regionalen Besonderheiten ausreichend zu berücksichtigen. Im Bereich Grundwasser wird beispielsweise in Brandenburg die Relevanz der Ausweisung von Vorranggebieten für die öffentliche Trinkwasserversorgung aufgrund hoher Abwanderungszahlen als gering, in Baden-Württemberg dagegen als hoch eingestuft. Im Bereich Hochwasser wurde der HQ100 Wert, nach dem statistisch gesehen alle 100 Jahre ein Hochwasserabfluss auftritt, kontrovers diskutiert. Einige der Experten präferieren den HQ 100 Wert und andere geben an, dass die Bemessungsgrundlage regional differenziert zu betrachten und deshalb variabel zu verwenden ist. Sie schlagen Hochwasserschutzmaßnahmen basierend auf der Messung von Wasserständen unter Beachtung des Schadenspotentials vor.
b. Im Bereich Niedrigwasser wird die Relevanz der Güterverlegung vom Schiff auf die Schiene konträr beurteilt. Allerdings zeigen die Begründungen der Urteile, dass die divergierenden Urteile aufgrund unterschiedlicher Betrachtungsweisen zustande kommen. So wird einer Güterverlegung auf die Schiene insofern von einigen Experten eine hohe Relevanz eingeräumt, weil die Experten die Straße als alternativen Transportweg vermeiden wollen. Von anderen Experten wird die Relevanz abgestritten, weil Massengüter der Schifffahrt häufig nicht „just in time" geliefert werden müssen und die Kapazitäten auf der Schiene nicht ausreichen, um alle Schifffahrtsgüter zu übernehmen.
3. **Ergänzend werfen die Experten bei dem Gruppendelphi-Workshop ein, dass in vielen Handlungsfeldern bereits Maßnahmen durchgeführt, die auch die Folgen des Klimawandels berücksichtigen.** Im Bereich Grundwasser wird die Reduktion von Düngung und der Einsatz von Pflanzenschutzmitteln kontrovers diskutiert. Einige Experten weisen darauf hin, dass eine ordnungsgemäße Landwirtschaft Aspekte des Klima- und Umweltschutzes bereits ausreichend berücksichtigt, andere Experten sind allerdings der Ansicht, dass der Klimawandel hier weiteren Anpassungsbedarf notwendig macht. In diesem Sinne ist bei der Entwicklung zukünftiger Maßnahmen zwischen neuen, modifizierten und zu intensivierenden Maßnahmen der Klimaanpassung zu unterscheiden.

Damit sind für die weitere Entwicklung von Handlungszielen und Maßnahmenoptionen vor allem regionale Aspekte zu berücksichtigen, die Grundlagen und Perspektiven für Urteile transparent zu machen sowie bereits bestehende Maßnahmen zur Anpassung an den Klimawandel zu berücksichtigen. Zudem betonen die Experten die Relevanz der zeitnahen Umsetzung der formulierten Empfehlungen und der Notwendigkeit die dann gewonnenen Erfahrungen und Informationen wieder zurück zu spiegeln und ggfs. einen weiteren Expertendialog durchzuführen. Methodisch zeigen die Ergebnisse vor allem, dass nicht immer Konsens unter den Experten zu erreichen ist, dass die Expertise und Bewertung der Teilnehmer in Abhängigkeit der regionalen und sektoralen Zuständigkeit deutlich variiert, und dass die Formulierung entscheidenden Einfluss auf das Verständnis der Fragen nehmen kann. Allerdings konnte am Ende des Gruppendelphis bei einem Großteil der Fragen Konsens (ca. 55 %) und bei den anderen Fragen Konsens über Dissens (ca. 45 %) hergestellt werden. Insgesamt verliefen die Diskussionen sachlich und ergebnisorientiert.

9.5 Methodische Reflexion

Obwohl bei dem Gruppendelphi zum Thema „Klimaanpassung" insgesamt eine konstruktive Diskussion mit verwertbaren Ergebnissen vorherrscht, sind einige Aspekte bei dem Workshop aus methodischer Perspektive kritisch zu bewerten:

- **Mit insgesamt 17 Fragekomplexen, an die sich mehrere Unterfragen anschließen, ist der Fragebogen für ein eintägiges Gruppendelphi deutlich zu lang.** Dabei ist nicht allein die Länge das Problem, sondern auch die entgegen der vorherigen Erwartungen große Varianz in den Antworten der Experten. Gerade einmal bei einem Viertel der Items konnte bereits in der ersten Delphi-Runde Konsens hergestellt werden. Dadurch konnte der Fragebogen für die zweite Delphi-Runde insgesamt nur wenig gekürzt werden und es kam zu zeitlichen Abweichungen vom ursprünglich geplanten Tagesablauf. Dies führte im Endeffekt zum Wegfall einer dritten Delphi-Runde.
- **Wenn während des Workshops nicht alle Punkte gleichermaßen ausführlich diskutiert werden können, erhält der postalische Rücklauf, als kommunikative Rückkopplung der zentralen Befunde, eine besondere Relevanz.** Dies kann die Validität und Akzeptanz der Ergebnisse erhöhen. Denn wenn die Experten ihre Urteile in den Ergebnissen des Gruppendelphis wiederfinden, ist die Grundlage für ihre Unterstützung bei der Umsetzung entsprechender Maßnahmen geschaffen. Dabei empfiehlt sich neben der statistischen Auswertung vor allem die Versendung eines schriftlichen Protokolls, welches zentrale Argumente und Interpretationen der Plenumsdiskussion aufnimmt. Die Rückkopplung des Gruppendelphi-Berichtes an die Experten vor Veröffentlichung, erbrachte beim Projekt zur Klimaanpassung keine inhaltlichen Widerrufe oder Distanzierungen.

Die teilnehmenden Experten, haben sich in den Ausführungen wiedergefunden und stehen hinter dem Ergebnis, welches anschließend in den politischen Prozess der Anpassung an den Klimawandel geflossen ist.

- **Ein relativ flexibler Tagesablauf, erhöht die Chance, dass alle Fragen ausführlich diskutiert werden.** Im Vorfeld eines Gruppendelphis kann nicht immer vorhergesehen werden, wie kritisch und kontrovers die abgefragten Inhalte unter den Experten sind. Um genügend Raum für mögliche Diskussionen zu lassen, sind ausreichend Zeit und eine gewisse Flexibilität im Tagesablauf notwendig. So zeigte sich bei dem Gruppendelphi zur Klimaanpassung, dass aufgrund der vielen Items mit großer Streuung nicht alle im Plenum diskutiert werden konnten. Bei diesen Fragen lagen zwar die statistischen Befunde auf Basis der Kleingruppendiskussionen vor aber die inhaltlichen Begründungen der Urteile fehlen. Diese wurden nachträglich mit dem Versenden des Ergebnisprotokolls an die Experten eingefordert.
- **Unpräzise und mehrdeutige Formulierungen, führen zu konträren Sichtweisen und Interpretationen.** Divergierende Expertenurteile basieren teilweise auf verschiedenen regionalen und sektoralen Zuständigkeiten. Allgemein formulierte Items zur Klimaanpassung wurden deshalb häufig sehr unterschiedlich bewertet. Wenn derartig divergierende Blickwinkel offenbar wurden, hat der Moderator des Gruppendelphis zusammen mit den Experten Items umformuliert und ggfs. präzisiert. Die Umformulierungen beziehen sich häufig auf präzisere fachliche Hintergrundinformationen. Dazu zwei Beispiele:
  1. Im Bereich Niedrigwasser bezieht sich eines der Items auf das Anpassungserfordernis „Vergrößerung der Speicherräume und Schaffung neuer Trinkwasserspeicher". Hier bitten die Experten um eine Aufteilung in zwei Items, einmal nach der Vergrößerung der Speicherräume und einmal nach neuen Trinkwasserspeichern.
  2. Im Bereich Hochwasser wird die Zustimmung auf folgende Aussage abgefragt: „Ein 100jährlicher Abfluss, ist bei der Planung und Durchführung von Hochwasserschutzmaßnahmen zu Grunde zu legen". Dieser Aspekt wird sehr kontrovers diskutiert und auf Wunsch der Experten umformuliert in die offene Frage: „Sollte die Bemessungsgrundlage an dem 100jährigen Wert ausgerichtet werden?"
- **Bei fast allen Fragen zur Urteilssicherheit geben die Kleingruppen „sehr sicher" oder „eher sicher" an.** In der Plenumsdiskussion zeigt sich ein Zusammenhang zwischen der Urteilssicherheit und der Verständlichkeit der Formulierung der Items. Damit sind unsichere Befunde nicht auf geringe Kompetenz oder Nicht-Wissen, sondern auf semantische Mängel im Fragebogen zurückzuführen.

9.5 Methodische Reflexion

- **Die Urteilssicherheit ist bei den Ratingfragen immer „hoch" bis „sehr hoch".** Grundsätzlich geben die Experten bei den meisten Items sichere Urteile ab. Hier kann die fehlende Anonymität möglicherweise ein Hemmnis zur Äußerung unsicherer Aussagen sein. Denn alle Teilnehmer kommen aus dem Sektor der Wasserwirtschaft, also einem relativ eng definierten Fachgebiet und wollen vor Kollegen möglicherweise keine Unsicherheit zugestehen. Im Endeffekt erscheint die Abfrage der Urteilssicherheit für den Gruppendelphi-Workshop wenig erkenntnisreich und geeignet. Sie nimmt stattdessen Zeit in Anspruch, die für die Beantwortung und Diskussion inhaltlicher Items fehlt. Der Erkenntnisgewinn der Fragen zur Urteilssicherheit erscheint insgesamt gering.

Insgesamt verlief das Gruppendelphi zum Thema Klimaanpassung sehr konstruktiv. Für die meisten Experten war diese Form des Workshops neu. Sie arbeiteten interessiert, engagiert und produktiv an einem gemeinsamen Votum hinsichtlich notwendiger Anpassungsmaßnahmen im Bereich der Wasserwirtschaft. Methodisch ist, trotz der vor allem in zeitlicher Hinsicht starken Modifikationen des Tagesablaufs während des Workshops, ein positives Fazit zu ziehen. Die Anzahl der Fragen und der starke Dissens in den Fragen bedingten zwar den Wegfall der dritten Delphi-Runde, allerdings zeigt das Endergebnis, dass dies nicht problematisch ist. Denn in allen Fällen konnte Konsens oder Konsens über Dissens erreicht werden.

Die Erfahrungen aus diesem Gruppendelphi-Workshop zeigen, dass eine vorab Versendung des Delphi-Fragebogens nicht immer notwendig ist. Wenn in irgendeiner Form bereits eine Einbindung der Experten in den Planungs- und Entscheidungsprozess erfolgt ist, erscheint die Versendung eines Individualfragebogens nicht notwendig. Dies geschah hier durch die Vorlage eines vorab vom Umweltbundesamt entwickelten und qualitativ ausgerichteten Fragebogens, auf dessen inhaltliche oder methodische Ausrichtung das Forschungsteam des Gruppendelphis keinen Einfluss hatte.

Die Erfahrungen belegen aber die Relevanz der postalischen Rückkopplung der Workshopergebnisse. So kann geprüft werden, ob sich jeder Experte in den Ergebnissen wiederfindet und die formulierten Handlungsempfehlungen mitträgt. Die zentralen methodischen Schlussfolgerungen für die Konstruktion eines Fragebogens für ein Gruppendelphi lauten:

- Klare und präzise Formulierung der Fragen und Antworten sind notwendig.
- Ein Fragebogen mit 17 Fragen ist bei einem eintägigen Workshop zu lang.
- Der Zeitplan des Workshops ist flexibel zu halten und ggfs. anzupassen.
- Unsichere Antworten sind häufig ein Resultat semantischer Missverständnisse, nicht zwangsläufig ein Zeichen für Unsicherheit oder einen fachlichen Disput.

- Bei den Ratingfragen tendieren die Experten zu hoher bzw. sehr hoher Urteilssicherheit.
- Die Versendung eines Fragebogens im Vorfeld des Workshops erscheint nicht notwendig, wenn die Beteiligten bereits ausreichend in die aktuellen Forschungen und politischen Prozesse eingebunden sind.

Was lernen wir aus dem Projektbeispiel?
1. Gruppendelphis eignen sich zur Erfassung der gesamten Spannbreite an Expertenurteilen zu einem bestimmten Thema. Sie bringen Experten zusammen und schaffen die Bedingungen für die Entwicklung eines gemeinsam getragenen Votums. Auf den Ergebnissen aufbauend können Entscheidungsträger neue Richtlinien, Verordnungen, Gesetze oder Strategien entwickeln.
2. Der Tagesablauf kann im Vorfeld eines Gruppendelphis nur grob festgelegt werden. Semantische Probleme verzögern die inhaltliche Diskussion und führen nicht selten zu Modifikationen im Tagesablauf. Deshalb erscheint eine postalische Rückkopplung des Berichts, bei dem die Experten ohne Zeitdruck die Ergebnisse lesen können, wichtig um ein gemeinsam getragenes Votum und die Akzeptanz der Ergebnisse zu gewährleisten.
3. Die Experten sind sich in ihren Urteilen bei einem Gruppendelphi-Workshop meist „eher" bzw. „sehr sicher". Eine Differenzierung oder Gewichtung der inhaltlichen Antworten mit der Urteilssicherheit ist demnach nicht sinnvoll und stellt die grundsätzliche Relevanz der Abfrage der Urteilssicherheit während des Gruppendelphi-Workshops in Frage.
4. Wissensbestände befinden sich ständig im Fluss. Durch neue Forschungen können neue Erkenntnisse gewonnen werden, die möglicherweise alt hergebrachte Positionen in Frage stellen. Deshalb ist es wichtig, die Ergebnisse eines Gruppendelphis zeitnah umzusetzen bzw. anzuwenden und ggfs. in regelmäßigen Abständen erneut kritisch zu hinterfragen.

Relevante Literatur

Scherzer, J., Grigoryan, G., Schultze, B., Stadelbacher, V., Niederberger, J., Pöhler, H., Disse, M., Jacoby, C. & Heinisch, T. (2010). WASKlim-Entwicklung eines übertragbaren Konzeptes zur Bestimmung der Anpassungsfähigkeit sensibler Sektoren an den Klimawandel am Beispiel der Wasserwirtschaft (UBA- Texte Nr. 47), Dessau-Roßlau: Umweltbundesamt.

Scherzer, J., Schultze, B., Niederberger, J. & Pöhler, H. (2010). WASKlim – Potenzielle Auswirkungen des Klimawandels auf den Wasserhaushalt am Beispiel der Wupper (NRW), der oberen Iller (Bayern) und der Salza (Sachsen-Anhalt). Forum für Hydrologie und Wasserbewirtschaftung.

Schulz, M., Renn, O. & Daschkeit, A. (2009). Das Gruppendelphi in der Praxis – Fallbeispiele: WASKlim-Projekt. In M. Schulz & O. Renn (Hrsg.), Das Gruppendelphi. Konzept und Fragebogenkonstruktion (1. Aufl., S. 47–55). Wiesbaden: VS Verlag für Sozialwissenschaften / GWV Fachverlage GmbH Wiesbaden.

Gruppendelphi als Evaluationsinstrument 10
Das Beispiel eines Projektes zur Förderung technisch-naturwissenschaftlicher Interessen bei Jugendlichen

Im Bildungsbereich gehören interne oder externe Evaluationen zum Standard. Empirisch beruhen sie häufig auf einer Erhebungsart, entweder auf einer standardisierten Befragung oder auf leitfadengestützten Interviews. Selten werden bisher Dialog- bzw. Gruppendiskussionsverfahren angewendet. Doch der Einsatz derartiger Instrumente kann zusätzliche Erkenntnisse generieren. Dies soll das folgende Projektbeispiel zeigen.

Hintergrund ist die Evaluation des Programms ‚*mikromakro*' der Baden-Württemberg Stiftung. Ziel dieses Programms ist es, Kindern und Jugendlichen Technik und Naturwissenschaft näher zu bringen und deren Attraktivität für eine spätere Berufswahl oder ein mögliches Studium zu erhöhen. Dafür wurden von 2008 bis 2016 verschieden Erfinderclubs finanziell und inhaltlich gefördert. Bei dem Gruppendelphi werden die Betreuer der Erfinderclubs quasi als Experten des Programms, um die Bewertung anhand vorgegebener Items gebeten.

Im Folgenden werden der Projekthintergrund, der Ablauf des Gruppendelphi-Prozesses, der Fragebogen, die Ergebnisse und eine methodische Reflexion des Verfahrens dargestellt.

> **Lernbeispiel für:**
> - die Anwendung des Gruppendelphis als Evaluationsinstrument
> - die Gesprächs- bzw. Diskussionskultur bei einer relativ homogenen Gruppe an Experten
> - den Nutzen und den Vorteil der Diskussion für die Teilnehmenden an einem Gruppendelphi
> - die Stabilität der Konsensbildung unter den teilnehmenden Experten

10.1 Projekthintergrund

Als Reaktion auf den Mangel an technisch-naturwissenschaftlichen Fachkräften sowie auf wahrgenommene Defizite bei der Vermittlung von Technik und Naturwissenschaft an Kinder und Jugendliche sind in den letzten Jahren zahlreiche Initiativen und Projekte entstanden, die versuchen, diese Problemfelder zu entschärfen. In diesem Zusammenhang ist auch das Programm ‚mikromakro' der Baden-Württemberg Stiftung zu sehen.[10] Mit dem Programm soll die Begeisterung von Kindern und Jugendlichen ab der 5. Klasse für Technik und Naturwissenschaft sensibilisiert und nachhaltig gesteigert werden. In sogenannten Erfinderclubs können die Kinder und Jugendlichen in einem Zeitraum von zwei Jahren eigene Ideen entwickeln und umsetzen. Neben finanziellen Mitteln werden die Schülergruppen in dieser Phase fachlich unterstützt. Bis zu drei Workshops zu den Themen Kreativität, Projektmanagement, Technik, Markt und Schutzrechte können in Anspruch genommen werden. Insgesamt wurden in der ersten Welle von ‚mikromakro' 32 Erfinderclubs gefördert, die von insgesamt knapp 130 Schülern besucht wurden. Mittlerweile sind diese Erfinderclubs beendet. Doch aufgrund der hohen Nachfrage und des erfolgreichen Verlaufs hat die Stiftung das Programm ‚mikromakro' fortgesetzt.[11]

Mit der Evaluation der ersten Welle von ‚mikromakro' hat die Baden-Württemberg Stiftung die Dialogik gGmbH (www.dialogik-expert) beauftragt, die sich einerseits thematisch mit der Förderung technisch-naturwissenschaftlicher Interessen bei Kindern und Jugendlichen beschäftigt und andererseits über umfangreiche Erfahrungen mit Evaluationen bildungspolitischer Maßnahmen verfügt. Ziel der Evaluation von ‚mikromakro' ist die Verbesserung und Optimierung dieses und weiterer thematisch ähnlich gelagerter Programme der Baden-Württemberg Stiftung. Konkret geht es um zwei zentrale Fragestellungen:

Frage 1: Inwiefern können mit dem Konzept der Erfinderclubs technisch-naturwissenschaftliche Interessen bei Kindern und Jugendlichen spannend und dauerhaft gefördert werden?
Frage 2: Welche Schlussfolgerungen können aus dem Programm ‚mikromakro' für die weiteren Förder- und Forschungsaktivitäten der Baden-Württemberg Stiftung gezogen werden?

---

10 Weitere Informationen abrufbar über https://www.bwstiftung.de/forschung/programme/mint-nachwuchsprogramme/mikromakro-kleine-koepfe-grosse-ideen/#page-header
11 2016 wurde das Programm beendet und das Nachfolgeprogramm „mikromakro-mint" gestartet. Weitere Informationen unter https://www.bwstiftung.de/gesellschaft-kultur/programme/kinder-jugend-familie/mikromakro-mintde/

10.1 Projekthintergrund

Um diese beiden Forschungsfragen zu beantworten, werden verschiedene empirische Analysen durchgeführt. Sowohl qualitative als auch quantitative Verfahren kommen dabei zum Einsatz. Zur Beantwortung der ersten Forschungsfrage werden die teilnehmenden Schüler in drei Wellen (zu Beginn, etwa in der Mitte der Laufzeit und am Ende der Erfinderclubs) über ihre Motivation, ihr Interesse am Thema, ihren subjektiven Lernerfolg und ihre Einstellung zu Technik und Naturwissenschaft standardisiert befragt. Die Befragung ist als Vollerhebung konzipiert, das heißt alle teilnehmenden Schüler werden gebeten, mitzumachen. Zur Analyse des sozialen Umfeldes der teilnehmenden Schüler werden zusätzlich die Eltern mithilfe eines standardisierten Fragebogens nach ihren Einstellungen, ihrem Beruf und ihren Eindrücken zu den Erfinderclubs befragt.

Zur Analyse der Strukturen und zur Beantwortung der zweiten Forschungsfrage werden die Betreuer der Erfinderclubs miteinbezogen. In einem ersten Schritt werden qualitative leitfadengestützte Interviews mit einer Auswahl an Betreuern und einem Vor-Ort-Besuch bei den Erfinderclubs durchgeführt. So erhält das Forschungsteam einen Einblick in den Ablauf eines Erfinderclubs, in die Didaktik und die Zusammensetzung der Teilnehmer.

> **!** **Leitfadengestützte Interviews** gehören mittlerweile zum Standardrepertoire der qualitativen empirischen Sozialforschung. Ein Leitfaden enthält einige vorab festgelegte Fragestellungen, deren genaue Formulierung und Reihenfolge der Interviewsituation angepasst werden können. Antwortmöglichkeiten werden bei diesem Interview nicht vorgegeben. Der Leitfaden stellt aber sicher, dass alle relevanten Themen angesprochen werden und verschiedene Interviews zumindest über diese Fragestellungen vergleichbar sind. Der Vorteil des leitfadengestützten Interviews liegt in der Offenheit für neue Aspekte und Erkenntnisse. Die Befragten können neue Ideen und Begründungshorizonte einbringen. Für die Befragten haben derartige Interviews zudem den Vorteil, dass sie relativ nahe an der Alltagskommunikation sind.

Zudem dienen die Interviews mit den Betreuern der Erfinderclubs der Vorbereitung des Gruppendelphis. Hier werden die Betreuer als Experten geladen. Die Betreuer sind häufig die Initiatoren der Erfinderclubs, sie koordinieren die Treffen, beraten inhaltlich und kümmern sich um die formalen Angelegenheiten, wie die Mittelverwaltung. Deshalb haben sie einen besonders guten Einblick in den Verlauf der Erfinderclubs und die Strukturen von ‚mikromakro'. Zudem arbeiten fast alle Betreuer als Lehrer in den entsprechenden Schulen und können strukturelle, formale und inhaltliche Probleme bei der Förderung technisch-naturwissenschaftlicher Interessen und der Durchführung der Erfinderclubs gut einschätzen.

10.2 Ablauf des Gruppendelphis

Das Gruppendelphi im Programm ‚*mikromakro*' fand prozessbegleitend während der zweijährigen Förderdauer der Erfinderclubs nach knapp anderthalb Jahren Projektlaufzeit statt. So wurde sichergestellt, dass Kritikpunkte am Programm frühzeitig identifiziert und gemeinsam mit den Betreuern Verbesserungsvorschläge entwickelt werden können. Zunächst wird der Ablauf des Gruppendelphi-Prozesses nach drei Phasen vorgestellt: Vor dem Workshop, während des Workshops und nach dem Workshop.

Tab. 20 Projekt „mikromakro": Ablauf des Gruppendelphis

Vor dem Workshop
1. Einladung aller Betreuer der Erfinderclubs (n=39)
2. Entwicklung eines standardisierten Fragebogens und schriftliche Vorabbefragung der teilnehmenden Betreuer (n=12)
3. Auswertung der Befragung und Kürzung des Fragebogens auf die strittigen Punkte
Während des Workshops
4. Durchführung eines eintägigen Workshops mit zwei Delphi-Runden mit je vier Teilnehmenden (n=12).
5. Am Ende des Tages Auswertung und Abschlussdiskussion mit einem Vertreter der Baden-Württemberg Stiftung als Auftraggeber.
Nach dem Workshop
6. Erstellen eines kurzen Ergebnisprotokolls mit statistischen Ergebnissen und den Zitaten der teilnehmenden Experten
7. Versand des Ergebnisprotokolls an die teilnehmenden Experten mit der Bitte um Korrektur (n=9)
8. Erstellen eines Abschlussberichtes

Vor dem Workshop

Zum Gruppendelphi wurden alle Betreuer der Erfinderclubs eingeladen. Von den 39 Betreuer haben zwölf zugesagt. Der relativ geringe Rücklauf wurde vor allem mit Terminschwierigkeiten begründet. Die Betreuer sind in der Regel Lehrer und

10.2 Ablauf des Gruppendelphis

für die Teilnahme am Gruppendelphi müssten sie einen Tag frei nehmen, was nicht immer möglich war. Die zwölf teilnehmenden Betreuer erhielten vor dem Workshop einen relativ umfangreichen standardisierten Fragebogen zum Ablauf, zum Konzept und zu den Zielen von ‚mikromakro'. Sie wurden gebeten, diesen ausgefüllt an das Forschungsteam zurückzuschicken. Bei der Erstellung des Fragebogens der Vorbefragung griff das Forschungsteam auf Evaluationsergebnisse vorheriger Schüler- und Elternbefragungen sowie auf die Beobachtungen der Erfinderclubs zurück.

Die Vorabbefragungen der designierten Teilnehmer des Gruppendelphi-Workshops bietet sich bei umfangreichen Sachverhalten an, weil so a priori strittige und kontroverse Aspekte identifiziert werden können. Im konkreten Projektbeispiel begründeten drei Aspekte die Vorabbefragung der Betreuer:

1. Die Vorabbefragung erfolgte mit der Absicht, eine mögliche Zeitersparnis für den Workshoptag zu erreichen, da das geplante Gruppendelphi an einem Tag stattfindet.
2. Zudem erschient ein zusätzlicher inhaltlicher Input relevant, denn über die konkreten Wirkungen bzw. mögliche Erfolge des Programms ‚mikromakro' gab es bisher keine Erfahrungen oder Literatur, die bei der Konstruktion des Fragebogens eine Grundlage hätten bilden können.
3. Die Betreuer konnten in der Vorabbefragung anonym ihre Meinung über das Programm abgeben. Gerade für Evaluationen erscheint die Eröffnung dieser Möglichkeit vielversprechend, denn bei dem Workshop können durch Gruppeneffekte und die Anwesenheit des Geldgebers (hier die Baden-Württemberg Stiftung) Hemmungen oder sozialer Druck entstehen, und eventuell kritische Meinungen werden bewusst zurückgehalten.

Die individuelle Vorabbefragung ermöglichte also eine umfassende und anonyme Befragung der Betreuer und die Identifikation der zentralen Fragestellungen auf Basis der größten Streuung.

Der Workshop

Der Gruppendelphi-Workshop war als eintägige Veranstaltung konzipiert. Eine längere Dauer war aufgrund der schulischen Verpflichtungen der Betreuer nicht möglich. Zu Beginn des ‚mikromakro'-Gruppendelphis gingt es zunächst darum, den Teilnehmern das Verfahren, den Ablauf und den Fragebogen zu erläutern. Am Ende dieser Einführung werden die Teilnehmer zufällig in Gruppen aufgeteilt. Bei diesem Gruppendelphi werden jeweils vier Experten einer Kleingruppe zugeteilt. In den Kleingruppen diskutierten die Teilnehmer die einzelnen Items des Fragebogens und füllen diesen gemeinsam aus. In jeder Gruppe wird schließlich ein Fragebogen gemeinsam beantwortet, in dem für die Items das Gruppenvotum bzw. falls nötig Mehrheits- und Minderheitsvoten festgehalten werden.

Nach der Kleingruppenphase hat das Forschungsteam die Fragebögen ausgewertet und für eine Darstellung im Plenum statistisch und grafisch aufbereitet. Ziel der anschließenden Plenumsdiskussion war es, herauszufinden, worin ein Dissens bei einzelnen Items begründet lag. Dabei zeigte sich, dass nicht immer inhaltliche Aspekte, sondern auch unpräzise Formulierung für einen Dissens verantwortlich sein können. Dies belegt folgendes Item:

Tab. 21 Projekt „mikromakro": Beispielfrage für eine unpräzise Formulierung

Im Folgenden finden Sie einige typische Aussagen über **allgemeine Erfolgskriterien** einer dauerhaften Förderung technisch-naturwissenschaftlicher Interessen bei Kindern und Jugendlichen. Inwieweit stimmen Sie den folgenden Aussagen zu? Bitte tragen Sie einen Wert ein. Geben Sie 10 (+) an, wenn Sie der Aussage voll und ganz zustimmen, und 1 (-), wenn Sie die Aussage ganz und gar ablehnen.											Wie sicher fühlen Sie sich bei der Beantwortung der Fragen?			
	-	2	3	4	5	6	7	8	9	+	Sehr sicher	Eher sicher	Eher nicht sicher	Absolut nicht sicher
Nur eine kontinuierliche Förderung, vom Kindergarten bis zum Studium oder zur Ausbildung kann ein dauerhaftes Interesse ermöglichen.											☐	☐	☐	☐
Bei dieser Frage ist das Wort „nur" in der Itemformulierung missverständlich. Ein Teil der Experten hat das Item in einem engen Verständnis ausgelegt und der andere Teil hat das Wort „nur" nicht weiter beachtet. Diese Diskrepanz zwischen enger und weiter Auslegung führt in der ersten Delphi-Runde zu einer hohen Abweichung der Urteile zwischen den Kleingruppen, was die Standardabweichung von S=4,6 bei einer zehnstufigen Skala statistisch verdeutlicht (zwei Gruppen geben den Wert 2; zwei Gruppen den Wert 10 an). Im Plenum verständigen sich die Experten darauf, dass „nur" in der Formulierung zu löschen. Alle Experten stimmen dieser Aussage anschließend zu. Diese Aussage wird in einer schriftlichen standardisierten Nachbefragung überprüft und obwohl hier Einzelurteile eingeholt werden, ist die Abweichung sehr gering (S=1,3; n=9).														

Für die zweite Delphi-Runde wurde der Fragebogen entsprechend umformuliert und auf die strittigen Items gekürzt, so dass von den anfänglich 17 zehnerskalierten Items noch zehn abgefragt wurden. Für die zweite Kleingruppenphase erfolgte überdies eine Permutation der Teilnehmer, damit verschiedene Experten miteinander ins Gespräch kamen.

Nach der zweiten Kleingruppendiskussion wurden die Fragebögen wieder ausgewertet und eine zweite Plenumsrunde initiiert. Der Fokus lag dabei auf den Fragen, bei denen weiterhin Dissens zwischen den Experten bestand. Es werden abermals Argumente und inhaltliche Begründungen ausgetauscht. In dieser zweiten Plenumsdiskussion konnten letztendlich alle kontroversen Punkte diskutiert und in einen Konsens bzw. Konsens über Dissens überführt werden.

Während der zweiten Plenumsdiskussion war auch ein Vertreter der Baden-Württemberg Stiftung als Auftraggeber des Gruppendelphis und der Erfinderclubs anwesend. Diese Anwesenheit hat verschiedene Vor- und Nachteile. Die Relevanz und Sinnhaftigkeit kann sich von Fall zu Fall unterscheiden. Beim mikromakro-Delphi galten folgende Argumente:

- **Vorteile:** Der Auftraggeber bekommt einen guten Eindruck über das Verfahren des Gruppendelphis und über die Stimmung unter den Experten. Seine Anwesenheit kann die Ernsthaftigkeit der Evaluation und das Interesse an den Ergebnissen unterstreichen.
- **Nachteile:** Die Anwesenheit des Auftraggebers hat einen Einfluss auf die Teilnehmer. Wie stark dieser Einfluss ist und in welche Richtung er geht, kann nicht genau ermittelt werden. Möglich ist, dass sich gerade die kritischen Teilnehmer eher zurückhalten.

Insgesamt hat sich das Forschungsteam für die Anwesenheit des Auftraggebers in der letzten Plenumsdiskussion entschieden, weil die Gesprächskultur bis dahin sehr aufgeschlossen und positiv gegenüber dem Programm war. Grundlegende Kritik und unsachliche Diskussion gab es nicht, weshalb eine Einbindung unkritisch erschien.

Für den mikromakro Workshoptag war optional eine dritte Delphi-Runde eingeplant. Doch es kam zu leichten Zeitverschiebungen, die in Summe dazu führten, dass es zeitlich nicht möglich war, eine dritte Delphi-Runde durchzuführen.

Nach dem Workshop

Nach dem Gruppendelphi erstellte das Forschungsteam ein Protokoll über die zentralen Ergebnisse. Dieses Protokoll wurde zwei Wochen nach dem Gruppendelphi an die Teilnehmer mit der Bitte um Rückmeldung versandt. Zusätzlich – und das ist das besondere bei diesem Gruppendelphi – wurde der finale standardisierte

Fragebogen des Workshops mit der erneuten Bitte um Beantwortung verschickt. Dadurch war es möglich, eine zusätzliche Absicherung der Urteile der Experten vorzunehmen und die Stabilität des Konsenses zu reflektieren. Geprüft wurde, ob die Experten bei den einzelnen Items auch zwei Wochen nach dem Workshop die gleichen Urteile abgaben wie zum Ende des Workshops. Denkbar war, dass die Experten nach zweiwöchiger Reflexion der Sachverhalte, zu einem anderen als dem ursprünglichen Urteil tendierten. Auch war nicht auszuschließen, dass einige Experten lediglich einen Scheinkonsens im Gruppendelphi mitgetragen haben, da sie keine Zeit oder Motivation für zusätzliche Argumente aufbringen wollten.

Die statistischen Ergebnisse des zusätzlichen Fragebogens konnten dies aber ausschließen. Auch zum Protokoll gab es keine inhaltlichen Anmerkungen oder Ergänzungen der Betreuer mehr. Damit kann dem Auftraggeber ein belastbarer Ergebnisbericht übergeben werden, der in der Gesamtevaluation berücksichtigt wurde.

10.3 Der Fragebogen

Der Fragebogen der Vorabbefragung

Die Entwicklung des Fragebogens basierte auf Erkenntnissen aus den empirischen Analysen, die vorab im Rahmen der Evaluation des Programms ‚*mikromakro*' durchgeführt wurden. Zudem wurden die Fragen eng mit dem Auftraggeber, der Baden-Württemberg Stiftung, abgestimmt. Der Fragebogen gliederte sich in vier Teilbereiche:

a. Allgemeine Aspekte der MINT-Förderung junger Talente
b. Das Programm ‚*mikromakro*'
c. Weitere mögliche Aktivitäten der Baden-Württemberg Stiftung
d. Weitere Anmerkungen der Experten

Eingesetzt wurden vor allem Ratingfragen. Bei allen Items wurde zusätzlich die Urteilssicherheit abgefragt, damit das Forschungsteam möglicherweise missverständliche oder strittige Themen vor dem Workshop identifizieren konnte.

10.3 Der Fragebogen

Tab. 22 Projekt „mikromakro": Beispielfrage Rating (Auswahl)

Im Folgenden finden Sie einige typische Aussagen über **allgemeine Erfolgskriterien** einer dauerhaften Förderung technisch-naturwissenschaftlicher Interessen bei Kindern und Jugendlichen. Inwieweit stimmen Sie den folgenden Aussagen zu? Bitte tragen Sie einen Wert ein. Geben Sie 10 (+) an, wenn Sie der Aussage voll und ganz zustimmen, und 1 (-), wenn Sie die Aussage ganz und gar ablehnen.											Wie sicher fühlen Sie sich bei der Beantwortung der Fragen?			
	-	2	3	4	5	6	7	8	9	+	Sehr sicher	Eher sicher	Eher nicht sicher	Absolut nicht sicher
Bei der Konzeption spezieller Förderprogramme müssen technische und naturwissenschaftliche Inhalte auseinander gehalten werden.											☐	☐	☐	☐
Die Bedeutung von Technik für das Leben des Einzelnen wie auch für Gesellschaften muss bei der Vermittlung technischer und naturwisse-schaftlicher Sachverhalte berücksichtigt werden.											☐	☐	☐	☐
Das Interesse der Schüler an außerschulischen Projekten zur Förderung technisch-naturwissenschaftlicher Interessen ist grundsätzlich sehr groß.											☐	☐	☐	☐

Neben den Ratingfragen werden vereinzelt Rankingfragen formuliert. Da es sich um ein konkretes Programm mit einem festen Etat handelt, wurden diese meist als Budgetfragen formuliert. Das hatte den Vorteil, dass die Betreuer zwischen verschiedenen realistischen und praxisnahen Strategien auswählen konnten und damit die Chance zur Umsetzbarkeit gegeben war. Denn auch der Auftraggeber hat begrenzte Ressourcen für das Programm ‚mikromakro' zur Verfügung und muss auf Basis dessen Entscheidungen über die Ausgestaltung und Fortführung seiner Aktivitäten treffen.

Tab. 23 Projekt „mikromakro": Beispielfrage Budget

	Summe
Stellen Sie sich vor, Sie wären Deutschlands Bildungsminister und müssen die dringendsten Maßnahmen zur Förderung **technischer und naturwissenschaftlicher Interessen** bei Kindern und Jugendlichen planen und initiieren. Sie haben insgesamt ein Budget von 100 Millionen Euro zur Verfügung. Ihre Aufgabe ist es, dieses Geld auf die folgenden Themenfelder zu verteilen. Bei einigen Bereichen sind inhaltliche Überschneidungen denkbar. Bitte tragen Sie dennoch für jedes der einzelnen Programme eine Summe ein. Bitte tragen Sie jeweils die Summe ein, die Sie aus dem Budget von 100 Millionen Euro jedem der unten genannten Ziele zuordnen wollen. Es zählt hier nur Ihre Meinung, unabhängig davon, ob Ihre Vorschläge umgesetzt werden können oder nicht:	
Spezielle Programme zur Förderung technischer Interessen und Kompetenzen.	
Verknüpfung naturwissenschaftlicher Inhalte mit technischer Allgemeinbildung.	
Evaluation bestehender Programme und Projekte, um Kriterien für einen nachhaltigen Erfolg zu definieren und Best-Practise Beispiele zu finden.	
Vermittlung von Wissen über technische naturwissenschaftliche Berufe und mögliche Anwendungsfelder.	
Vermittlung der Bedeutung von Technik für das Leben des Einzelnen wie auch von Gesellschaften.	
Entwicklung eines einheitlichen Curriculum in den Grundschulen, das Ziele und Inhalte des dortigen Technikunterrichts regelt.	
Entwicklung eines einheitlichen Curriculum in den weiterführenden Schulen, das Ziele und Inhalte des dortigen Technikunterrichts regelt.	
Summe	100,00 Mio

Der Fragebogen für den Gruppendelphi-Workshop

Die grundlegende Struktur des Fragebogens wurde auch für den Workshop beibehalten. Aber der Fragebogen wäre für einen eintägigen Workshop zu lang und wurde deshalb deutlich gekürzt. Die Kürzung basierte auf statistischen Analysen. Zum einen wurde die Streuung analysiert und zum anderen die Fragen zur Urteilssicherheit:

- **Fragen mit geringer Streuung wurden gestrichen:** Für die Streuung der zehnstufigen Rating-Skalen wurde der Grenzwert 2,5 festgelegt, d. h. Items mit einer Standardabweichung von 2,5 oder höher wurden für den Workshop beibehalten. Der Grenzwert wurde relativ bestimmt und so festgelegt, dass zumindest die Hälfte der Items wegfallen.
- **Fragen mit sehr hoher Urteilssicherheit wurden gestrichen:** Bei den meisten Fragen war die Urteilssicherheit der Betreuer sehr hoch. Items, bei denen eine Urteilssicherheit von „absolut nicht sicher" bis „eher sicher" angegeben wurden, wurden für den Workshop beibehalten.

Für den Workshop wurden zudem alle Fragen zur Urteilssicherheit gestrichen, weil der persönliche Austausch mögliche Unsicherheiten transparent macht. Insgesamt gelang es durch diese Strategien, den Fragebogen für den Workshop, um mehr als die Hälfte zu kürzen.

Tab. 24 Projekt „mikromakro": Anzahl der Fragen und Items im Fragebogen

	Vorabbefragung	Für den Workshop
Anzahl der Frageblöcke	17	8
Anzahl der Items (ohne Urteilssicherheit)	129	47

Die meisten der verbliebenen Fragen wurden eins zu eins übernommen. Weitere Modifikationen ergaben sich aus der Standardisierung ehemals offener Fragen. In der Vorabbefragung wurden offen konkrete Verbesserungsvorschläge für das Programm ‚mikromakro' erfragt. Aus diesen Ergebnissen wurde eine Liste erstellt, welche die am häufigsten genannten Ziele enthält. Die Betreuer konnten nun die drei zentralen Ziele auswählen.

10.4 Präsentation ausgewählter Ergebnisse

Im Endeffekt gelang es, durch das Gruppendelphi wichtige Impulse und Rückmeldungen für das Programm ‚mikromakro' zu erfassen. Grundsätzlich wurde das Programm von den Betreuern sehr gut bewertet. Als besonders relevant für die Betreuer stellten sich heraus: die Vermittlung der Bedeutung von Technik für den Einzelnen sowie für die Gesellschaft, der regionale Austausch zwischen den Erfinderclubs und der Industrie, die Ansprache von Schülern, die bisher kein Interesse an Technik und Naturwissenschaft haben und die spezielle Förderung von Hauptschülern.

Die Erfahrungen mit dem Gruppendelphi als Evaluationsinstrument zeigen einen wichtigen Aspekt: Eine umfassende und gewissenhafte Evaluation im Bildungsbereich darf nicht nur die Teilnehmer der Maßnahme integrieren, sondern auch diejenigen, die die Maßnahmen betreuen, leiten und vorantreiben. Das sind in dem Fall ‚*mikromakro*' die Betreuer der Erfinderclubs, bei anderen Bildungsmaßnahmen sind es beispielsweise Lehrer, Dozenten, Gruppenleiter oder Erzieher. Diese Personen können zwar die Effekte von Maßnahmen bzw. Interventionen nur bedingt einschätzen, doch häufig verfügen sie über einen guten Einblick in Strukturen und Prozesse der entsprechenden Organisation bzw. Institution. Bei dem Programm ‚*mikromakro*' beispielsweise zeigte sich eine gewisse Fluktuation bei den teilnehmenden Schülern. Der Hauptgrund lag nach Rückmeldungen der Betreuer während des Gruppendelphis in zeitlichen Überschneidungen mit anderen schulischen Verpflichtungen und nicht am mangelnden Interesse der Schüler, wie vermutet werden könnte.

10.5 Methodische Reflexion

Die methodische Reflexion des Gruppendelphis von ‚*mikromakro*' steht unter der Frage, inwieweit das Verfahren ein geeignetes Instrument im Rahmen einer Evaluation darstellt. Dabei wird vor allem der Zeitaufwand für die Experten und der Erkenntnisgewinn, vor allem im Hinblick auf die praktische Anschlussfähigkeit und Umsetzbarkeit der Ergebnisse betrachtet.

Zeitaufwand für die beteiligten Experten

Evaluationen bedeuten für die Teilnehmenden einen gewissen Zeitaufwand, der Nutzen allerdings kommt häufig erst nachfolgenden Generationen zu Gute. Deshalb besteht die Gefahr, dass die Bereitschaft zur Teilnahme relativ gering ist. Wichtig ist deshalb, ein Evaluationsinstrument zu wählen, das für die Teilnehmenden mit möglichst wenig Aufwand verbunden ist und Ergebnisse produziert, die für sie nachvollziehbar sind und von denen sie selbst profitieren. Letzteres ist ein typisches Merkmal formativer Evaluationen (vgl. Büeler 2006; Stockmann 2006a, 2006b und 2006c; Böttcher et al. 2006a und 2006b). Dabei geht es darum, prozessbegleitend eventuelle Schwierigkeiten und Probleme frühzeitig zu identifizieren, darauf zu reagieren und gegebenenfalls Strukturen zu modifizieren oder gar zu revidieren. Um diese Möglichkeit auszuschöpfen, wurde das ‚*mikromakro*'-Gruppendelphi

10.5 Methodische Reflexion

während des zweijährigen Förderzeitraums der Erfinderclubs durchgeführt. Ziel war nicht nur, dass die Betreuer von den Ergebnissen selbst profitieren, sondern dass sie auch zahlreich an dem Workshop teilnehmen. Dennoch haben nur knapp 30 Prozent der eingeladenen Betreuer an dem Gruppendelphi teilgenommen. Der Hauptgrund war nach Rückmeldung der Betreuer nicht mangelnde Motivation oder Interesse, sondern der relativ hohe Zeitaufwand für die Teilnahme am Workshoptag. Vor allem Überschneidungen zu schulischen Verpflichtungen wurden vorgebracht. Obwohl ein Gruppendelphi für das Forschungsteam mit weniger Zeitaufwand verbunden ist, als ein klassisches Delphi, gilt für die Teilnehmenden genau das Gegenteil. Hier zeigt sich ein Nachteil des Einsatzes eines Gruppendelphis als Evaluationsinstrument: Durch die Wahl eines für die Teilnehmenden weniger aufwändigen Erhebungsverfahrens hätten möglicherweise mehr Betreuer in die Evaluation eingebunden werden können. Alternative Erhebungsverfahren wären Beobachtungen in den Erfinderclubs oder die standardisierte Befragung der Betreuer.

> **Formative und summative Evaluationen**
>
> Es gibt verschiedene Formen von Evaluationen. Im Wesentlichen wird zwischen zwei Arten unterschieden:
> 1. Die *summative Evaluation* ist eine Art Ergebnisevaluation. Hier wird am Ende einer Maßnahme geprüft, ob die postulierten Ziele erreicht wurden.
> 2. Bei der *formativen Evaluation* handelt es sich um eine prozessbegleitende Evaluation, bei der regelmäßig Zwischenergebnisse formuliert werden und dadurch beständig Modifikationen möglich sind. Ziel ist letztendlich die Wahrscheinlichkeit der Zielerreichung und die Qualität der Ergebnisse zu erhöhen (vgl. Stockmann 2006).

Der Erkenntnisgewinn: Reichweite, Tiefe, Nachhaltigkeit und Umsetzbarkeit

Bei dem mikromakro-Gruppendelphi gibt es einige Besonderheiten, die im Folgenden im Hinblick auf ihren Einfluss auf den Erkenntnisgewinn kritisch hinterfragt werden:

1. **Der relativ hohe Zeitaufwand für die designierten Experten im Rahmen eines Gruppendelphi-Workshops beeinflusst die Teilnahmebereitschaft**: Die mit 12 Personen relativ geringe Teilnehmeranzahl des mikromakro-Gruppendelphis

ist im Hinblick auf die Interpretation und Reichweite der Ergebnisse kritisch zu reflektieren. Denn die Ergebnisse spiegeln nicht die Erfahrungen aller Betreuer des Programms, sondern nur derjenigen, die auch teilgenommen haben, wider. Eine Übertragbarkeit ist nicht ohne weiteres möglich. Zudem kann nicht ausgeschlossen werden, dass eher eine bestimmte Gruppe von Betreuern teilgenommen hat (Selektionsbias). Eventuell spricht ein Workshop im Rahmen einer Evaluation eher die besonders kritischen Teilnehmer an, weil sie die Gelegenheit für eine offene Kritik nutzen möchten. Möglicherweise ist es aber auch genau umgekehrt und eher zufriedene Teilnehmer fühlen sich angesprochen und nutzen die Chance für positive Rückmeldungen. Auch wenn bei der Durchführung des ‚mikromakro'-Workshops nichts auf eine derart einseitige Verteilung hingedeutet hat, besteht erkennbar eine solche Gefahr.

2. **Das Gruppendelphi ist ein geeignetes Verfahren im Rahmen einer prozessbegleitenden Evaluation:** Die Transparenz der Ergebnisse und der Zeitpunkt der Durchführung während einer zu evaluierenden Maßnahme kann die Ernsthaftigkeit der Evaluation erhöhen. Die Betreuer der Erfinderclubs hatten im beschriebenen Gruppendelphi-Verfahren die Möglichkeit, auf die Strukturen und Maßnahmen des laufenden Programms Einfluss zu nehmen und so von notwendigen Veränderungen selbst zu profitieren. Außerdem konnten die Teilnehmenden Kontakte zu anderen Betreuern von Erfinderclubs aufbauen. Vor allem bei der Suche nach Partnern und Geldgebern aus der Industrie können sich die Betreuer gegenseitig unterstützen. Dadurch kann der nachhaltige Erfolg des Programms begünstigt werden. Zudem konnte die Baden-Württemberg Stiftung, als Initiator und Geldgeber, die Relevanz des Programms herausstellen und deutlich machen, dass sie die Leistung und Meinung der Betreuer wertschätzen und berücksichtigen. Da die Betreuer häufig außerschulisch die Erfinderclubs begleiten, kann damit ein zusätzlicher Anreiz geschaffen und die intrinsische Motivation der Betreuer gestärkt werden. Zudem können eventuelle Probleme und Schwierigkeiten frühzeitig identifiziert und angegangen werden. Der Erfolg des Programms wird wahrscheinlicher. Insgesamt erscheint gerade bei Evaluationen der Einsatz eines Gruppendelphis vielversprechend. Zudem erlaubt die Anwesenheit des Auftraggebers während des Workshops, auch die Adressaten der Ergebnisse des Gruppendelphi-Verfahrens frühzeitig einzubinden. Die Ergebnisse unbeachtet in einer ‚Schublade' verschwinden zu lassen, ist so nicht möglich.

3. **Das Gruppendelphi als Evaluationsinstrument schafft die Möglichkeit eines direkten Austauschs zwischen den Zielgruppen und dem Initiator bzw. Geldgeber einer Maßnahme:** Generell besteht bei allen Gruppenverfahren die Gefahr, dass sich die Teilnehmenden nicht trauen, offen und ehrlich ihre Meinung zu

10.5 Methodische Reflexion

vertreten. Vor allem bei deutlichen Unterschieden in Status und Seniorität der Teilnehmenden besteht dieses Risiko. Die Anwesenheit des Auftraggebers kann diesen Effekt noch verstärken. Doch beim ‚*mikromakro*'-Gruppendelphi gab es keine Anzeichen dafür, dass sich einzelne Personen bewusst zurückgehalten haben. Zum einen hatten die Teilnehmenden während der Kleingruppenphasen Gelegenheit, auch ohne Anwesenheit des Forschungsteams und des Auftraggebers die Fragen zu diskutieren und zum anderen war es eine relativ homogene Teilnehmergruppe mit ähnlichen Erfahrungshintergrund. Minderheitsvoten und kritische Meinungen zum Programm wurden zwar offen angesprochen, waren aber die Ausnahme. Meist waren sich die Betreuer der Erfinderclubs schnell einig und in allen Punkten konnte am Ende des Workshoptages Konsens hergestellt werden. Insgesamt kann hier nicht von einem Effekt durch die Anwesenheit des Auftraggebers oder eine defensive Position aus einer Minderheit heraus ausgegangen werden.
4. **Das Gruppendelphi eignet sich als konsensbildendes Erhebungsverfahren**: Auf einem Workshop kann es mitunter heftig zu gehen. Möglicherweise kommen nicht alle Teilnehmenden gleichermaßen zu Wort und können ihre Meinung einbringen. Zudem nehmen im Laufe des Tages Ermüdungserscheinungen zu. Dies kann die Konsensfindung, vor allem am Ende des Workshops beeinflussen. Möglicherweise wird voreilig Konsens festgestellt, obwohl die Teilnehmenden nur müde sind oder Zeitdruck haben. Aufgrund dieses Risikos wurde beim mikromakro-Gruppendelphi der finale und semantisch bereinigte standardisierte Fragebogen einige Zeit nach dem Workshop erneut zur individuellen Beantwortung den Betreuern zugeschickt. Die statistische Auswertung bestätigt, dass auf dem Gruppendelphi-Workshop ein echter Konsens erreicht wurde. Zwischen den Ergebnissen auf dem Workshoptag und der Nachbefragung gab es keine signifikanten Verschiebungen der Urteile. Eine gewisse Stabilität der Konsensfindung kann damit unterstellt werden.

Fazit

Im Fazit ist der Einsatz des Gruppendelphis als Evaluationsinstrument mit einigen Vor- und Nachteilen behaftet. Auf der positiven Seite stehen vor allem die schnellen, nachvollziehbaren und transparenten Ergebnisse, die Erhöhung von Synergieeffekten durch den offenen Austausch der Teilnehmenden, die Möglichkeit des Erfahrungsaustausches sowie die Chance, eine hohe Akzeptanz der Ergebnisse und Umsetzungsbereitschaft der Handlungsempfehlungen bei den Teilnehmenden und dem Auftraggeber. Denn durch die Diskussionen wird der Evaluationsprozess transparent, der Evaluator gewinnt an Glaubwürdigkeit und falsche Schlussfolgerungen werden sofort korrigiert. Die Konsensfindung ist für alle Teilnehmenden sichtbar und damit nachvollziehbar. Dies ist gerade bei prozessbegleitenden Evaluationen ein wichtiger Punkt.

So erweist sich das Gruppendelphi als zentraler Bestandteil der flexiblen Prozesssteuerung und -bewertung. Es ermöglicht eine Anpassung des evaluierten Programms und gewährleistet damit die direkte Anschlussfähigkeit zwischen Bewertung, Verfahrensabstimmung und -umsetzung.

Speziell bei Projekten und Maßnahmen zur Förderung technisch-naturwissenschaftlicher Interessen von Kindern und Jugendlichen gibt es noch einen weiteren Vorteil: Relevant und herausfordernd ist die Messung der Nachhaltigkeit solcher Projekte auf das Interesse der Kinder und Jugendlichen an Technik und Naturwissenschaft. Denn diese Wirkung zu messen, heißt in der Regel wiederholte Befragungen über mehrere Jahre eventuell sogar über Jahrzehnte, durchzuführen. Zudem können solche Befragungen nur gelingen, wenn die Schüler dauerhaft motiviert sind, bei den Befragungen mitzumachen. Da die Teilnehmerzahl bei solchen Programmen wie ‚mikromakro' überschaubar und fluktuierend ist, kann die Verweigerung dazu führen, dass die Evaluation nicht weitergeführt werden kann. Aufgrund dieser Schwierigkeiten und der gesellschaftlichen Relevanz und Dringlichkeit ist es wichtig, mögliche Alternativen zu teuren und zeitaufwendigen wiederholten Messungen durchzuführen und dennoch neben der punktuellen Bewertung der Maßnahmen Indikatoren für die Wirkung zu generieren. Eine Möglichkeit dafür ist nach unserer Einschätzung der Einsatz des Gruppendelphis. Es bietet nicht nur die Möglichkeit, die häufig jahrelangen Erfahrungen und das umfangreiche Wissen der Betreuer zu bündeln, es ist auch denkbar, damit Schülern als Experten Gehör zu verschaffen.

Nicht geeignet ist ein Gruppendelphi bei Evaluationen, in denen eine große Anzahl an Teilnehmern eingebunden werden soll und die Themenvielfalt eine Beschränkung auf ein bis zwei Workshoptage nicht zulässt. Zudem muss beachtet werden, dass der Zeitaufwand für die Experten relativ hoch ist und die Gefahr besteht, dass nur ein bestimmter Teil an Experten teilnimmt.

10.5 Methodische Reflexion

Tab. 25 Vor- und Nachteile eines Gruppendelphis als Evaluationsinstrument

Vorteile	Nachteile
Relativ schnelles, preisgünstiges und transparentes Verfahren	Relativ hoher Zeitaufwand für die Teilnehmenden (im Vergleich zu einer schriftlichen Befragung oder einem persönlichen Interview)
Möglichkeit des Erfahrungsaustausches und Erhöhung von Synergieeffekten durch den offenen Austausch der Teilnehmer	Risiko der Selektionsverzerrung (selection bias)
Akzeptanz der Ergebnisse und Umsetzungsbereitschaft möglicher Handlungsempfehlungen durch den Auftraggeber und die Teilnehmenden	Keine Kontrolle der Umsetzung formulierter Empfehlungen

Was lernen wir aus diesem Projektbeispiel?
1. Ein Gruppendelphi eignet sich im Rahmen von Evaluationen von Bildungsprogrammen. Es ist ein Instrument der formativen Evaluation, d. h. die gewonnenen Erkenntnisse können frühzeitig umgesetzt werden und damit maßgeblich zum Erfolg der Maßnahme bzw. des Programms beitragen.
2. Im Rahmen einer Evaluation bietet das Gruppendelphi die Möglichkeit, dass sich der Initiator einer Maßnahme direkt ein Feedback durch die beteiligten Akteure einholt, so dass Empfehlungen schlechter ignoriert (in einer Schublade verschwinden können), die Ernsthaftigkeit der Maßnahme betont werden kann und auf Seiten der Akteure die intrinsische Motivation zur weiteren Durchführung gestärkt wird.
3. Das Gruppendelphi ist ein konsensbildendes Erhebungsverfahren. Im Rahmen einer Evaluation können damit konsensuale Statements und Verbesserungsvorschläge sachlich, systematisch und transparent entwickelt werden. Die Konsensfindung und die Stabilität der Urteile sichert zudem eine gewisse Umsetzungsbereitschaft eventueller Modifikationen und Neuerungen bei den betroffenen Akteuren.
4. Wenn die Expertengruppe im Hinblick auf die fachliche Expertise und institutioneller Zugehörigkeit relativ homogen ist, werden heftige und kontroverse Diskussion unwahrscheinlich. Dies kann den Prozess der Konsensfindung positiv unterstützen, aber zu Lasten neuer Erkenntnisse gehen.
5. Die teilnehmenden Experten haben bei einem Gruppendelphi die Möglichkeit, sich mit Personen, in einem vergleichbaren beruflichen Umfeld, **ähnlichen Herausforderungen und individuellen Zielen auszutauschen** und zu vernetzen. Dadurch kann auch auf Seiten der Teilnehmenden ein „Gewinn" verzeichnet werden.

Relevante Literatur

Niederberger, M. & Kuhn, R. (2013). Das Gruppendelphi als Evaluationsinstrument. Zeitschrift für Evaluation, 12(1), 53–77.

Schulz, M. (Hrsg.). (2011). Stuttgarter Beiträge zur Risiko- und Nachhaltigkeitsforschung: Nr. 22. Stuttgarter Projektergebnisse zum Thema technisch-naturwissenschaftliche Wissensvermittlung an Kinder und Jugendliche. Stuttgart: Institut für Sozialwissenschaften Abteilung für Technik- und Umweltsoziologie. doi:10.18419/opus-5553

11 Gruppendelphi zur Plausibilisierung von Forschungsergebnissen
Am Beispiel eines Projektes zur nachhaltigen Wärmenutzung in Privathaushalten

In dem folgenden Beispiel wurde das Gruppendelphi am Ende eines mehrjährigen interdisziplinären Forschungsprojektes zum Thema Wärmekonsum in Privathaushalten durchgeführt. Die Forschungsergebnisse wurden mithilfe externer am Forschungsprojekt unbeteiligter Experten auf einem Gruppendelphi bewertet, plausibilisiert und in konkrete Handlungsempfehlungen überführt. Inwieweit dies gelungen ist, wird im Folgenden diskutiert.

Dieses Anwendungsbeispiel zeigt vor allem die Herausforderungen bei der Zusammensetzung einer interdisziplinären Expertengruppe auf. Zudem können anhand der statistischen Analyse der Vorabbefragung typische Ergebnisse einer Delphi-Befragung aufgezeigt werden.

Zunächst werden der Projekthintergrund und der Ablauf des Gruppendelphis vorgestellt bzw. Hinweise zum Fragebogen formuliert. Abschließend werden zentrale Ergebnisse des Gruppendelphis präsentiert und das methodische Vorgehen reflektiert.

Lernbeispiel für:
- Die Anwendung des Gruppendelphis für die Plausibilisierung von Forschungsergebnissen und Ableitung von Handlungsempfehlung
- Die Herausforderungen bei einer interdisziplinären Zusammensetzung der Experten
- Die statistische Analyse und Interpretation eines Gruppendelphis

11.1 Projekthintergrund

Von 2008 bis 2011 hat das Bundesministerium für Bildung und Forschung (BMBF) im Rahmen des Themenschwerpunktes „Vom Wissen zum Handeln – Neue Wege zum nachhaltigen Konsum" der „Sozial-ökologischen Forschung" verschiedene Forschungsprojekte gefördert. Eines davon wurde als Kooperationsprojekt zwischen Architekten und Stadtplanern des Europäischen Instituts für Energieforschung (EIFER), den Energiewissenschaftlern des Instituts für Energiewirtschaft und Rationelle Energieanwendung der Universität Stuttgart (IER), den Ökonomen des Bremer Energie Instituts, den Juristen der Johann Wolfgang Goethe Universität Frankfurt am Main und den Soziologen des Zentrums für interdisziplinäre Risiko und Innovationsforschung (ZIRIUS) der Universität Stuttgart gefördert. Dieses Projekt trägt den Namen *„Energie nachhaltig konsumieren – nachhaltige Energie konsumieren. Wärmeenergie im Spannungsfeld von sozialen Bestimmungsfaktoren, ökonomischen Bedingungen und ökologischem Bewusstsein"* oder im weiteren Verlauf kurz „Nachhaltiger Konsum".

Mit dem Projekt „Nachhaltiger Konsum" wurden sowohl wissenschaftliche als auch praktische Ziele verfolgt:

- Wissenschaftliches Ziel war die umfassende und interdisziplinäre Analyse von Wärmeenergiekonsum in Privathaushalten.
- Praktisches Ziel war die Formulierung von Handlungsempfehlungen sowohl für Konsumenten, für die Akteure im Umfeld der Konsumenten, wie z. B. Handwerker oder Energieberater als auch für politische Entscheidungsträger zur aktiven Förderung eines nachhaltigen Umgangs mit Wärmeenergie.

Das Gruppendelphi diente vor allem dem zweiten Ziel, der Formulierung und Konkretisierung von Handlungsempfehlungen. Konzipiert und durchgeführt wurde es von dem gesamten Projektkonsortium, unter der Leitung der Soziologen der Universität Stuttgart. Dazu wurden Forschungsbefunde und Handlungsempfehlungen, die im Projekt erarbeitet wurden, zusammengestellt und einer Gruppe an externen Experten zur Plausibilisierung, Bewertung und Priorisierung im Rahmen eines Gruppendelphis vorgelegt.

11.2 Ablauf des Gruppendelphis

Eingeladen wurden knapp 80 Experten unterschiedlicher Disziplinen, darunter Sozialwissenschaftler, Ingenieure, Ökonomen und Raumplaner. Die Interdisziplinarität der Teilnehmer wurde bewusst gewählt, um die Forschungsergebnisse und Handlungsempfehlungen unter verschiedenen Blickwinkeln betrachten, analysieren und plausibilisieren zu können. Angemeldet haben sich 20 Experten, die auch bei einer Vorabbefragung teilgenommen haben. An dem Workshop haben aber letztendlich aufgrund von Krankheit und anderen Gründen nur 16 Experten teilgenommen. Alle Experten arbeiten als wissenschaftliche Mitarbeiter im universitären und außeruniversitären Forschungsbereich.

Der Ablauf des Gruppendelphis entsprach weitgehend dem üblichen Vorgehen. Zunächst wurde an alle designierten Teilnehmer postalisch ein standardisierter Fragenbogen mit der Bitte um Rückantwort verschickt. Das Forschungsteam hat die Antworten ausgewertet und den Fragebogen für den Workshop gekürzt. Der Workshop war als eintägige Veranstaltung konzipiert. Das Protokoll des Gruppendelphis wurde ohne vorherige Freigabe der teilnehmenden Experten im Internet auf der Projekthomepage veröffentlicht.

Tab. 26 Projekt „Nachhaltiger Konsum": Gruppendelphi Ablauf

1. Entwicklung eines standardisierten Fragebogens
2. Versand des Fragebogens an die Teilnehmer des Gruppendelphis
3. Auswertung der schriftlichen Vorabbefragung
4. Kürzung des Fragebogens auf die strittigen und kontroversen Fragen
5. Durchführung eines eintägigen Gruppendelphis mit 16 Wissenschaftlern und Diskussion der strittigen Fragen
6. Auswertung der Ergebnisse und Erstellen eines Protokolls

11.3 Der Fragebogen

Fragebogen der Vorabbefragung

In dem Fragebogen der Vorabbefragung wurden die wichtigsten Forschungsergebnisse und Handlungsempfehlungen des Projektes „Nachhaltiger Konsum" zusammengestellt. Der Fokus lag auf Empfehlungen, die auf den Wärmekonsum in Privathaushalten zielten. Auf Grund der Interdisziplinarität des Projektes, wurden im Fragebogen sowohl technische, juristische, ökonomische als auch sozialwissenschaftliche Aspekte aufgenommen. Damit wurde nicht der Anspruch auf Vollständigkeit aller relevanten Handlungsempfehlungen für die Wärmenutzung in Privathaushalten erhoben, stattdessen wurden explizit die empirisch fundierten Vorschläge identifiziert. Die normative Formulierung einiger Statements waren zudem bewusst gewählt, um den Charakter einer Handlungsempfehlung gerecht zu werden.

Der Fragebogen gliederte sich in fünf Hauptblöcke, denen jeweils zentrale Handlungsempfehlungen zugeordnet wurden. Im Folgenden findet sich ein Überblick über die thematisierten Handlungsempfehlungen, geordnet nach den fünf Abschnitten des Fragebogens. Im Original-Fragebogen wurden die Empfehlungen detaillierter beschrieben, sie sollen hier aus Überblicksgründen nur in Kurzform dargestellt werden.

- **Abschnitt I: Beratung und Information**
  - **Informationsbroschüre**: Informationsbroschüren sollten Verbraucher umfassend aufklären und aktivierende Informationen zum Thema nachhaltiger Wärmekonsum anbieten.
  - **Energieberatung**: Individuelle Energieberatungen können Konsumenten für einen nachhaltigen Umgang mit Wärmeenergie sensibilisieren.
  - **Verbesserte Beteiligungspraxis in Sanierungsprozessen**: Konsumenten sollen besser an Sanierungsprozessen beteiligt werden. Durch erweiterte Verfahren der Konsultation, Mitgestaltung oder Mitentscheidung kann das Sanierungsergebnis optimiert werden.
  - **Abrechnung**: Konsumenten sollten häufiger als einmal im Jahr ihre Heiz- und Warmwasserkostenabrechnung erhalten, damit sie ihren Verbrauch besser einschätzen können.

- **Abschnitt II: Technische Aspekte**
  - **Einsatz (intelligenter) Feedbacksysteme**: Wer den Energieverbrauch und die Kosten kennt, kann Energieeffizienzpotenziale aufdecken. Intelligente Zähler (auch *Smart Meter* genannt) ermöglichen eine kontinuierliche Aufzeichnung des Energieverbrauchs und eine Information über den Energieverbrauch.
  - **Nutzungspflicht von Feinstaubfiltern für kleine Biomasse-Kleinfeuerungsanlagen**: Die Einführung einer Nutzungspflicht für Feinstaubfilter kann die in vielen Gemeinden ausgesprochenen Verbrennungsverbote ablösen und damit zu einer besseren Marktdurchdringung von Biomasse-Kleinfeuerungen mit geringen treibhausrelevanten Emissionen beitragen.
  - **Inspektion und Laufzeitbegrenzung von Heizungsanlagen**: Die Neufassung der europäischen Gebäuderichtlinie EPBD 2010 (European Directive Energy

Performance of Buildings) sieht eine regelmäßige Inspektion von Anlagen mit einer Nennleistung von mehr als 20 kW vor. Eine vergleichbare Regelung wird auch für kleinere Anlagen vorgeschlagen.

- **Abschnitt III Kontrolle und Normen:**
  - **Unabhängige Kontrollen gesetzlicher Bestimmungen (EnEV):** Durch stärkere, unabhängige Kontrollen der Einhaltung der Gesetze werden viele Eigentümer dazu motiviert, die fälligen Modernisierungen durchzuführen.
  - **Anwendung der Regelungen zum Anschluss- und Benutzungszwang:** Zur Erhöhung der Effizienz sowie der Wirtschaftlichkeit von netzgebundenen Anlagen und zum Zwecke des Klima- und Ressourcenschutzes, wird die Ausschöpfung der Möglichkeiten bestehender Instrumentarien durch die Länder und Kommunen empfohlen.

- **Abschnitt IV „Priorisierung von Handlungsempfehlungen und allgemeine Einschätzung":** Hier geht es um die Priorisierung der vorher abgefragten Handlungsempfehlungen und der Stellungnahme zu einzelnen Statements, die sich eher allgemein auf die Förderung eines nachhaltigen Wärmekonsums in Privathaushalten beziehen.

- **Abschnitt V: Weitere Anmerkungen:** Hier haben die Experten die Möglichkeit, eigene Handlungsempfehlungen und weitere Anmerkungen zu formulieren.

Insgesamt wurden also neun Handlungsempfehlungen formuliert und die Experten abschließend gebeten, aus diesem Sammelsurium, die ihrer Meinung nach wichtigsten zu benennen und falls relevant weitere zentrale Empfehlungen zu formulieren. Bei jeder Handlungsempfehlung der Abschnitte I, II und III wurden identische Frageblöcke formuliert: allgemeine Bewertung, Einschätzung der relevanten Zielgruppen, spezifische Aspekte und offene Anmerkungen. Die ähnliche Vorgehensweise diente den Experten für Bearbeitungszeit. Alle abgefragten Handlungsempfehlungen und Items basierten auf den Forschungsergebnissen des Projektes.

Fragebogen für den Workshop

Auf dem eintägigen Workshop konnten aus Zeitgründen nicht alle Handlungsempfehlungen diskutiert werden. Deshalb wurde der Fragebogen der Vorabbefragung für den Workshop gekürzt. Die Auswahl für den Workshop war nicht einfach, weil die Einschlusskriterien als Summe pro Handlungsempfehlungen untersucht wurden. Es ging in diesem Fall also nicht nur darum, die Items mit der größten Streuung zu identifizieren, sondern die Empfehlungen zu wählen, die in ihrer Gesamtheit mit der größten Unsicherheit und Streuung beantwortet wurden. Zudem wurden vor allem die Empfehlungen ausgewählt, zu denen im Projekt relativ wenig empirische bzw. belastbare Ergebnisse vorliegen und deshalb die Begründungsbasis nicht so belastbar war. Außerdem sollte auch der gekürzte Fragebogen die Interdisziplinarität und Vielfalt des Projektes widerspiegeln. Aus diesem Grund wurden technische, sozialwissenschaftliche und ökonomische Handlungsempfehlungen beibehalten.

Im Endeffekt wurden fünf Handlungsempfehlungen für den Workshop ausgewählt, vier der ursprünglichen Empfehlungen und eine zusätzliche, die von einem Experten bei der Vorabbefragung vorgeschlagen wurde. Das waren folgende Handlungsempfehlungen:

- Verbesserte Beteiligungspraxis in Sanierungsprozessen
- Einsatz (intelligenter) Feedbacksysteme
- Nutzungspflicht von Feinstaubfiltern für kleine Biomasse-Kleinfeuerungsanlagen
- Unabhängige Kontrollen gesetzlicher Bestimmungen (EnEV)
- Preiserhöhung von Energiedienstleistungen

Diese Handlungsempfehlungen wurden nach dem gleichen Schema wie in der Vorabbefragung plausibilisiert, d. h. es wurden eine allgemeine Bewertung, Vorschläge für relevante Zielgruppen und einige spezifische Statements formuliert.

11.4 Präsentation ausgewählter Ergebnisse

Die Ergebnisse werden im Folgenden im Vergleich der Vorabbefragung und des Workshops diskutiert. Dabei wird jeweils eine Handlungsempfehlung detailliert dargestellt. Bei der Vorabbefragung wird zudem explizit die Relevanz der Abfrage der Urteilssicherheit kritisch reflektiert. Bei dem Workshop wird zusätzlich die Zusammensetzung der Teilnehmer diskutiert.

Ergebnisse der Vorabbefragung

Am Beispiel der Handlungsempfehlung für die individuelle Energieberatung werden die Ergebnisse genauer präsentiert. Diese Handlungsempfehlung wurde letztendlich nicht in den Workshop aufgenommen. Die Darstellung der Ergebnisse fokussiert weniger auf den Inhalt, als vielmehr auf Typisches und auf Besonderheiten der statistischen Auswertung im Rahmen eines Gruppendelphi-Prozesses (Hinweise zur Statistik unter Kapitel 2.1).

11.4 Präsentation ausgewählter Ergebnisse

Handlungsempfehlung: Energieberatung
Individuelle Energieberatungen können Konsumenten für einen nachhaltigen Umgang mit Wärmeenergie sensibilisieren. Werden dabei individuelle Gegebenheiten sowie spezifische Fragen und Bedürfnisse von Kunden berücksichtigt, können diese in besonderem Maße motiviert werden, Energie einzusparen oder in nachhaltige Wärmetechnologien zu investieren. Aus diesem Grund sollten individuelle Energieberatungen flächendeckend ausgeweitet werden.

Tab. 27 Projekt „Nachhaltiger Konsum": Auszug der Plausibilisierung einer Handlungsempfehlung, Erläuterung zehnstufige Skala: 1 heißt „Ablehnung" und 10 bedeutet „Zustimmung", Abfrage der Urteilssicherheit über 4 Stufen: 1 heißt „sehr sicher" und 4 „unsicher"(Vorabbefragung)

Bitte bewerten Sie für diese Handlungsempfehlung die folgenden Aspekte. Kreuzen Sie 10 an, wenn Sie der Aussage voll und ganz zustimmen können und 1, wenn Sie der Aussage ganz und gar nicht zustimmen können. Mit den Werten dazwischen können Sie differenzieren.						Wie sicher fühlen Sie sich bei der Beantwortung der Fragen?
						Modus
	N	Modus	Median	Mean	s	
Heutigen Energieberatern fehlt es häufig an ausreichendem Wissen für eine umfassende Beratung.	20	3	5	1,7	2	2
„Energieberater" ist momentan kein geschützter Begriff. Eine Zertifizierung würde einheitliche und transparente Standards schaffen und so den momentanen „Klassenunterschied" zwischen den Energieberatern verringern.	20	8	7,5	7	2,3	2
Der Vermietende/Verkaufende sollte verpflichtet werden, den Energieausweis von sich aus vorzulegen. Die bisherige Praxis ist unzureichend, da sie lediglich den Mieter/Käufer in der Verantwortung sieht, den Energieausweis zu verlangen.	20	10	8,5	8,2	1,8	2
Die Kosten für Energieberatungen sollten komplett von der öffentlichen Hand getragen werden und für den Konsumenten kostenlos sein.	20	2	3	3,9	2,4	2
Wenn die Kosten vom Staat bezuschusst werden, besteht die Gefahr in der Zunahme von Mitnahme-effekten bei Geförderten.	20	8	5	5,2	2,6	2

Bitte bewerten Sie für diese Handlungsempfehlung die folgenden Aspekte. Kreuzen Sie 10 an, wenn Sie der Aussage voll und ganz zustimmen können und 1, wenn Sie der Aussage ganz und gar nicht zustimmen können. Mit den Werten dazwischen können Sie differenzieren.						Wie sicher fühlen Sie sich bei der Beantwortung der Fragen?
	N	Modus	Median	Mean	S	Modus
Der Erfolg von öffentlich geförderten Energieberatungen muss evaluiert werden.	20	10	9	8,7	1,5	2
Der Mehrwert einer kostenpflichtigen Energieberatung als Dienstleistung sollte besser kommuniziert werden, um die Zahlungsbereitschaft der Konsumenten zu erhöhen.	20	8	8	7,6	2,6	2

Die statistische Analyse des Beispielauszugs (vgl. Tabelle 27) erfolgte durch die Angabe der Fallzahlen (N), des häufigsten Wertes (Modus), des Zentralwertes (Median), des arithmetischen Mittels (Mean) und der Standardabweichung (S). Die Ergebnisse zeigen folgendes:

- Die Fallzahl liegt immer bei 20, d. h. alle Experten haben die Items beantwortet.
- Bei allen Items gibt es einen eindeutigen Modus.
- Die Standardabweichungen liegen zwischen 1,5 und 2,6. Ob das als große oder kleine Streuung interpretiert werden kann, wird bei einem Gruppendelphi meist relativ zu den anderen Ergebnissen bewertet. Im Projekt „Nachhaltiger Konsum" wurde eine Standardabweichung unter 2 als klein und über 2,5 als groß bewertet, im vorliegenden Fall betrifft dies zwei Items. Die Grenze kann aber nach Datenlage und eingeplanter Workshopzeit angepasst werden. Wichtig ist, dass der Fragebogen für einen Workshop handhabbar bleibt, damit alle Aspekte diskutiert werden können.
- Neben diesen inhaltlichen Items ist auch die Urteilssicherheit relevant. Der Modus liegt hier immer bei 2, d. h. bei „eher sicher". Keiner der befragten Experten hat eine unsichere Antwort abgegeben. Diese Auffälligkeit ist typisch für Gruppendelphis und kann aus verschiedenen Blickwinkeln gedeutet werden. Zum einen kann dieser Effekt ein Ergebnis der Kompetenz der Experten sein. Zum anderen kann es aber auch ein Effekt der sozialen Erwünschtheit sein. Vielleicht scheuen die Experten eine unsichere Antwort auch wenn sie bei einzelnen Items eher oder sehr unsicher sind. Vielleicht vermuten sie, dass von ihnen eine sichere Antwort erwartet wird. Drittens kann es an der Art der Fragestellung liegen.

11.4 Präsentation ausgewählter Ergebnisse

Die vierstufige Ordinalskala zur Einschätzung der Urteilssicherung lässt den Experten wenig Spielraum für ihre Antworten. Eine differenziertere Abfrage ist aber für die Experten aufwendiger und deshalb muss dessen Einsatz von Fall zu Fall unterschieden werden.

Im Endeffekt war bei der Handlungsempfehlung „Energieberatung" das Ergebnis relativ eindeutig: die Expertenmehrheit vertritt eine eindeutige Position, die Angaben streuen meist wenig und die Experten sind sich in ihren Urteilen „eher sicher". Sie betonen im Fazit die Relevanz individueller Energieberatungen, die nicht zwangsläufig für den Konsumenten kostenlos sein muss und eine Zertifizierung der Berater vorsieht. Aufgrund des relativ eindeutigen Ergebnisses war eine weitere Diskussion dieser Handlungsempfehlung auf dem Gruppendelphi-Workshop nicht vorgesehen.

Ergebnisse auf dem Workshop

Das Vorgehen und die Ergebnisse auf dem Workshop werden ebenfalls anhand einer Handlungsempfehlung, nämlich dem Einsatz (intelligenter) Feedbacksysteme beispielhaft diskutiert. Diese Handlungsempfehlung erwies sich in der Vorabbefragung als kontrovers beurteilt und wurde deshalb auf dem Workshop genauer diskutiert.

Handlungsempfehlung: Einsatz (intelligenter) Feedbacksysteme

Wer den Energieverbrauch und die Kosten kennt, kann Energieeffizienzpotenziale aufdecken. Intelligente Zähler (auch *Smart Meter* genannt) ermöglichen eine kontinuierliche Aufzeichnung des Energieverbrauchs und eine Information über den Energieverbrauch. Bisher werden Smart Meter vor allem im Strombereich eingesetzt; eine Übertragung des Konzepts auf den Wärmeenergiebereich zur verbraucherfreundlichen Darstellung des Energieverbrauchs ist sinnvoll. Konsumenten könnten so zeitnah ablesen, wie viel Wärmeenergie sie beispielsweise am letzten Tag oder in der letzten Woche verbraucht haben und wie viel sie das jeweils gekostet hat. Dies kann einen bewussteren Umgang mit Wärmeenergie fördern. Aus diesem Grund sollten alle Haushalte mit Smart Metern ausgestattet werden.

Für die Handlungsempfehlung „Einsatz (intelligenter) Feedbacksysteme" wurden zu Beginn des Workshops zehn Items aus dem ursprünglichen Fragebogen mit hoher Unsicherheit und großer Streuung übernommen (vgl. Tabelle 28).

Auf dem Workshop zeigte sich, dass vier der Items missverständlich formuliert waren und die hohe Unsicherheit in den Expertenurteilen begründet hat. Im Plenum wurden gemeinsam mit den teilnehmenden Experten neue Formulierungen entwickelt. Die Präzisierung bezog sich manchmal auf ein Verb oder auf das

Weglassen eines Subjekts. **Die Relevanz semantischer Präzision wird anhand von zwei Beispielen deutlich:**

- Der Nutzen finanzieller Zuschüsse durch die öffentliche Hand für den Einbau von Smart Metern, wird sehr kontrovers diskutiert. Konsens bestand im Plenum jedoch dahingehend, dass die Aussage normativ gestellt werden muss. Die Aussage wird daraufhin umformuliert: *„Der Einbau intelligenter Feedbacksysteme sollte durch finanzielle Zuschüsse der öffentlichen Hand gefördert werden".*
- Ob die Handlungsempfehlung maßgeblich zum nachhaltigen Wärmekonsum in Privathaushalten beitragen kann, wird aufgrund der Unschärfe des Begriffes „maßgeblich" ausführlich thematisiert. Es kommen verschiedene Vorschläge in der Plenumsdiskussion auf, etwa die Nennung konkreter Werte (z. B. 10 %), eine normative Einordnung („im lohnenswerten Maße") und der Vergleich zum verbundenen Aufwand („Der Nutzen rechtfertigt den Aufwand"). Die Aussage wird letztendlich umformuliert in: *„Die Handlungsempfehlung ist wünschenswert, da sie zum nachhaltigen Wärmekonsum beiträgt".*

Nach der Umformulierung stimmten die Experten beiden Aussagen zu. So konnte durch eine Umformulierung der scheinbare Dissens in einen Konsens überführt werden.

Gerade bei Handlungsempfehlungen erscheint die exakte und unmissverständliche Formulierung für die Experten relevant. Doch nicht alle Aspekte konnten durch semantische Veränderungen in einen Konsens überführt werden. **Bei einigen Statements zeigten sich fachliche Dispute, die auch nicht durch eine Diskussion und den Austausch von Argumenten aufgelöst werden konnten:**

- Einige Experten sahen die technische Umsetzbarkeit zum Einsatz von Feedbacksystemen kritisch, insbesondere bei Pelletsystemen oder Ölheizungen. Die Mehrheit der Experten sah jedoch keine Probleme, da Feedbacksysteme auch am Kessel oder an Radiatoren angebracht werden können. Der Dissens wurde nicht gelöst.
- Ein wichtiges Thema beim Einbau von intelligenten Feedbacksystemen war der Datenschutz. Es bestand Konsens unter den Experten, dass der Datenschutz ein sensibles Thema ist und eine rechtliche Klärung unabdingbar ist. Allerdings waren sie sich über die Umsetzbarkeit uneinig. Die Mehrheit der Experten hielt Fragen des Datenschutzes für technisch-rechtlich lösbar. Einige Teilnehmer waren skeptisch, verwiesen auf die Sensibilität des Themas hin und glaubten an eine schwierige Umsetzung.

11.4 Präsentation ausgewählter Ergebnisse

Daneben wurden auf dem Workshop **neue Aspekte zum Thema Feedbacksysteme von den Experten** eingebracht, die auch in der Vorabbefragung nicht thematisiert wurden. Diese Aspekte waren zentral, weil sie für die Formulierung einer präzisen, angemessenen und plausiblen Handlungsempfehlung relevant erschienen:

- So wurden bisherige praktische Erfahrungen mit dem Einsparungspotenzial von intelligenten Feedbacksystemen im Wärmebereich erfragt. Ein Experte verwies auf Studien, die eine Verbrauchsreduktion in der Größenordnung von maximal drei bis acht Prozent belegen.
- Kritisch wird von den Experten zudem gefragt, ob es genügend Handwerker gibt, um eine solche Handlungsempfehlung flächendeckend umzusetzen.
- Grundsätzlich wurde die Frage aufgeworfen, nach der nachhaltigen Wirkung von Feedbacksystemen im Wärmebereich kritisch zu diskutieren. Ein Experte formuliert es folgendermaßen: *„Das schaut man sich vielleicht im ersten Jahr an, aber danach nicht mehr".*

Im Endeffekt wurde die Handlungsempfehlung zum Einsatz (intelligenter) Feedbacksysteme durch die Experten präzisiert und im Hinblick auf die Umsetzbarkeit, Reichweite und Machbarkeit plausibilisiert. In den meisten Punkten konnte im Endeffekt ein Konsens unter den Experten erreicht werden. Die Ergebnisse des Gruppendelphi-Workshops für diese Handlungsempfehlung zeigt Tabelle 28. Am Ende des Gruppendelphis konnten für die besprochenen Handlungsempfehlungen auf dem Gruppendelphi publizierbare Resultate erzielt werden und dem Auftraggeber zusammen mit anderen Empfehlungen in einer Broschüre übergeben werden (vgl. Zech et al. 2011).

Tab. 28 Projekt „Nachhaltiger Konsum": Ergebnisse zur Handlungsempfehlung „Einsatz (intelligenter) Feedbacksysteme", Erläuterung der Skala: 10 „voll und ganz zustimmen" und 1 „ganz und gar nicht zustimmen"

Formulierung zu Beginn des Workshops	Anzahl der Kleingruppen	Anzahl der Antworten (mit Minderheitsvoten, fehlenden Antworten)	Durchschnitt	Standardabweichung	Endergebnis nach dem Gruppendelphi
Es ist ohne weiteres möglich, die Handlungsempfehlung zu realisieren.	4	3	4,3	3,4	*Dissens* (aufgrund technischer Einwände und der Kompetenz der Handwerker)
Die Handlungsempfehlung kann maßgeblich zum nachhaltigen Wärmekonsum in Privathaushalten beitragen.	4	6	3,7	2,1	*Umformulieren*: Die Handlungsempfehlung ist wünschenswert, da sie zum nachhaltigen Wärmekonsum beiträgt.
Intelligente Feedbacksysteme sollten obligatorisch für neue Heizanlagen eingeführt werden.	4	4	3,8	3,7	*Dissens* (aufgrund der Skepsis der technischen Umsetzbarkeit und der möglichen Einsparpotenziale)
Die Nachrüstung von Heizanlagen mit intelligenten Feedbacksystemen müsste für die Besitzer von Mietshäusern, sowie für Hauseigentümer obligatorisch sein.	4	4	3,3	2,9	*Umformulieren*: Die Nachrüstung von Heizanlagen mit intelligenten Feedbacksystemen müsste für die Besitzer von Mietshäusern obligatorisch sein.
Der Einbau intelligenter Feedbacksysteme kann durch finanzielle Zuschüsse der öffentlichen Hand gefördert werden.	4	5	5,4	3,4	*Umformulieren*: Der Einbau intelligenter Feedbacksysteme **sollte** durch finanzielle Zuschüsse der öffentlichen Hand gefördert werden.

Formulierung zu Beginn des Workshops	Anzahl der Kleingruppen	Anzahl der Antworten (mit Minderheitsvoten, fehlenden Antworten)	Durchschnitt	Standardabweichung	Endergebnis nach dem Gruppendelphi
Wichtig ist, dass solche Systeme für den Konsumenten sehr einfach zu bedienen und kostengünstig sind.	4	4	10	0	Konsens
Vor einer obligatorischen Einführung muss der Umgang mit Daten rechtlich geklärt und kommuniziert werden.	4	4	9,8	0,2	Konsens
Smart Meter machen vor allem im Bereich der Einsparung elektrischer Energie einen Sinn. Der Wärmekonsum ist davon weit weniger betroffen. Hier spielt die Wohnbehaglichkeit eine übergeordnete Rolle.	4	6	6,5	6,9	Umformulieren: Bei der Einsparung von Wärmekonsum machen Smart Meter keinen Sinn. Hier spielt die Wohnbehaglichkeit eine übergeordnete Rolle.

11.5 Methodische Reflexion

Die methodische Reflexion des Gruppendelphis „Nachhaltiger Konsum" unterteilt sich in die Punkte Eignung des Verfahrens zur Plausibilisierung von Forschungsergebnissen, der Diskussionskultur einer interdisziplinären Expertengruppe und des Workshopverlaufs.

Eignung des Gruppendelphis zur Plausibilisierung von Forschungsergebnissen

Das Gruppendelphi im Projekt „Nachhaltiger Konsum" verlief insgesamt zielorientiert und erfolgreich. Das Interesse der Experten an dem Workshopthema war vorhanden. Der Rücklauf bei den Einladungen lag bei knapp 20 % Prozent. Die gewonnenen Forschungsergebnisse und die abgeleiteten Handlungsempfehlungen waren für die Experten nachvollziehbar. Die Diskussion der Handlungsempfehlungen erwies sich als konstruktiv und fachlich fundiert.

Persönlichen Einstellungen und Werte spielten bei dem Thema nachhaltiger Konsum von Wärmeenergie keine offensichtliche Rolle. Es konnte ein sachlicher und zielführender Diskurs mit umsetzbaren Ergebnissen durchgeführt werden.

Das Beispiel „Nachhaltiger Konsum" verdeutlicht aber auch, dass gerade wenn es um die Plausibilisierung von Forschungsergebnissen geht, nicht nur die Inhalte, sondern auch die semantischen Formulierungen exakt sein müssen. Bei Handlungsempfehlungen sind vor allem die Zielgruppe, die konkreten Zeithorizonte und die technische, politische bzw. soziale Durchsetzbarkeit klar zu formulieren. Normativität wird in diesem Zusammenhang von den Experten explizit gewünscht.

Diskussionskultur einer interdisziplinären Expertengruppe

Am Gruppendelphi „Nachhaltiger Konsum" zeigen sich die Chancen und Herausforderungen einer interdisziplinär zusammengesetzten Expertengruppe. Teilgenommen haben Sozialwissenschaftler, Ingenieure, Ökonomen und Raumplaner. Die Interdisziplinarität der Experten war bewusst gewählt, um die Handlungsempfehlungen unter verschiedenen Blickwinkeln betrachten, analysieren und bewerten zu können. In der Diskussion erweist sich diese Interdisziplinarität als fruchtbar; zeigt aber auch eine Gefahr auf: Einerseits konnten die Experten zu unterschiedlichen Aspekten Stellung beziehen und sich so gegenseitig ergänzen. Anderseits fehlt den Experten teilweise das Wissen, um die Sichtweise und Argumentation der anderen Experten adäquat beurteilen zu können und überzeugend vorgetragene Aspekte und Beurteilungen wurden deshalb vielleicht vorschnell akzeptiert. Heftige Diskussionen oder gar Konflikte wurden so vermieden.

Dies wiederrum betont die Relevanz der Expertenauswahl. Denn wenn die Expertisen zu weit auseinandergehen, ist ein fachlicher Austausch zwischen Experten kaum mehr möglich. Die Experten beantworten dann die Fragen zu ihrem jeweiligen Themengebiet und ergänzen sich in ihren Antworten. In der Gänze können die einzelnen Puzzleteile ein stimmiges Ganzes ergeben. Aber dieser Konsens ist kein Resultat von fachlichen Abwägungsprozessen, sondern das Ergebnis des (blinden) Vertrauens in die Expertise des anderen.

Gleichzeitig besteht die Gefahr, dass die Experten die Rolle von Laien bei ihnen eher unbekannten Themen einnehmen. Bei dem Gruppendelphi „Nachhaltiger Konsum" war diese Tendenz in der zweiten Delphi-Runde zu erkennen. Nachdem in der ersten Delphi-Runde die Inhalte der Handlungsempfehlungen im Vordergrund standen und diese in den meisten Fällen im Konsens diskutiert wurden, ging es in der zweiten Delphi-Runde verstärkt um präzise und unmissverständliche Formulierungen, für die nicht unbedingt Expertenwissen notwendig war.

11.5 Methodische Reflexion

Dennoch bestätigen die Erfahrungen, das Potenzial einer moderierten und systematischen Diskussion mit einer interdisziplinären Expertengruppe. Letztendlich erhöht sich damit die Gültigkeit und Belastbarkeit der Befunde.

Hinweise zum Ablauf des Workshops

Auf dem Workshop zeigen sich sehr deutlich die Stärken eines Gruppendelphis. Zusammen mit den Experten wurden im Konsens Handlungsempfehlungen umformuliert und konkretisiert. Die gemeinsame und öffentliche Diskussion schuf die Grundlage für Transparenz, Ganzheitlichkeit der Betrachtung, Nachvollziehbarkeit und letztendlich auch der Konsensfindung. Zudem wurden in den Diskussionen weitere, vom Forschungsteam bisher nicht bedachte Hinweise und Tipps für die Umsetzung und Machbarkeit der Empfehlungen gegeben.

Im Endeffekt konnte nach dem Gruppendelphi eine praktische aber wissenschaftlich fundierte Empfehlung an die Politik zur Förderung des nachhaltigen Wärmekonsums in Privathaushalten übergeben werden.

> **Was lernen wir aus diesem Projektbeispiel?**
> 1. Das Gruppendelphi ist ein geeignetes Verfahren, um Forschungsergebnisse durch externe Experten bewerten und plausibilisieren zu lassen.
> 2. Die normative und praxisnahe Diskussion um konkrete Handlungsempfehlungen erscheint für ein Gruppendelphi geeignet.
> 3. Eine interdisziplinäre Gruppe an Experten kann einen konstruktiven und zielführenden Diskurs durchführen. Basis ist aber eine gemeinsame fachliche und inhaltliche Schnittmenge als Grundlage einer gemeinsamen Diskussion.

Relevante Literatur

Buchmann, M., Eltrop, L., Fink, K., Gabriel, J., Gallego Carrera, D., Jahnke, K., Jessen, T., Koch, A., Laborgne, P., Renn, O., Schmidt, M., Wassermann, S., Weimer-Jahle, W. & Zech, D. (2011). Projektabschlussbericht: Projekt: „Energie nachhaltig konsumieren – nachhaltige Energie konsumieren. Wärmeenergie im Spannungsfeld von sozialen Bestimmungsfaktoren, ökonomischen Bedingungen und ökologischem Bewusstsein". Abgerufen von www.uni-stuttgart.de/nachhaltigerkonsum/de/Downloads/Schlussbericht.pdf.

Defila, R., Di Giulio, A. & Kaufmann-Hayoz, R. (Hrsg.). (2012). Wesen und Wege nachhaltigen Konsums: Ergebnisse aus dem Themenschwerpunkt „Vom Wissen zum Handeln – neue Wege zum nachhaltigen Konsum". München: Oekom. Abgerufen von http://sub-hh.ciando.com/book/?bok_id=300598.

Gallego Carrera, D., Wassermann, S., Weimer-Jehle, W. & Renn, O. (Hrsg.). (2012). Nachhaltige Nutzung von Wärmeenergie: Eine technische, soziale und ökonomische Herausforderung. Wiesbaden: Springer Vieweg.

Schulz, M., Laborgne, P. & Jenssen, T. (2010). Protokoll zum Gruppendelphi: Projekt: Energie nachhaltig konsumieren – nachhaltige Energie konsumieren. Wärmeenergie im Spannungsfeld von sozialen Bestimmungsfaktoren, ökonomischen Bedingungen und ökologischem Bewusstsein. Arbeitspaket 6: Formulierung von Handlungsempfehlungen. Abgerufen von http://www.uni-stuttgart.de/nachhaltigerkonsum/de/Downloads/AP%20 6%20Teilbericht%20Gruppendelphi.pdf.

Zusammenfassung Teil II 12

Die Beispiele aus der Forschungspraxis verdeutlichen einerseits die Vielzahl an Einsatzmöglichkeiten, die Machbarkeit des Verfahrens und die Vielzahl an möglichen Variationen. Sie zeigen aber andererseits die spezifischen Herausforderungen und Grenzen der Methode. Am Ende dieses Abschnittes sind sie in der Lage, über die Angemessenheit des Verfahrens zu entscheiden und das Verfahren adäquat umzusetzen und auszuwerten.

Fragestellungen

Das Gruppendelphi eignet sich insbesondere für klar umrissene trans- und interdisziplinäre Fragestellungen. Voraussetzung ist, dass es gelingt, alle relevanten Positionen und Meinungen an einem Workshop zu sammeln und dass die Beantwortung eine gewisse Sachkenntnis voraussetzt. Unter diesen Bedingungen eignet sich ein Gruppendelphi zur:

- Analyse des aktuellen Wissensstandes
- Evaluationen von Programmen und Projekten
- Wissenstransfer von Wissenschaft und Gesellschaft
- Entwicklung und Bewertung von Handlungsempfehlungen (Vorausschau max. 5 Jahre)
- Plausibilisierung wissenschaftlicher Erkenntnisse
- Identifikation von Innovationen und Foresightprozessen
- Auflösung von dissenten/kontroversen Expertenurteilen (Expertendilemma)
- Identifikation und Bewertung von Interventionen/Maßnahmen

Konsensfindung während des Gruppendelphis

Die praktischen Projektbeispiele verdeutlichen auch, wie unterschiedliche Expertenurteile zustande kommen und inwiefern die Durchführung eines Gruppendelphis diese auflösen kann. Sie bestätigen, dass der Wechsel von Kleingruppen- und Plenumsdiskussion, sowie die rotierenden Kleingruppen Wortführerschaften minimieren und eine konstruktive und zielgerichtete Diskussion ermöglichen. Der standardisierte Fragebogen dient als Anker und zwingt die Beteiligten zur Formulierung eindeutiger und unmissverständlicher Statements. In der Regel gelingt es, innerhalb von maximal drei Delphi-Runden einen Konsens bzw. Konsens über den Dissens zwischen den Experten zu identifizieren und ein gemeinsames Votum zu formulieren. Am Ende erhält man in der Regel eine meist eindeutigere Verteilung der statistischen Befunde, eine semantische Präzision und inhaltliche Begründungen für abweichende Urteile. Damit ist ein qualitativer und quantitativer Erkenntnisgewinn möglich.

! **Wie kommt es zu unterschiedlichen Expertenurteilen, was sind die möglichen Hintergründe?**
- Institutionsabhängigkeit (z. B. Industrie vs. Wissenschaft)
- Divergierende Bewertungsmaßstäbe (z. B. ökonomisch vs. sozial)
- Unterschiedliche Wissensstände und Kompetenzen (z. B. disziplinspezifisches Wissen, Wissen um aktuelle Studien)
- Ethische/moralische Unterfütterung und Persönlichkeitsmerkmale der Experten (z. B. bei Themen wie Gentechnik, pränatale Diagnostik)
- Komplexität, Unsicherheit und Ambiguität der Zukunft (z. B. technische oder medizinische Innovationen)
- (Semantische) Unschärfe (z. B. Was heißt Wirkung?)

Potenziale und Herausforderungen des Verfahrens

Das Potenzial eines Gruppendelphis liegt vor allem in der Verbindung qualitativer und quantitativer Daten. Erfasst werden neben standardisierten Urteilen zusätzlich die Begründungen für gefällte Urteile und Hinweise auf weitere in diesem Zusammenhang relevanten Aspekte (z. B. aktuelle Literatur oder Forschungsprojekte). Im Ergebnis kann das Gruppendelphi eine Reihe wichtiger Informationen und neuer Erkenntnisse hervorbringen. Die sachliche, moderierte und strukturierte Vorgehensweise ermöglicht es, Experten unterschiedlicher Disziplinen und Positionen einzubinden und einen fachlich konstruktiven Diskurs zu führen. Im Endeffekt:

- kennen die Experten die Hintergründe für verschiedenen Expertenurteile
- überführen sie divergierende Urteile in Konsens bzw. Konsens über Dissens

12 Zusammenfassung Teil II

- identifizieren sie wichtige Aspekte und geeignete Maßnahmen zum jeweiligen Thema
- und entwickeln sie Anregungen für weiteren Forschungs- und Handlungsbedarf.

Allerdings hat das Gruppendelphi auch seine Grenzen. Problematisch wird der Einsatz vor allem dann, wenn die Zeit von ein bis zwei Tagen für die Diskussion des Themas nicht ausreicht, eine große Anzahl an Experten zur Beurteilung notwendig ist oder die persönlichen Einstellungen und Werte der Experten in den Vordergrund rücken. Im Fazit eignen sich Gruppendelphis nicht, wenn:

- eine allgemeine und sehr weitläufige Frage diskutiert werden soll (z. B. Wie sieht die Zukunft der Menschen aus?)
- wenn eine große Anzahl an Experten eingebunden werden soll (z. B. bei internationalen Fragestellungen)
- wenn ethische und moralische Aspekte eine starke Rolle spielen (z. B. pränatale Diagnostik, neuronale Implantate, Sterbehilfe, Tierschutz)
- wenn philosophische Diskurse geführt werden (z. B. Wann beginnt das Leben?)
- wenn über dritte Personen oder Institutionen geurteilt wird (z. B. Wie ist die Einstellung der Bevölkerung zum Thema neuronale Implantate?).

Bei diesen Themen besteht die Gefahr, dass die Diskussionen während des Workshops persönlich werden und Argumente nicht auf Basis fachlicher Expertise, sondern auf Mutmaßungen und Vermutungen beruhen.

Einen Überblick über die Potenziale und Herausforderungen der Expertenbefragung im Rahmen eines Gruppendelphis zeigt folgende Tabelle.

Tab. 29 Potenziale und Herausforderungen eines Gruppendelphis

Potenziale	Herausforderung
Gutes Prognosemittel, in das sehr viel (multidisziplinäres) Expertenwissen einfließt	Prinzipielle Begrenztheit der Reichweite von Prognosen (max. 4-5 Jahre)
Probate (aber nicht perfekte) Strategie zur Reduktion von Unsicherheit bei konkreten Forschungsfragen	Auswahl und Beteiligung von relevanten Experten
Klärung der Gründe für Dissens; Klärung, ob Dissens sachlich oder nur semantisch begründet ist	Keine „Repräsentativität" der Ergebnisse

Potenziale	Herausforderung
Relativ schnelles und preiswertes Verfahren	Erhebliches Moderationsgeschick erforderlich
Hohe Anschlussfähigkeit im Forschungsprozess (z. B. zur Plausibilisierung)	Risiko der Instrumentalisierung des Verfahrens bei politisch und gesellschaftlich sehr prekären und aktuellen Themen

TEIL III
Das Gruppendelphi in der Anwendung

Im dritten Teil dieses Buch werden praktische Implikationen bei der Planung, Durchführung und Auswertung eines Gruppendelphis diskutiert. Dabei wird auch die Frage berücksichtigt, welche Verfahren neben dem Gruppendelphi zur Experteneinbindung bzw. zur kognitiven Urteilsbildung geeignet sind bzw. welche mit einem Gruppendelphi kombiniert werden können. Abgeschlossen wird dieser Teil durch eine Zusammenfassung aller Kapitel. Hier wird in knapper und systematischer Weise der Anwendungsbereich, die Fragebogenkonstruktion und die Reichweite der Ergebnisse vorgestellt.

Lernziele dieses Abschnittes sind

- Erhöhung der praktischen Kompetenz bei der Durchführung eines Gruppendelphis
- Aufzeigen der methodischen Möglichkeiten zur Kombination des Gruppendelphis mit anderen Methoden der Expertenbefragung
- Kritische Reflexion des Gruppendelphis

Praktische und pragmatische Implikationen 13

Aus den theoretischen Darstellungen und den Fallbeispielen können eine Reihe von Aspekten abgeleitet werden, die eine erfolgreiche und zügige Abwicklung eines Gruppendelphi-Verfahrens erleichtern. In die folgenden Ausführungen fließen auch unsere langjährigen Erfahrungen ein. Häufig werden derartige praktische Aspekte nicht publiziert, sie können aber entscheidend für den Verlauf und den Erfolg eines Gruppendelphis sein und werden deshalb explizit gemacht. Dargestellt werden die Anforderungen an den Tagesablauf, an den Fragebogen, an die Experteneinbindung und an organisatorische Aspekte.

13.1 Anforderungen an den Ablauf des Delphi-Prozesses

In dem Abschnitt zum Konzept und zur Vorgehensweise des Gruppendelphis wurde bereits der typische Ablauf eines Gruppendelphis skizziert (vgl. Abschnitt 3). Im Folgenden werden darüber hinaus wichtige Empfehlungen für die konkrete Ausgestaltung des Gruppendelphis formuliert.

► **Gestalten Sie den Tagesablauf flexibel!**
Bei jedem Workshop wird vorab vom Forschungsteam eine Agenda festgelegt. Bei einem Gruppendelphi kann der genaue Tagesablauf aber priori nur bedingt festgelegt werden, da die Dauer der Delphi-Runden von Aspekten wie der Diskussionsfreudigkeit der Experten abhängt. Deshalb empfiehlt es sich von Anfang an deutlich zu kommunizieren, dass die geplante Agenda eine erste Orientierung darstellt und im Verlauf des Workshops angepasst wird. Denkbar ist auch der Wegfall einer geplanten Delphi-Runde, wenn bereits alle relevanten Punkte diskutiert wurden oder die vorherigen Delphi-Runden mehr Zeit als

geplant in Anspruch genommen haben. Wichtig ist, dass die Experten vorab von der Flexibilität erfahren, damit nicht der Eindruck von Chaos und mangelnder Professionalität entsteht. Das geplante Ende der Workshops sollte aber unbedingt beibehalten werden, damit geplante Flüge oder Zugverbindungen erreicht werden können.

▶ **Führen Sie eine Individualbefragung mit den designierten Experten im Vorfeld des Workshops durch.**
Die Entscheidung, ob im Vorfeld des Gruppendelphi-Workshops eine individuelle Befragung durchzuführen ist, kann von Fall zu Fall entschieden werden. Allerdings bestätigen unsere Erfahrungen die Relevanz und das Potenzial einer solchen Vorabbefragung. Einerseits können sich die Experten so entsprechend inhaltlich vorbereiten und andererseits erhält das Forschungsteam einen ersten Eindruck über mögliche kritische Punkte und Sensibilitäten. So weisen die Experten beispielsweise auf bisher unberücksichtigte Studien, unpräzise Formulierungen oder Unklarheiten zum Verfahren. Die Vorabbefragung erhöht die Chance für einen konstruktiven und sachlichen Diskurs auf dem Workshop. Bei einer individuellen Befragung im Vorfeld des Workshops ist die Anonymität der Experten zu wahren und sicherzustellen.

▶ **Eine Nachbefragung der Experten kann mitunter aus politisch-strategischen Gründen kritisch sein.**
Bei vielen Gruppendelphi-Verfahren werden die Ergebnisse in Berichtform den eingebundenen Experten mitgeteilt. In der Regel erhalten sie dabei auch die Möglichkeit, noch einmal Stellung zu den Aussagen zunehmen und ggfs. den Bericht zu ergänzen oder zu korrigieren. Die Erfahrung zeigt, dass solche Berichte, nicht zuletzt aufgrund des vollen Terminplans von Experten, erst angeschaut werden, wenn sie für die breite Öffentlichkeit zugänglich gemacht werden sollen. Dabei kann es vorkommen, dass Dinge, die bis dato im Konsens waren, nun doch kritisch angemerkt werden und es zu Verzögerungen kommt; im schlimmsten Fall sogar zu einer strategischen Ablehnung der Ergebnisse. Unserer Erfahrung nach besteht dieses Risiko vor allem bei Themen mit hoher ethischer bzw. moralischer Ladung

13.2 Anforderungen an den Fragebogen

Die spezifischen Anforderungen bei der Entwicklung eines Fragebogens für ein Gruppendelphi begründen sich vor allem in der Zielgruppe der Experten und der Erhebungssituation (vgl. Häder 2014; Abschnitt 2 und 3 in diesem Buch). Aufgrund der Zielgruppe der Experten stehen anders als bei klassischen Bevölkerungsumfragen meist komplexe Sachverhalte im Zentrum der Untersuchung, bei deren Erhebung nicht auf andere bereits getestete und erprobte standardisierte Befragungen zurückgegriffen werden kann.

▶ **Führen Sie einen Pretest durch!**

Die konkreten Inhalte des Fragebogens und die Expertisen der designierten Teilnehmer müssen aufeinander abgestimmt werden. Wenn sich die Experten unter- oder überfordert fühlen, kann dies schnell zu Frustration oder gar Verweigerungshaltung führen. Experten sind sehr kritisch und gelegentlich auch rebellisch, wenn sie den Eindruck haben, dass die Fragen zu pauschal formuliert sind, wenig disziplinären Sachverstand verraten oder mit wissenschaftlich kaum haltbaren Implikationen operieren. Auch legen vor allem Experten aus den Natur- und Technikwissenschaften hohen Wert auf die korrekte Verwendung der Fachtermini. Haben sie den Eindruck, dass die Fragen nicht ihrem Niveau entsprechen, sinkt die Motivation und damit auch die Validität der Antworten. Das unterstreicht die Relevanz eines Pretests.

▶ **Achten Sie auf die Länge des Fragebogens. In der Kürze liegt die Würze!**

Eine große Herausforderung bei der Durchführung eines Gruppendelphi-Workshops ist der enge Zeitplan. So erfolgt die Auswertung eines Gruppendelphi-Fragebogens während der Pausenzeiten. Die genaue Länge und der Umfang des Fragebogens richten sich vor allem nach der zur Verfügung stehenden Gesamtzeit und nach dem vermuteten Streit- und Diskussionspotenzial. Als Faustregel haben wir festgestellt, dass ein Fragebogen für einen Workshop maximal 10 Seiten haben sollte. Nur so kann sichergestellt werden, dass alle Fragen während der knappen Workshopzeit besprochen werden können.

▶ **Drehen Sie den Fragebogen nach jeder Delphi-Runde.**

Wir empfehlen die Reihenfolge der Fragen nach jeder Delphi-Runde zu drehen, weil sonst Gefahr besteht, dass bei jeder Delphi-Runde die letzten Items weniger intensiv diskutiert werden. Alternativ kann die Reihenfolge der Items die inhaltliche Relevanz der Fragen wiederspiegeln, so dass sichergestellt werden kann, dass zentrale Fragen ausführlich diskutiert werden und inhaltliche Begründungen für die standardisierten Antworten vorliegen.

▶ **Verzichten Sie auf Fragen zur Urteilssicherheit bei einem Gruppendelphi-Workshop.**
Die Verwendung von Fragen zur Urteilssicherheit erscheint für eine Vorabbefragung sinnvoll, nicht aber für den Gruppendelphi-Workshop. Die Möglichkeit des persönlichen Austauschs und der unmittelbaren Formulierung von Unklarheiten oder Fragen, erübrigen die Erhebung der Urteilssicherheit. Sie würden nur beim Ausfüllen und beim Auswerten zusätzliche Ressourcen bündeln, die aber wenig für den inhaltlichen Mehrwert des Gruppendelphis beitragen.

▶ **Verwenden Sie bekannte statistische Maßzahlen!**
Die formale Struktur der Fragen und Antwortvorgaben sollte nach Möglichkeit metrisch oder quasi-metrisch sein, da nur so statistische Analysen über Mittelwerte und Streuungen möglich sind. Derartige metrische Analysen sind mit der entsprechenden Software (z. B. Excel) schnell durchzuführen und die Maßzahlen sind den Experten meist aus dem beruflichen Kontext bekannt. Damit entfallen zeitaufwendige mathematische oder methodische Erläuterungen und die knappe Zeit kann für die inhaltliche Diskussion genutzt werden.

▶ **Simulieren Sie die Auswertung des Fragebogens mit dem Forschungsteam vor dem Workshop!**
Um die spezielle Situation eines Gruppendelphis zu berücksichtigen, empfiehlt sich nicht nur ein Pretest des Fragebogens, sondern auch ein Test der Auswertungsstrategie. Denn meist müssen bei einem Gruppendelphi in circa einer Stunde die Fragebögen eingegeben, ausgewertet und für die anschließende Plenumsdiskussion aufbereitet werden. Deshalb sollte vorab sichergestellt werden, dass die Zeit hierfür reicht und die beteiligten Forscher in die Auswertungsmethode eingearbeitet sind. Unserer Erfahrung nach sollten zwei Personen die Auswertung vornehmen, eine Person diktiert die Antworten der Kleingruppen und der andere sitzt am Computer, gibt die Daten ein und wertet aus. Gemeinsam können dann die Items mit der größten Streuung identifiziert und die anschließende Diskussion vorbereitet werden. Auch der Moderator sollte zur Vorbereitung der anschließenden Plenumsdiskussion bei dieser Phase dabei sein.

▶ **Strukturieren Sie den Fragebogen klar und übersichtlich!**
Die Struktur des Fragebogens muss klar und für die teilnehmenden Experten nachvollziehbar sein. Dafür empfiehlt es sich, die Fragen in verschiedene Themenkomplexe zu unterteilen. Dies erleichtert den Experten die Einsicht in die thematische Relevanz der einzelnen Fragen und strukturiert zugleich die Auswertung, Moderation und Diskussion.

▶ **Verzichten Sie weitgehend auf offene Fragen!**
Grundsätzlich kann ein standardisierter Fragebogen auch offene Fragen enthalten. Allerdings sollte diese Möglichkeit bei einem Gruppendelphi nur marginal eingesetzt werden. Offene Items nehmen sowohl beim Ausfüllen als auch bei der Auswertung vergleichsweise viel Zeit in Anspruch. Zudem ist der Erkenntnisgewinn im Hinblick auf die Plenumsdiskussion und der Möglichkeit zur Abgabe inhaltlicher Begründungen gering.

13.3 Umgang mit Experten

Im Umgang mit Experten gibt es typische Herausforderungen, die auch einen Einfluss auf die Planung und Durchführung eines Gruppendelphis haben. Sie werden im Folgenden dargestellt.

▶ **Planen Sie den Workshop frühzeitig!**
Eine große Herausforderung bei allen Verfahren der Expertenbefragung ist die Terminfindung. Je nach Position, Reputation und Fachgebiet, können Experten über Monate ausgebucht sein. Zudem ist die Bereitschaft der Experten für die Teilnahme keinesfalls eine Selbstverständlichkeit. Sie erhalten weder Geld noch Renommee. Deshalb ist der Kontakt mit Sachverstand, Kompetenz und Taktgefühl notwendig.

Eine frühzeitige Ansprache der relevanten Experten ist eine Grundvoraussetzung für ein gelingendes Verfahren. Nach unserer Erfahrung braucht ein Gruppendelphi-Workshop sechs bis neun Monate Vorlauf.

Eng mit der Problematik eines vollen Terminkalenders hängt zusammen, dass manchmal nicht der angefragte Experte zur Verfügung steht, sondern ein Vertreter (in der Regel ein Mitarbeiter) vorgeschlagen wird. Grundsätzlich ist dies bei vergleichbarer Expertise kein Problem. Es sollte aber bei einem dialogischen Verfahren, wie dem Gruppendelphi reflektiert werden, inwieweit Status und Seniorität der Experten eine Kommunikation auf Augenhöhe ermöglichen.

▶ **Achten Sie auf eine ausgewogene Geschlechterverteilung!**

Frauen sind bei Gruppendelphis die Ausnahme, wenn überhaupt nehmen unserer Erfahrung nach ein oder zwei Frauen teil. Da aber die Geschlechterforschung nachgewiesen hat, dass Frauen ein anderes Kommunikationsverhalten zeigen als Männer und häufig auch andere Aspekte in Diskussionen einbringen, erscheint es wichtig, diese Gruppe gezielt einzubinden (vgl. Alfermann 1996; Funken 2005). Damit können die Ergebnisse eine andere Qualität erhalten und möglicherweise die politische Akzeptanz erhöht werden.

▶ **Kommunizieren Sie die Eignung des Verfahrens!**

Die Methode des Gruppendelphis ist nicht in allen Disziplinen gleichermaßen bekannt. Deshalb sind die Wahl und die Eignung der Methode, den designierten Experten frühzeitig zu kommunizieren. Unserer Erfahrung nach zeigen die Experten ein gewisses Interesse für neue Verfahren, wenn sie überzeugend, professionell und zielführend kommuniziert und umgesetzt werden. Das kann die Teilnahmemotivation erhöhen.

Auch der Projekt- und Forschungshintergrund des Gruppendelphis muss für die Experten offengelegt werden. Wichtig ist dabei die Nennung des Auftraggebers der Studie. Wenn Experten das Risiko sehen, dass sie instrumentalisiert werden, verweigern sie ihre Teilnahme. Für Grundlagenforschung stehen sie erfahrungsgemäß eher zur Verfügung.

▶ **Achten Sie auf eine neutrale und unabhängige Moderation!**

Die Moderation eines Gruppendelphis stellt aufgrund der Komplexität der Thematik und der anspruchsvollen Gruppe von Experten eine große Herausforderung dar. Experten vertreten unterschiedliche Standpunkte und Sichtweisen, die fachlich mitunter aber auch ideologisch überformt sind. Dabei kann es vorkommen, dass Experten das Gruppendelphi als politische Plattform nutzen und dementsprechend eine sachliche und ergebnisoffene Kommunikation blockieren. Deshalb ist der Einsatz eines erfahrenen und unabhängigen Moderators zentral. Zudem kann er dafür sorgen, dass sich alle Experten ernst genommen fühlen und sich gleichermaßen in die Diskussion einbringen.

Im Idealfall hat der Moderator zumindest rudimentäre Fachkenntnisse über das jeweilige Thema. Dies erleichtert eine Kommunikation auf Augenhöhe und unterstreicht die Kompetenz des Gruppendelphi-Teams. Auch gezielte Nachfragen bezüglich Unklarheiten oder Widersprüchen in der Expertendiskussion sind so eher möglich.

Die zentralen Anforderungen an einen Moderator sind deshalb:
- er soll ranghoch sein und ein sicheres Auftreten haben (Respekt)
- hohe fachliche Kompetenz ausstrahlen (Stand der Forschung!)
- hohe soziale und kommunikative Kompetenz besitzen
- als Moderator sehr erfahren sein (vor allem wenn es zu hitzigen Kontroversen oder Ausstiegsversuchen kommt, was der Fall sein kann, wenn Handlungs- und Entscheidungsoptionen verhandelt werden)
- in der Sache neutral bleiben

▶ **Planen Sie ein gemeinsames (Abend-)Essen ein.**

Mitunter werden die Diskussionen bei einem Gruppendelphi-Workshop sehr hitzig und die Gefahr besteht, dass geäußerte Kritik als persönlich empfunden wird. Um eine angenehme Atmosphäre auf dem Workshop zu erhalten, empfiehlt es sich unserer Erfahrung nach, sofern organisatorisch möglich, ein gemeinsames Mittag- oder Abendessen. So lernen sich Experten und Forschungsteam in ungezwungener Atmosphäre kennen, und der Austausch während des Workshops ist meist durch eine freundliche und respektvolle Grundstimmung geprägt.

13.4 Durchführung des Workshops

Die Erfahrungen aus den dargestellten Praxisbeispielen zeigen eine Reihe möglicher Probleme und Schwierigkeiten bei der Organisation und Durchführung eines Gruppendelphis. Auf Grundlage dieser Erfahrungen möchten wir einige praktische Tipps ergänzen.

▶ **Planen Sie für den Workshop ein Team von fünf Personen ein.**
Im Idealfall besteht ein Gruppendelphi-Team aus fünf Personen, deren Aufgaben klar getrennt sind:
1. ein Moderator
2. ein Projektleiter, der bei fachlichen und methodischen Fragen unterstützt und ggfs. als Co-Moderator fungiert
3. eine Person, die maßgeblich für die statistische Auswertung zuständig ist
4. ein Protokollant
5. ein Springer, der immer da ist, wenn Not am Mann ist und beispielsweise bei technischen Problemen oder Fragen die Experten unterstützt

▶ **Führen Sie die Kleingruppendiskussionen in verschiedenen Räumen durch!**
Für einen Gruppendelphi-Workshop werden mehrere Räume benötigt. Ein großer Raum für die Plenumsdiskussion und mehrere kleinere Räume für die Gruppendiskussionen. Es empfiehlt sich, vor allem aufgrund der Lautstärke, die Kleingruppen in verschiedenen Räumen diskutieren zu lassen.

▶ **Prüfen Sie vorab die Vollständigkeit und Funktionalität der notwendigen technischen Geräte.**
Für den Gruppendelphi-Workshop ist einiges an technischem Equipment notwendig. Dazu gehören:
- Laptop und Beamer zur Präsentation der Befunde
- Drucker, um die Fragebögen für die Delphi-Runden ausdrucken zu können (Alternativ können alle Kleingruppen einen Computer erhalten und gebeten werden, den Fragebogen digital auszufüllen)
- Ggfs. ein Mikrophon für den Moderator
- bei Bedarf Aufnahmegeräte für die Plenumsdiskussion

Das Vorhandensein und die Funktionalität der verschiedenen Geräte müssen vorab geprüft werden. Vor allem die Druckergeschwindigkeit ist wichtig, weil die neuen Fragebögen in möglichst kurzer Zeit vorliegen sollen. Ob Aufnahmegeräte notwendig sind, muss von Fall zu Fall entschieden werden. Meist wird auf eine digitale Aufzeichnung verzichtet und stattdessen ein Protokollant mit dem Mitschreiben zentraler Argumente und passender Zitate beauftragt. Damit wird aber die Möglichkeit einer inhaltsanalytischen Auswertung der Diskussion und der Erfassung prägnanter Zitate ausgeschlossen.

13.5 Auswertung und Bericht

Die Auswertung des Gruppendelphis und die Formulierung des Berichtes stellen aufgrund der verschiedenen Daten und der Komplexität des Themas oftmals eine große Herausforderung dar. Das Schreiben des Berichtes erfordert methodische und inhaltliche Kompetenz. Daneben ist oftmals ein gewisses Fingerspitzengefühl bei der Formulierung der Expertenurteile, vor allem bei Minderheitsvoten notwendig. Denn diese müssen als gleichwertig präsentiert werden. Die Art der Darstellung sollte aber keinen Rückschluss auf die konkreten Experten zulassen, so dass zumindest in der Außendarstellung eine gewisse Anonymität gewahrt bleibt.

13.5 Auswertung und Bericht

▶ **Integrieren Sie quantitative und qualitative Befunde!**

Die Stärke des Gruppendelphis ist die Verbindung quantitativer und qualitativer Daten. In dem Bericht müssen deshalb beide Paradigmen berücksichtigt und wiedergegeben werden. Konkret bedeutet dies die Darstellung der deskriptiven statistischen Befunde, die durch Hinweise und Kommentare der Experten erläutert werden. Gerade bei Fragen mit einer erhöhten Streuung oder Fragen, mit Mehr- und Minderheitsfragen, stellen die qualitativen Erläuterungen eine wichtige zusätzliche Information dar. Sie geben Aufschluss über Hintergründe, Motive und Relevanzsysteme der Experten.

▶ **Beachten Sie die Anonymität der Experten!**

In der Regel wird den teilnehmenden Experten Anonymität zugesichert. Ziel ist es, dadurch die Chance für einen offenen und konstruktiven Diskurs zu erhöhen. Für die Darstellung von Sichtweisen und Argumenten reicht es in der Regel aus, die institutionelle Zugehörigkeit und inhaltliche Kompetenz zu nennen. Die konkrete Firma oder der Name des Experten spielen meist keine Rolle. Deshalb sind alle entsprechenden Passagen zu anonymisieren. Für ein anderes Vorgehen ist zwingend die Erlaubnis der Experten einzuholen.

▶ **Legen Sie das Vorgehen detailliert dar!**

In dem Bericht ist die Methode des Gruppendelphis und das konkrete Vorgehen detailliert darzulegen. Denn neben der Ergebnisdarstellung ist es wichtig, dass der Leser über die Zusammenstellung der Expertengruppe, den Umgang mit Minderheitsvoten und der Auswahl der konkreten Fragestellungen einen Einblick erhält.

▶ **Lassen Sie den Bericht durch die Experten validieren!**

Grundsätzlich besteht die Möglichkeit durch das Gegenlesen der Experten des Berichts vor Veröffentlichung die Validität zu erhöhen. Die Experten haben erneut die Möglichkeit zu prüfen, inwieweit ihre Meinung vollständig und korrekt wiedergeben wird und ob sie die Ergebnisse mittragen.

14 Kombinationsmöglichkeiten mit anderen Forschungsmethoden

Das Gruppendelphi ist ein geeignetes Instrument der Expertenbefragung. Die Fallbeispiele zeigen, dass es für verschiedene Themen, Fragestellungen und Expertengruppen geeignet ist. Aber es ist nicht das einzige Instrument, um das Wissen von Experten zu systematisieren und zu bündeln. Zudem ist in vielen Forschungskontexten eine Kombination mit anderen Methoden, beispielsweise zur Erhöhung der Validität oder zur Exploration sinnvoll. Im Folgenden werden weitere Methoden der Expertenbefragung vorgestellt. Dabei wird nicht der Anspruch auf Vollständigkeit erhoben, sondern versucht ein guter Überblick über gängige und geeignete Methoden zur Kombination zu geben.

14.1 Forschungsmethoden zur Expertenbefragung

Die empirische Forschung kennt eine Vielzahl an Methoden zur Erfassung und Analyse von individuellen Urteilen, Meinungen und Einstellungen. Diese Methoden werden eingesetzt, um systematisch, regelgeleitet und nachvollziehbar bestimmte Fragestellungen zu untersuchen. Die verschiedenen Methoden werden üblicherweise dem qualitativen oder quantitativen Paradigma zugeordnet.

- Das **Ziel quantitativer Forschung** ist in der Regel die Überprüfung der Erklärungskraft theoretischer Modelle über die soziale Realität. Es können fünf zentrale Merkmale quantitativer Forschung unterschieden werden: Vorstrukturierung, Standardisierung, Quantifizierung, Subjekt-/Objekttrennung und Reproduzierbarkeit (vgl. Kromrey 2002, S. 32; Schnell et al. 1999, S. 7; Schulz & Ruddat 2008). Durch die Bildung von Hypothesen wird der Untersuchungsgegenstand vorstrukturiert. Um die Hypothesen zu testen, wird vom Forscher ein standardisiertes Messinstrument angewendet, das eine intersubjektive Nachvollziehbarkeit ermöglicht (Reproduzierbarkeit). Die Untersuchungssituation selber ist so angelegt, dass ein Einfluss des Forschers auf den Beforschten weitestgehend kontrolliert wird. Anschließend werden die Ergebnisse statistisch ausgewertet.

- Die **qualitative Methodologie** steht in enger Verbindung zum Thomas-Theorem des symbolischen Interaktionismus, nach dem alle soziale Realität interaktiv konstruiert ist (Berger & Luckmann 1995 [1969]; Thomas & Thomas 1928). Die Mitglieder der Gesellschaft geben in Interaktionsprozessen Gegenständen, Ereignissen und Handlungen einen allgemein gültigen, kollektiven Sinn. Durch diese kollektiven Bedeutungszuschreibungen erschaffen sie eine für sie relevante soziale Umwelt. Diese Umwelt ist der Rahmen für die Handlungen der Individuen und wird gleichzeitig von ihnen kontinuierlich verändert. Wenn interessierte Forscher diese relevanten Konstitutionsprozesse annähernd so erfassen wollen, wie sie den Befragten erscheinen, müssen sie sich für den Forschungsgegenstand offen und flexibel zeigen. Verstehen und Nachvollziehen von Sinn und Bedeutung sind dieser Perspektive nach wichtige Werkzeuge für die Erforschung sozialer Tatbestände. Insgesamt können daraus direkt oder indirekt fünf zentrale Merkmale der qualitativen Methodologie abgeleitet werden: Offenheit, Flexibilität, Kommunikativität, Naturalistizität und Explikation (Gadenne 2001; Lamnek 1995a [1988], 1995b [1988]; siehe zum Überblick Schulz & Ruddat 2008).

Tab. 30 Vergleich quantitative und qualitative Forschung

	Quantitative Forschung	Qualitative Forschung
Zielt auf	Repräsentativität	Relevanz
Merkmale	deduktiv, erklärend, stochastisch	induktiv, explorativ, verstehend interpretativ
Vorkenntnisse/ Theoretische Einbettung	hohe theoretische Voraussetzungen Hypothesentestend	relativ geringe Vorkenntnisse notwendig Hypothesengenerierend
Vorgehen	statisch kontrolliert standardisiert, festgeschrieben	offen, flexibel, interaktiv, reflexiv, aber systematisch!
Daten	numerische Daten	verbale Daten
Interviewer	neutraler Interviewer	interagierender Interviewer
Analyse	numerische Analyse	interpretative Analyse

In der empirischen Forschung werden beide Paradigmen zunehmend kombiniert und integriert (vgl. Kelle 2008). Zudem gewinnen Diskurs- und Dialogmethoden immer mehr an Bedeutung. Ursprünglich eher als qualitatives Instrument einge-

14.1 Forschungsmethoden zur Expertenbefragung

setzt, werden auch hier mittlerweile qualitative und quantitative Aspekte integriert. Dies bestätigt auch ein Blick auf typische Verfahrung der Expertenbefragung (vgl. Niederberger & Wassermann 2015). Deshalb ist die Zweiteilung im Hinblick auf eine Strukturierung der verschiedenen Methoden der Expertenbefragung nicht zielführend ist. Alternative Unterteilungen gibt es bisher wenig, weil sich die Methodenforschung häufig nicht explizit auf Experten konzentriert. Einen konkreten Vorschlag für die Klassifizierung von Methoden der Expertenbefragung stammt von Burghardt (1999, S. 101ff). Er unterscheidet vier Formen:

- Einzelschätzung: Befragung einzelner Experten
- Mehrfachbefragung: Befragung einer Gruppe von Experten
- Delphi-Methode: Mehrmalige Befragung von Experten
- Schätzklausur: Berücksichtigung gruppendynamischer Aspekte, beispielsweise Erfassung von Kommunikations- und Dialogprozessen während eines Workshops

Burghardts Klassifizierung unterteilt die Methoden auf Basis der Art der Befragung bzw. der Anzahl der Experten. Berücksichtigt wird nicht, dass Experten manchmal auch als eine Art Beirat bzw. beratendes Gremium eingesetzt werden, die kontinuierlich den Forschungsprozess begleiten und unterstützen.

Einen anderen Vorschlag unterbreitet Niederberger (2015: 35ff). Die Methoden werden hier differenziert nach der Aufgabe, die Experten im Forschungsprozess übernehmen. Unterschieden wird zwischen fünf idealtypischen Aufgaben, die in der Tabelle 31 zusammengefasst werden.

Tab. 31 Ziele von Expertenbefragungen

Ziele	Erläuterung
Wissens- und Faktenbereitstellung	Ziel ist die Erfassung des Wissens und des Knowhows der Experten.
Vorausschau und Schätzung	Auf Basis des Wissens werden Abschätzungen über die Zukunft getroffen. Ziel ist es dabei nicht, die Zukunft realiter vorherzusagen, sondern möglichst wahrscheinliche Szenarien oder qualitative Modelle über Wirkungszusammenhänge im System zu entwickeln.
Bewertung, Plausibilisierung, Priorisierung und Transfer von wissenschaftlichen Erkenntnissen bzw. Innovationen	Ziel ist es, wissenschaftliche Forschungsergebnisse von anderen Experten bewerten zu lassen. Am Ende dieser Verfahren finden sich entweder normative Empfehlungen oder systematische Zusammenstellungen von Beurteilungskriterien für verschiedene Handlungs- und Entscheidungsoptionen.

Austausch, Beratung und Dialog	Diese Aufgabe bezieht sich auf die Kommunikation von Experten mit der Öffentlichkeit oder auf Beratungsleistungen im Rahmen von Forschungsprozessen (z. B. als Expertenbeirat).
Umsetzung und Multiplikatoren	Häufig assoziiertes Ziel einer Expertenbefragung, ist die Anschlussfähigkeit (sozial-)wissenschaftlicher Erkenntnis zu sichern. Durch die Befragung der Experten wird die Chance erhöht, dass sie die Ergebnisse mittragen, akzeptieren und idealerweise in ihrem beruflichen Alltag berücksichtigen und weitergeben.

Die einzelnen Aufgaben der Experten sind nicht trennscharf. Die Bereitstellung von Wissen ist oftmals die Basis, auf dessen Grundlage die Experten bewerten, beraten oder vorausschauen. Einige Methoden können auch so eingesetzt werden, dass die Experten mehrere Aufgaben erfüllen. So werden beim Gruppendelphi die Experten oftmals gebeten, ihr Wissen zu teilen, aber auch Maßnahmen und Interventionen zu bewerten.

Viele Methoden der Expertenbefragung werden kontinuierlich weiterentwickelt, methodologisch reflektiert und evaluiert (z. B. klassische Delphi-Verfahren in Häder 2014). Dabei kristallisieren sich neue Ziele bzw. Ansprüche heraus. Zudem sind viele Methoden der Expertenbefragung komplexe Verfahren, die über einen längeren Zeitraum aus unterschiedlichen Elementen bestehen und mit mehreren Erhebungsinstrumenten arbeiten. Viele Methoden setzen sich aus ähnlichen Grundelementen (vor allem Einzelinterviews und Workshops) zusammen, führen aber durch verschiedene Kombinationen, Aufgabenstellungen und Vorgehensweisen zu sehr unterschiedlichen Resultaten.

14.2 Auswahl an Methoden der Expertenbefragung

Die Befragung von Experten spielt in der empirischen Forschung eine zunehmend wichtige Rolle. Mittlerweile gibt es eine Vielzahl an Methoden, die zu unterschiedlichen Fragestellungen und mit unterschiedlichem Aufwand durchgeführt werden können. Welche Methode angemessen ist, hängt vor allem von der Forschungsfrage und vom Forschungsdesign ab. Zudem erfordert die Zielgruppe einen spezifischen Umgang.

Im Folgenden werden einige wichtige und häufig eingesetzte Methoden detaillierter vorgestellt. Diese Methoden können bei verschiedenen Fragestellungen und unterschiedlichen Gruppengrößen eingesetzt werden. Sie sind eine Alternative

14.2 Auswahl an Methoden der Expertenbefragung

zum Gruppendelphi, wenn die Fragestellung oder die Expertenanzahl ungeeignet erscheinen. Einige Methoden stellen auch geeignete Kombinationsmöglichkeiten mit einem Gruppendelphi dar. Vorgestellt werden folgende Verfahren.

- Qualitative Experteninterviews als Möglichkeit der Befragung einzelner Experten
- Inter- und Transdiziplinäre Workshops zur Zusammenführung unterschiedlicher Expertisen und Erfahrungen
- Szenariotechnik als Methode der Vorausschau
- Open Space Konferenz als Konferenzmethode zur Einbindung einer großen Anzahl von Experten
- SWOT Analyse als Workshopmethode

> **Qualitative Experteninterviews:** Dabei handelt es sich um Einzelgespräche mit Experten, die in der Regel anhand eines Leitfadens durchgeführt und anschließend ausgewertet werden. Die Analyse fokussiert sich in der Regel auf zentrale Aussagen (vgl. Wassermann 2015b; Littig 2008). Sie eignen sich vor allem zur Exploration, Plausibilisierung und Bewertung von Forschungsergebnissen (vgl. Abschnitt 4.3).
> **Kombinationsmöglichkeit mit einem Gruppendelphi:** Sie können im Vorfeld eines Gruppendelphis zur Entwicklung des standardisierten Fragebogens eingesetzt werden.

Mithilfe qualitativer Experteninterviews können Experten unterschiedlicher Disziplinen und Institutionen vertraulich und systematisch befragt werden. Typischerweise erfolgt das Gespräch auf Basis eines Leitfadens, der sicherstellen soll, dass alle relevanten Themenkomplexe angesprochen werden. Diese Gespräche dauern häufig ein bis zwei Stunden und können telefonisch oder persönlich durchgeführt werden. Bei der Auswertung geht es anders als bei der klassischen qualitativen Forschung weniger um den latenten Inhalt, sondern um manifeste Aussagen. Für die Auswertung werden meist quantitative oder qualitative Inhaltsanalysen eingesetzt. Über die Anonymität der Experten kann von Fall zu Fall entschieden werden. Auf der einen Seite erhöht sich damit vermutlich die Teilnahmebereitschaft der Experten, vor allem bei prekären Themenfeldern. Anderseits kann die Nennung der Interviewpartner, die Relevanz und Glaubwürdigkeit der Daten stützen.

> **Inter- und Transdisziplinäre Workshops:** Experten werden zu einem gemeinsamen Workshop eingeladen, der unterschiedlich ausgestaltet werden kann. Wichtig ist hierbei die Herstellung eines geeigneten Rahmens für einen anregenden und konstruktiven Diskurs zwischen den Experten (vgl. Bergmann et al. 2010). Im Grunde kann das Gruppendelphi als eine Form des interdisziplinären Workshops angesehen werden.
> **Kombinationsmöglichkeit mit einem Gruppendelphi:** Denkbar ist die Durchführung verschiedener Workshops mit unterschiedlichen Fragestellungen. So kann in einem Gruppendelphi der Wissensstand aufgearbeitet werden und in einem anschließenden Innovationsworkshop auf dieser Basis konkrete Maßnahmen und Interventionen entwickelt werden.

Inter- und Transdisziplinäre Workshops sind ein wichtiges Instrument der Experteneinbindung. Interdisziplinär meint dabei Workshops mit ausschließlicher Beteiligung von Wissenschaftlern und transdisziplinär meint die Beteiligung von Praxispartnern. Diese Workshops können unterschiedlich ausgestaltet werden. Defila & Digiulo (2015) formulieren verschiedene Leitlinien zur Durchführung eines erfolgreichen Workshops. Sie betonen u. a., dass die Methoden stets auf die Ziele abgestimmt werden müssen, alle Teilnehmer als wichtig eingestuft werden, die Beschlüsse von Treffen realisiert werden und das Forschungsteam keine Angst vor dem Misserfolg haben soll. Der Vorteil von Workshops ist, dass sich die Teilnehmenden austauschen können, Begründungen erörtert und möglicherweise im Diskurs ein vollständigeres Bild der Realität entwickelt werden kann.

> **Open Space Technology:** Das Verfahren ist sehr stark auf Selbstverantwortung und Selbstorganisation der Teilnehmenden ausgerichtet. In allen Phasen der Open Space Technology werden die Aufgaben Datensammlung, -interpretation, -dokumentation, -feedback, -reflexion und Ableitung von Verpflichtungen weitgehend selbst von den Teilnehmern ohne das Zutun eines Forschers übernommen (vgl. Owen 2008; Niederberger & Benighaus 2016).
> **Kombinationsmöglichkeit mit einem Gruppendelphi:** Mit einem Gruppendelphi können die Erkenntnisse aus einem Open Space Verfahren bewertet und plausibilisiert werden.

Open Space ist eine Konferenzform, die im besonderen Maße geeignet ist zur Durchführung von Veranstaltungen mit Großgruppen. Sie setzt auf ein Höchstmaß an Beteiligung seitens der Teilnehmenden und ist nach dem Kernprinzip der Selbstorganisation konzipiert. Hintergrund für die Entwicklung der Open Space Technology war die Beobachtung, dass trotz intensiven Planens und Vorbereitens die Teilnehmer von Veranstaltungen die Kaffeepausen am spannendsten und interessantesten empfanden. Bei einer *Open Space* Konferenz wird dieser Grundgedanke aufgegriffen und eine offene und ungezwungene Atmosphäre ähnlich einer Kaffeepause initiiert. 20 bis 200 Menschen und mehr können zusammenkommen und organisieren ihren Ablauf mit wenig Unterstützung selbst. Diese Art der Ver-

14.2 Auswahl an Methoden der Expertenbefragung

anstaltung kann auch ausschließlich mit Experten, beispielsweise zur Entwicklung von Maßnahmen und Strategien für verschiedene Themenfeldern, durchgeführt werden (Beispiel in Niederberger & Benighaus 2016).

> **Szenariotechnik:** Hier werden Experten befragt, um ihre Annahmen und Bewertungen von zukünftigen Entwicklungen zu erfahren. Experten dienen dabei als Wissens- und Datenquellen und ihr Standing der Sicherung der Glaubwürdigkeit der Szenarien. Das Wissen der Experten kann über Workshops oder Interviews eingeholt werden (vgl. Wilms 2006).
> **Kombinationsmöglichkeit mit einem Gruppendelphi:** Bei einem Gruppendelphi können mögliche Szenarien zum Thema des Verfahrens gemacht werden und beispielsweise im Hinblick auf ihre Machbarkeit und realistische Zeithorizonte hinterfragt werden.

Experten sind wichtige Wissensträger bei der Abschätzung möglicher zukünftiger Entwicklungen. Die Szenariotechnik bietet die Möglichkeit derartige Entwicklungen genauer zu analysieren und zusammenhängend darzustellen. Beschrieben werden alternative zukünftige Situationen sowie Wege, die zu diesen zukünftigen Situationen führen. Szenarios stellen dabei hypothetische Folgen von Ereignissen auf, um auf kausale Prozesse und Entscheidungsmomente aufmerksam zu machen. „Szenarien treffen im Gegensatz zu Prognosen keine Aussagen über *die eine* Zukunft, sondern betrachten mehrere *alternative* mögliche Zukünfte, d. h. mehrere Szenarien nebeneinander, um der Unsicherheit und Gestaltbarkeit zukünftiger Entwicklungen gerecht zu werden" (Kosow & Leon 2015). Idealerweise basiert das Sampling auf theoretisch-konzeptuell fundierten und gründlichen Akteursanalysen, um die einzubeziehenden Experten und Stakeholder zu identifizieren, zu kartieren und auszuwählen (vgl. Kosow & Leon 2015). Die Szenariotechnik kann auch in Kombination mit einem klassischen Delphi-Verfahren eingesetzt werden (vgl. Schnur 2010).

> **SWOT – Analyse:** Ziel der SWOT-Analyse ist es, Trends und Faktoren für die Erreichung von Zielen mit den Kategorien interne Stärken und Schwächen sowie externe Chancen und Bedrohungen systematisch zu erfassen. Als Quelle für deren Erfassung können Interviews oder Workshops mit Experten eingesetzt werden (vgl. Wollny & Paul 2015; Paul & Wollny 2011). Sie dient vor allem der internen Analyse in Institutionen und Organisationen.
> **Kombinationsmöglichkeit mit einem Gruppendelphi:** Mit einem Gruppendelphi können Ergebnisse von SWOT-Analysen auf einer überbetriebliche Basis gestellt werden und Verallgemeinerungen bzw. Generalisierungen erfasst und bewertet werden.

Die SWOT-Analyse (**S**trengths, **W**eaknesses, **O**pportunities, **T**hreats) ist ein Instrument, um wichtige Trends und Faktoren für die Erreichung von Zielen mit den Kategorien interne Stärken und Schwächen sowie externe Chancen und Bedrohungen systematisch zu erfassen (vgl. Wollny & Paul 2015). Die SWOT-Analyse gehört zu den dialogischen Methoden. Die Experten bewerten ausschließlich durch Argumentation, nicht durch arithmetische oder logische Aggregation. Die Zahl der beteiligten Experten hängt von der Komplexität des Gegenstandes ab, für eine arbeitsfähige Gruppe empfehlen Wollny und Paul (2015) drei bis fünf Experten. Eingesetzt wird sie im Rahmen von IST-Analysen in Betrieben und für die Entwicklung zukünftiger Handlungsoptionen (Soll-Analyse).

Neben den vorgestellten Methoden gibt es noch viele **weitere Verfahren der Expertenbefragung**, die mit einem Gruppendelphi kombiniert werden können. Zu nennen sind beispielsweise die *Konstellationsanalyse*, bei der auf Basis von Interviews oder Workshops mit Experten und Stakeholdern Konstellationen untersucht und grafisch aufbereitet (vgl. Schön et al. 2007; Ohlhorst & Kröger 2015). *Bei der Cross-Impact Analyse* werden Experteneinschätzungen verwendet, um die Interdependenzen komplexer, interdisziplinärer Systeme qualitativ zu diskutieren, zu formulieren und zu analysieren. Die Einschätzungen werden über Einzelbefragungen und Workshops eingeholt (Weimer-Jehle 2015; Weimer-Jehle 2006). Die *Wertbaumanalyse* fokussiert auf die systematische und diskursive Zuordnung von Beurteilungskriterien für Handlungs- und Entscheidungsoptionen (vgl. Renn 2015). Darüber hinaus kann das Gruppendelphi auch mit *qualitativen und quantitativen Methoden der Bürgerbefragung* kombiniert werden. Ein Gruppendelphi kann im Vorfeld einer Bürgerbefragung zur Identifikation relevanter Aspekte oder im Nachgang zur Plausibilisierung der Befunde durchgeführt werden. Gemeinsam ist diesen Fällen, dass das Gruppendelphi komplementär, also zur Ergänzung, Untermauerung und Plausibilisierung der Befunde durchgeführt wird. Kombinationenstudien mit einem Gruppendelphi erscheinen zur Validierung von Erhebungsinstrumenten ungeeignet.

Relevante Literatur

Bergmann, M., Jahn, T., Knoblauch, T., Krohn, W., Pohl, C. & Schramm, E. (2010). Methoden transdisziplinärer Forschung: Ein Überblick mit Anwendungsbeispielen (1. Aufl.). Sozialwissenschaften 2010. Frankfurt am Main: Campus Verlag GmbH. Abgerufen von http://search.ebscohost.com/login.aspx?direct=true&scope=site&db=nlebk&db=nlabk&AN=836195

Niederberger, M. & Wassermann, S. (Hrsg.). (2015). Methoden der Experten- und Stakeholdereinbindung in der sozialwissenschaftlichen Forschung. Wiesbaden: Springer VS.

Zusammenfassung Teil III 15

Die bisherigen Projekterfahrungen zeigen, dass das Verfahren des Gruppendelphis ein geeignetes Instrument zur Ermittlung von Expertenurteilen, zur Maßnahmenentwicklung und Prioritätensetzung ist. Zusätzlich trägt ein Gruppendelphi zur semantischen Klärung von Begriffen und zur Präzisierung von Fragestellungen und Konzepten bei. Webler et al. (1991: 263) fassen die Möglichkeiten eines Gruppendelphis in drei Punkten zusammen:

„1. It produces a clearer picture of the dissention among the expert panel.
2. There is justification given for the dissent.
3. There is direct testing of dissent in a ‚peer review'."

Mit relativ geringem finanziellen und zeitlichen Ressourcen können Experten divergierender Sektoren zusammengebracht werden, um über einen spezifischen, auch politisch schwierigen, Sachverhalt entweder Einigkeit in der Bewertung zu erzielen, oder auftretende dissente Bewertungen in den ihnen zugrundeliegenden Begründungen verständlich zu machen. Darauf aufbauend können als Produkte eines Gruppendelphis mögliche Handlungsoptionen gemeinsam entwickelt und in ihren Implikationen beurteilt werden. Schließlich eignet sich das Verfahren auch zur Klassifizierung von Wissen bei so genannten Expertendilemmata.

Allerdings stellt die Durchführung eines Gruppendelphis das Forschungsteam vor eine anspruchsvolle und schwierige Aufnahme. Die Komplexität des Themas und die Zielgruppe der Experten erfordern Sachkenntnis, Methodenkompetenz und Fingerspitzengefühl im Umgang mit Experten. Eine Zusammenfassung über zentrale praktische Schlussfolgerungen zum Verfahren zeigt Tabelle 32.

Tab. 32 Praktische Hinweise für ein Gruppendelphi

Experteneinbindung	• Langer Vorlauf zur Erhöhung der Teilnahmechance • Explizite Ansprache weiblicher Expertinnen
Ablauf	• Vorabbefragung der Experten • Flexibler Tagesablauf • Planung eines gemeinsamen (Abend-)Essens
Fragebogen	• Hoher Anspruch an die sachliche Korrektheit und Vollständigkeit • Entwicklung eines standardisierten und strukturierten Fragebogens • Durchführung eines Pretests • Fragen zur Urteilssicherheit nur in einer Vorabbefragung
Durchführung	• Vorabprüfung des technischen Equipments • Bereitstellung von mehreren Räumen für die Kleingruppendiskussionen • Notwendigkeit eines Teams von bis zu fünf Personen
Auswertung und Berichterstellung	• Detaillierte Beschreibung des Vorgehens und der Methode • Verwendung von Statistiken, welche den Experten aus dem Berufsalltag bekannt sind (z. B. Durchschnitt) • Anonymität der Experten • Verbindung quantitativer und qualitativer Befunde • Ggfs. Versand des Berichtes vor der Veröffentlichung

Bei einem geplanten Einsatz von Delphi-Verfahren und vor allem von Gruppendelphis darf nicht vergessen werden, kritisch zu hinterfragen, inwieweit der Ansatz des Gruppendelphis überhaupt für die jeweilige Fragestellung als geeignet erscheint. „Damit ein Problem sinnvoll in einer quantifizierenden Delphi-Befragung bearbeitet werden kann, muss dieses zuvor ausreichend operationalisiert werden" (Häder 2014: 142). Gruppendelphi-Verfahren eignen sich vor allem für Fragestellungen, bei denen wissensbasierte Urteile über Sachverhalte abgegeben werden sollen. Sie stellen eher ein Erkenntnisinstrument als ein Erhebungsinstrument dar. Wenn Fragen, deren Beantwortung Sachkenntnis und profundes Urteilsvermögen voraussetzen und die auf interpretative Einordnung dieser Sachverhalte abzielen, dann haben sich Delphi-Verfahren bewährt. Dies gilt auch und gerade für das Verfahren des Gruppendelphis. Dabei gibt es eine Reihe von Möglichkeiten zur Kombination mit anderen Methoden der Expertenbefragung. Das Gruppendelphi erweist sich als relativ flexibles Format, welche sowohl am Anfang als auch am Ende eines Forschungsprozesses eingesetzt werden kann.

Literatur

Ab Latif, R., Mohamed, R., Dahlan, A. & Mat Nor, M.Z. (2016). Using Delphi technique: making sense of consensus in concept mapping structure and multiple choice questions (MCQ). Education in Medicine Journal, 8(3), 89–98. doi:10.5959/eimj.v8i3.421.

Aichholzer, G. (2002). Das ExpertInnen-Delphi: Methodische Grundlagen und Anwendungsfeld Technology Foresight. In A. Bogner, B. Littig & W. Menz (Hrsg.), Das Experteninterview (S. 133–153). Wiesbaden: VS Verlag für Sozialwissenschaften. doi:10.1007/978-3-322-93270-9_6.

Alfermann, D. (1996). Geschlechterrollen und geschlechtstypisches Verhalten. Stuttgart, Berlin, Köln: Kohlhammer.

Allerbeck, K. R. (1978). Meßniveau und Analyseverfahren: Das Problem „strittiger Intervallskalen": Level of measurement and analysis procedures; the problem of interval scales „measured by fiat". Zeitschrift für Soziologie: ZfS, 7(3), 199–214.

Ammon, U. (2009). Delphi-Befragung. In S. Kühl, P. Strodtholz & a. Taffertshofer (Hrsg.), Handbuch Methoden der Organisationsforschung. Quantitative und Qualitative Methoden (S. 458-476). Wiesbaden: VS Verlag für Sozialwissenschaften.

Benarie, M. (1988). Delphi- and Delphi like Approaches with Special Regard to Environmental Standard Setting. Technological Forecasting and Social Change, 33(2), 149–158. doi:10.1016/0040-1625(88)90078-9.

Benighaus, C., Renn, O., Benighaus, L., Hinderer, N. & Alle, K. (2012). Group Delphi Workshop on In Silico Methods: Successful Communication of Scientific Content on the Example of Testing Chemical Substances. Stuttgart contributions to risk and sustainability research: Vol. 26. Stuttgart: Inst. for Social Sciences Dep. for Environmental Sociology. Retrieved from elib.uni-stuttgart.de/opus/volltexte/2012/7902/pdf/AB026_Benighaus_et_al_Group_Delphi.pdf.

Benninghaus, H. (2005). Deskriptive Statistik: Eine Einführung für Sozialwissenschaftler (10., durchges. Aufl.). Studienskripten zur Soziologie. Wiesbaden: VS Verlag für Sozialwissenschaften.

Berger, P. L., Luckmann, T. & Plessner, H. (1995 [1969])). Die gesellschaftliche Konstruktion der Wirklichkeit: Eine Theorie der Wissenssoziologie. Frankfurt am Main: Fischer Taschenbuch Verlag.

Bergmann, M., Jahn, T., Knobloch, T., Krohn, W., Pohl, C. & Schramm, E. (2010). Methoden transdisziplinärer Forschung: Ein Überblick mit Anwendungsbeispielen (1. Aufl.). Sozialwissenschaften 2010. Frankfurt am Main: Campus Verlag GmbH. Abgerufen von http://search.ebscohost.com/login.aspx?direct=true&scope=site&db=nlebk&db=nlabk&AN=836195.

Bodensohn, R., Jäger, R. S. & Schneider, C. (2007). Was muss eine Lehrkraft im Jahr 2010 können?: Expertenbefragung mit Hilfe eines mehrstufigen Delphi-Zugangs des Zentrums für Lehrerbildung an der Universität Koblenz-Landau in Landau in Kooperation mit dem Zentrum für empirische pädagogische Forschung (zepf) an der Universität Koblenz – Landau. Abgerufen von: http://www.uni-landau.de/schulprakt-studien/070301_Anschreiben_und_Fragebogen_delphi.pdf.

Bogner, A. & Torgersen, H. (Hrsg.). (2005). Wozu Experten?: Ambivalenzen der Beziehung von Wissenschaft und Politik. Wiesbaden: VS Verlag für Sozialwissenschaften.

Bortz, J. (1999). Statistik für Sozialwissenschaftler (5., vollst. überarb. und aktualisierte Aufl.). Springer-Lehrbuch. Berlin: Springer-Verlag.

Bortz, J., & Döring, N. (2016). Forschungsmethoden und Evaluation. Berlin, Heidelberg: Springer-Verlag.

Böschen, S., Kastenhofer, K., Marschall, L., Rust, I., Soentgen, J. & Wehling, P. (2006). Scientific Cultures of Non-Knowledge in the Controversy over Genetically Modified Organisms (GMO): The Cases of Molecular Biology and Ecology. GAIA, 15(4), 294–301.

Böttcher, W., Holtappels, H. G. & Brohm, M. (2006a). Evaluation im Bildungswesen. In W. Böttcher, H. G. Holtappels & M. Brohm (Hrsg.), Grundlagentexte Pädagogik. Evaluation im Bildungswesen. Eine Einführung in Grundlagen und Praxisbeispiele (S. 7–23). Weinheim: Juventa-Verlag.

Böttcher, W., Holtappels, H. G. & Brohm, M. (Hrsg.). (2006b). Grundlagentexte Pädagogik. Evaluation im Bildungswesen: Eine Einführung in Grundlagen und Praxisbeispiele (Druck nach Typoskript). Weinheim: Juventa-Verlag. Abgerufen von http://deposit.ddb. de/cgi-bin/dokserv?id=2713085&prov=M&dok_var=1&dok_ext=htm.

Braczyik, H.-J. (1996). „Das Expertendilemma" – ein Kommentar. In H.-U. Nennen & D. Garbe (Hrsg.), Das Expertendilemma: Zur Rolle wissenschaftlicher Gutachter in der öffentlichen Meinungsbildung (S. 25-34). Berlin: Springer-Verlag.

Brosi, W. H., Krekel, E. M. & Ulrich, J. G. (2003). Delphi-Erhebung zur Identifikation von Forschungs- und Entwicklungsaufgaben in der beruflichen Aus- und Weiterbildung. Wissenschaftliche Diskussionspapiere / Bundesinstitut für Berufsbildung, BIBB: H. 65. Bonn: BIBB. Abgerufen von http://www.bibb.de/dokumente/pdf/wd_65_delphi-erhebung.pdf.

Buchmann, M., Eltrop, L., Fink, K., Gabriel, J., Gallego Carrera, D., Jahnke, K., Jessen, T., Koch, A., Laborgne, P., Renn, O., Schmidt, M., Wassermann, S., Weimer-Jahle, W. & Zech, D. (2011). Projektabschlussbericht: Projekt: „Energie nachhaltig konsumieren – nachhaltige Energie konsumieren. Wärmeenergie im Spannungsfeld von sozialen Bestimmungsfaktoren, ökonomischen Bedingungen und ökologischem Bewusstsein". Abgerufen von www. uni-stuttgart.de/nachhaltigerkonsum/de/Downloads/Schlussbericht.pdf.

Büeler, X. (2006). Qualitätsevaluation und Schulentwicklung. In R. Stockmann (Hrsg.), Evaluationsforschung. Grundlagen und ausgewählte Forschungsfelder (3. Aufl., S. 260–288). Münster: Waxmann Verlag.

Burghardt, M. & Siemens Aktiengesellschaft. (1999). Einführung in Projektmanagement: Definition, Planung, Kontrolle, Abschluß (2. überarbeitete und erw. Aufl). Berlin, München: Publicis-Corporate Publishing.

Cuhls, K. & Blind, K. (1999). Die Delphi-Methode als Instrument der Technikfolgenabschätzung. In S. Bröchler, G. Simonis & K. Sundermann (Hrsg.), Handbuch Technikfolgenabschätzung (S. 545–550). Berlin: Edition Sigma.

Cuhls, K. & Möhrle, M. G. (2005). Unternehmensstrategische Auswertung der Delphi-Berichte. In M. G. Möhrle & R. Isenmann (Hrsg.), Technologie-Roadmapping. Zukunftsstrategien für Technologieunternehmen (2. Aufl., S. 104–130). Berlin: Springer-Verlag.

Cuhls, K. (2007). Methoden der Technikvorausschau – eine internationale Übersicht. Stuttgart: IRB-Verlag.

Cuhls, K. (2009). Delphi-Befragungen in der Zukunftsforschung. In R. Popp & E. Schüll (Hrsg.), Zukunftsforschung und Zukunftsgestaltung. Beiträge aus Wissenschaft und Praxis (S. 207–221). Berlin, Heidelberg: Springer-Verlag.

Cuhls, K. (2012). Zu den Unterschieden zwischen Delphi-Befragungen und „einfachen" Zukunftsbefragungen. In R. Popp (Hrsg.), Zukunft und Wissenschaft. Wege und Irrwege der Zukunftsforschung (S. 139–158). Berlin, Heidelberg: Springer-Verlag.

Cuhls, K., & Kimpeler, S. (2008). Delphi-Report: Zukünftige Informations- und Kommunikationstechniken. Fazit-Schriftenreihe Nr. 10. Stuttgart: MFG-Stiftung Baden-Württemberg. Abgerufen von http://www.fazit-forschung.de/schriftenreihe.html.

Cuhls, K., Von Oertzen, J. & Kimpeler, S. (2007). Zukünftige Informationstechnologie für den Gesundheitsbereich. FAZIT-Schriftenreihe Nr 6. Stuttgart: MFG Stiftung Baden Württemberg. Abgerufen von http://www.fazit-forschung.de/fileadmin/_fazit-forschung/downloads/FAZIT_Schriftenreihe_Band_6.pdf.

Dalkey, N. & Helmer, O. (1963). An Experimental Application of the Delphi Method to the use of Experts. Management science: journal of the Institute for Operations Research and the Management Sciences, 9, 458–467.

Defila, R. & Di Giulio, A. (2015). Methodische Gestaltung transdisziplinärer Workshops. In M. Niederberger & S. Wassermann (Hrsg.), Methoden der Experten- und Stakeholdereinbindung in der sozialwissenschaftlichen Forschung (S. 69–94). Wiesbaden: Springer Fachmedien Wiesbaden.

Defila, R., Di Giulio, A. & Kaufmann-Hayoz, R. (Hrsg.). (2012). Wesen und Wege nachhaltigen Konsums: Ergebnisse aus dem Themenschwerpunkt „Vom Wissen zum Handeln – neue Wege zum nachhaltigen Konsum". München: Oekom. Abgerufen von http://sub-hh.ciando.com/book/?bok_id=300598.

Deuschle, J. & Sonnberger, M. (2009). Das Gruppendelphi im Adipositas-Projekt. In M. Schulz & O. Renn (Hrsg.), Das Gruppendelphi. Konzept und Fragebogenkonstruktion (1. Aufl., S. 65–79). Wiesbaden: VS Verlag für Sozialwissenschaften / GWV Fachverlage GmbH Wiesbaden.

Deutsch, M. & Gerard, H. B. (1955). A Study of Normative and Informational Social Influences upon Individual Judgement. Journal of abnormal psychology, 51(3), 629–636.

Diehl, J. M., & Kohr, H. U. (1987). Deskriptive Statistik (7. Aufl..). Frankfurt am Main: Fachbuchhandlung für Psychologie.

Diekmann, A. (1999). Empirische Sozialforschung: Grundlagen, Methoden, Anwendungen (5. Aufl., Orig. Ausg.. Reinbek bei Hamburg: Rowohlt-Taschenbuch-Verlag (Rororo Rowohlts Enzyklopädie, 55551).

Festinger, L. (1954). A Theory of Social Comparison Processes. Human Relations, 2(7), 117–140.

Franz, H.-W.; Kopp, R. (2004). Betriebliche Experteninterviews. Sozialwissenschaften und Berufspraxis, 27 (1), 51-61. Abgerufen von http://nbn-resolving.de/urn:nbn:-de:0168-ssoar-38198.

Früh, W. (2007). Inhaltsanalyse: Theorie und Praxis (6., überarb. Aufl.). UTB Medien- und Kommunikationswissenschaft, Psychologie, Soziologie Nr. 2501. Konstanz: UVK Verl.-Ges. Abgerufen von http://www.socialnet.de/rezensionen/isbn.php?isbn=978-3-8252-2501-8

Funken, C. (2005). Berufliche Kommunikationsstrategien von Frauen und Männern. In M. Funder, S. Dörhöfer & C. Rauch (Hrsg.), Arbeit, Innovation und Nachhaltigkeit Nr. 5. Jenseits der Geschlechterdifferenz? Geschlechterverhältnisse in der Informations- und Wissensgesellschaft (. Aufl., S. 219–231). München: Hampp Verlag.

Gadenne, V. (2001). Wozu sind Hypothesen gut? Zum Prinzip der Offenheit in der qualitativen Sozialforschung. In C. Hook (Hrsg.), Jahrbuch für kritische Sozialwissenschaft und Philosophie. Band 1: Methodologie qualitativer Sozialforschung (S. 11–25). Münster: Kontrapunkt.

Gallego Carrera, D. (2009). Der Einsatz des Delphiverfahrens zur Identifikation von Indikatoren zur Messung sozialer Effekte von Stromerzeugungstechnologien in Europa. In M. Schulz & O. Renn (Hrsg.), Das Gruppendelphi. Konzept und Fragebogenkonstruktion (1. Aufl., S. 79–95). Wiesbaden: VS Verlag für Sozialwissenschaften / GWV Fachverlage GmbH Wiesbaden.

Gallego Carrera, D., Wassermann, S., Weimer-Jehle, W. & Renn, O. (Hrsg.). (2012). Nachhaltige Nutzung von Wärmeenergie: Eine technische, soziale und ökonomische Herausforderung. Wiesbaden: Springer Vieweg.

Gebauer, G. (2009). Wittgensteins anthropologisches Denken (Orig.-Ausg). Beck'sche Reihe Nr. 1886. München: Beck.

Gläser, J., & Laudel, G. (2006). Experteninterviews und qualitative Inhaltsanalyse als Instrumente rekonstruierender Untersuchungen (2., durchges. Aufl.). Lehrbuch. Wiesbaden: VS Verlag für Sozialwissenschaften. Abgerufen von http://deposit.d-nb.de/cgi-bin/dokserv?id=2835076&prov=M&dok_var=1&dok_ext=htm.

Gnatzy, T., Warth, J., Von der Gracht, H. & Darkow, I.-L. (2011). Validating an innovative real-time Delphi approach – A methodological comparison between real-time and conventional Delphi studies. Technological Forecasting and Social Change, 78(9), 1681–1694. doi:10.1016/j.techfore.2011.04.006

Gordon T.J. (2012). The Delphi method. The Millennium Project, Futures Research Methodology, 3, 1–29. Retrieved from http://millennium-project. org/FRMv3_0/04-Delphi.pdf.

Granacher, U. (2015). Krafttraining im Nachwuchsleistungssport – KINGS-Studie. Abgerufen von www.uni-potsdam.de/kraftprojekt/newsletter/Newsletter_November_2015.pdf.

Grunwald, A. (2010). Technikfolgenabschätzung – Eine Einführung (2. grundl. überarb. u. wesentl. erw. Aufl.). Berlin: edition sigma. Abgerufen von http://dx.medra.org/10.2380/9783836009300.

Häder, M. & Häder, S. (1995). Delphi und Kognitionspsychologie: Ein Zugang zur theoretischen Fundierung der Delphi-Methode. ZUMA Nachrichten, 19(37), 8–34.

Häder, M. (2014). Delphi-Befragungen: Ein Arbeitsbuch. Wiesbaden: Springer Fachmedien Wiesbaden.

Halfmann, J. & Japp, K. P. (1990). Riskante Entscheidungen und Katastrophenpotenziale – Elemente einer soziologischen Risikoforschung. Opladen: Westdeutscher Verlag.

Hesse, M., Lehr, T. & Schickl, P. (2009). Die Delphi-Methode in der Regionalentwicklung: Anwendungsbeispiel zur Erarbeitung von regionalpolitischen Maßnahmen zur Förderung der Dienstleistungswirtschaft im Erzgebirge. Arbeitspapier//Universität Leipzig, Institut für Öffentliche Finanzen und Public Management, Finanzwissenschaft, No. 41. Abgerufen von www.uni-leipzig.de/~iffwww/fiwi/Forschung/arbeitspapiere/41_Delphimethode.pdf.

Hill, K. Q. & Fowles, J. (1975). The Methodological Worth of the Delphi Forecasting Technique. Technological Forecasting and Social Change. (7), 179–192.

Hitzler, R. (1994). Wissen und Wesen des Experten: Ein Annäherungsversuch – zur Einleitung. In R. Hitzler, A. Honer & C. Maeder (Hrsg.), Expertenwissen. Die institutionalisierte Kompetenz zur Konstruktion von Wirklichkeit (S. 13–30). Wiesbaden: Vieweg+Teubner Verlag. Abgerufen von nbn-resolving.de/urn:nbn:de:0168-ssoar-39150.

Howaldt, J. (2004). Neue Formen sozialwissenschaftlicher Wissensproduktion in der Wissensgesellschaft. Forschung und Beratung in betrieblichen und regionalen Innovationsprozessen. Münster: LIT Verlag.

Huber, B. (2014a). Experten als Untersuchungsgegenstand: Definitionen und Forschungsperspektiven. In B. Huber (Hrsg.), Öffentliche Experten (S. 23–39). Wiesbaden: Springer Fachmedien Wiesbaden. doi:10.1007/978-3-658-05405-2_2.

Huber, B. (Hrsg.). (2014b). Öffentliche Experten. Wiesbaden: Springer Fachmedien Wiesbaden.

Jasanoff, S. (2004a). Ordering Knowledge,Ordering Society'. In S. Jasanoff (Ed.), International library of sociology. States of knowledge. The Co-Production of Science and Social Order (pp. 13–45). London: Routledge.

Jasanoff, S. (Ed.). (2004b). International library of sociology. States of knowledge: The Co-Production of Science and Social Order (transferred to digital print). London: Routledge.

Keeney, S., Hasson, F. & McKenna, H. (2011). The Delphi technique in Nursing and health research. New Delih: Wiley-Blackwell.

Kelle, U. (2008). Die Integration qualitativer und quantitativer Methoden in der empirischen Sozialforschung: Theoretische Grundlagen und methodologische Konzepte (2. Aufl.). Wiesbaden: VS Verlag für Sozialwissenschaften / GWV Fachverlage GmbH Wiesbaden. Abgerufen von http://dx.doi.org/10.1007/978-3-531-91174-8.

Keller, A. (2001). Elektronische Zeitschriften im Wandel: Eine Delphi-Studie. Bibliotheksarbeit Nr. 10. Wiesbaden: Harrassowitz.

Klein, M., & Arzheimer, K. (1999). Ranking- und Rating-Verfahren zur Messung von Wertorientierungen, untersucht am Beispiel des Inglehart-Index: Ergebnisse eines Methodenexperimentes. Kölner Zeitschrift für Soziologie und Sozialpsychologie, (51), 550–564.

Köck-Hódi, S. & Mayer, H. (2013). Die Delphi-Methode. ProCare, 18(5), 16-20. doi: 10.1007/s00735-013-0094-2.

Kosow, H. & León, C. D. (2015). Die Szenariotechnik als Methode der Experten- und Stakeholdereinbindung. In M. Niederberger & S. Wassermann (Hrsg.), Methoden der Experten- und Stakeholdereinbindung in der sozialwissenschaftlichen Forschung (S. 217–242). Wiesbaden: Springer Fachmedien Wiesbaden.

Kromrey, H. (1986). Gruppendiskussionen. In J. H. P. Hoffmeyer-Zlotnik (Hrsg.), Qualitative Methoden in der Arbeitsmigrationsforschung (S. 109–143). Mannheim: Forschung, Raum und Gesellschaft.

Kromrey, H. (2002). Empirische Sozialforschung: Modelle und Methoden der standardisierten Datenerhebung und Datenauswertung (10., voll. überarb. Aufl.). Uni-Taschenbücher Nr. 1040. Wiesbaden: VS Verlag für Sozialwissenschaften. doi:10.1007/978-3-322-93463-5.

Kuckartz, U. (2010). Einführung in die computergestützte Analyse qualitativer Daten. Wiesbaden: VS Verlag für Sozialwissenschaften.

Kuckartz, U., Rädiker, S., Ebert, T., & Schehl, J. (2010). Statistik: Eine verständliche Einführung. Wiesbaden: VS Verlag für Sozialwissenschaften / GWV Fachverlage GmbH Wiesbaden. doi:10.1007/978-3-531-92033-7.

Kuhn, R., Tampe-Mai, K. & Mack, B. (2014). Einsatz eines Gruppendelphis zur Erhebung von ExpertInnenurteilen im Rahmen eines Forschungsprojekts zu Smart Metering. Umweltpsychologie, Schwerpunktheft Energie, 18(1), 61–83.

Kühn, T. & Koschel, K.-V. (2011). Gruppendiskussionen: Ein Praxis-Handbuch (1. Aufl.). Wiesbaden: VS Verlag für Sozialwissenschaften / Springer Fachmedien Wiesbaden. doi:10.1007/978-3-531-93243-9.

Labovitz, S. I. (1970). The Assignment of Numbers to Rank Order Categories. American sociological review : ASR ; official journal of the American Sociological Association, 35(3), 515–524.

Lamnek, S. (1995a (1988)). Band 1: Methodologie (3. korr. Aufl.). Qualitative Sozialforschung. Weinheim: Beltz Psychologie Verlags Union.

Lamnek, S. (1995b (1988)). Band 2: Methoden und Techniken (3. korr. Aufl.). Qualitative Sozialforschung. Weinheim: Beltz Psychologie Verlags Union.

Lamnek, S. (2005). Qualitative Sozialforschung: Lehrbuch (4., voll. überarb. Aufl., [Nachdr.]). Weinheim: Beltz PVU. Abgerufen von http://www.socialnet.de/rezensionen/isbn.php?isbn=978-3-621-27544-6.

Landeta, J., Barrutia, J., & Lertxundi, A. (2011). Hybrid Delphi: A Methodology to Facilitate Contribution from Experts in Professional Contexts. Technological Forecasting and Social Change, 78(9), 1629–1641. doi:10.1016/j.techfore.2011.03.009

Linestone, H. A., & Turoff, M. (Eds.). (1975). The Delphi Method: Techniques and Applications. London: Reading, Mass: Addison-Wesley Company.

Littig, B. (2008). Interviews mit Eliten – Interviews mit ExpertInnen: Gibt es Unterschiede. Forum Qualitative Sozialforschung / Forum: Qualitative Social Research, 9(3), Art. 16.

Lübbe, E. (2013). Farbempfinden, Farbbeschreibung und Farbmessung: Eine Formel für die Farbsättigung. Wiesbaden: Springer Vieweg.

Martens, K., & Brüggemann, M. (2006). Kein Experte ist wie der andere: vom Umgang mit Missionaren und Geschichtenerzählern. TransState Working Papers, 39.

Mayer, H. O. (2006). Interview und schriftliche Befragung (5. überarb. Aufl.). München, Wien: Oldenbourg Verlag.

Mayring, P. (2007). Qualitative Inhaltsanalyse: Grundlagen und Techniken (9. Aufl., Dr. nach Typoskr). UTB für Wissenschaft Pädagogik Nr.8229. Weinheim: Beltz Verlag.

Meister, P., & Oldenburg, F. (2008). Beteiligung- ein Programm für Politik, Wirtschaft und Gesellschaft. Oldenburg: Physica Verlag.

Meuser, M. & Nagel, U. (2009). Das Experteninterview: Konzeptionelle Grundlagen und methodische Anlagen. In S. Pickel, D. Jahn, H.-J. Lauth & G. Pickel (Hrsg.), Methoden der vergleichenden Politik- und Sozialwissenschaft. Neue Entwicklungen und Anwendungen (1. Aufl., S. 465–479). Wiesbaden: VS Verlag für Sozialwissenschaften / GWV Fachverlage GmbH Wiesbaden.

Meuser, M., & Nagel, U. (2005). ExpertInneninterviews – vielfach erprobt, wenig bedacht: Ein Beitrag zur qualitativen Methodendiskussion. In A. Bogner, B. Littig & W. Menz (Hrsg.), Das Experteninterview. Theorie, Methode, Anwendung (2. Aufl., S. 71–93). Wiesbaden: VS Verlag für Sozialwissenschaften.

Mieg, H. A. & Näf, M. (2005). Experteninterviews (2. Aufl.). Institut für Mensch-Umwelt-Systeme (HES): ETH Zürich.

Mintroff, I. L. & Turoff, M. (1975). Philosophical and Methodological Foundations of Delphi. In H. A. Linestone & M. Turoff (Hrsg.), The Delphi Method. Techniques and Applications (S. 17–36). London: Reading, Mass: Addison-Wesley Company.

Mohr, H. (1998). Technikfolgenabschätzung in Theorie und Praxis. Schriften der Mathematisch-Naturwissenschaftlichen Klasse der Heidelberger Akademie der Wissenschaften Nr. 3. Berlin: Springer-Verlag.

Niederberger, M. & Benighaus, C. (2016). Fachkonferenz zum Klimawandel mit Stakeholdern. In C. Benighaus, G. Wachinger & O. Renn(Hrsg.), Bürgerbeteiligung. Konzepte und Lösungswege für die Praxis (S. 236-245). Frankfurt am Main: Wolfgang Metzner Verlag.

Niederberger, M. & Kuhn, R. (2013). Das Gruppendelphi als Evaluationsinstrument. Zeitschrift für Evaluation, 12(1), 53–77.

Niederberger, M. & Wassermann, S. (Hrsg.). (2015). Methoden der Experten- und Stakeholdereinbindung in der sozialwissenschaftlichen Forschung. Wiesbaden: Springer Fachmedien Wiesbaden.

Niederberger, M. (2015). Methoden der Experteneinbindung. In M. Niederberger & S. Wassermann (Hrsg.), Methoden der Experten- und Stakeholdereinbindung in der sozialwissenschaftlichen Forschung (S. 33-50). Wiesbaden: Springer Fachmedien Wiesbaden.

Nowotny, H. (2005). Experten, Expertisen und imaginierte Laien. In A. Bogner & H. Torgersen (Hrsg.), Wozu Experten? Ambivalenzen der Beziehung von Wissenschaft und Politik (S. 33–45). Wiesbaden: VS Verlag für Sozialwissenschaften.

OECD. (2005a). OECD handbook on economic globalisation indicators. Measuring globalisation. Paris: OECD Publ. Retrieved from http://new.sourceoecd.org/9264108084

OECD. (2005b). Oslo Manual: Guidelines for Collecting and Interpreting Innovation Data (3. ed.). SourceOECD. Paris: OECD. doi:10.1787/9264013105.

Oertzen, J. v., Cuhls, K. & Kimpeler, S. (2006). Wie nutzen wir Informations- und Kommunikationstechnologien im Jahr 2020?: Ergebnisse einer Delphi-Befragung. Fazit-Schriftenreihe/Forschungsbericht Nr. 3. Stuttgart: MFG-Stiftung Baden-Württemberg.

Ohlhorst, D. & Kröger, M. (2015). Konstellationsanalyse: Einbindung von Experten und Stakeholdern in interdisziplinäre Forschungsprojekte. In M. Niederberger & S. Wassermann (Hrsg.), Methoden der Experten- und Stakeholdereinbindung in der sozialwissenschaftlichen Forschung (S. 95–116). Wiesbaden: Springer Fachmedien Wiesbaden.

Owen, H. (2008). Open Space Technology. Ein Leitfaden für die Praxis. Stuttgart: Schäffer-Poeschel Verlag für Wirtschaft Steuern Rech GmbH.

Page, S. (2007). The Difference – How the Power of Diversity Creates Better Groups, Firms, Schools, and Societies. Princeton, NJ: Princeton University Press.

Paul, H., & Wollny, V. (2011). Instrumente des strategischen Managements: Grundlagen und Anwendung. München: Oldenbourg.

Peters, H. P. (2002). Wissenschaftler als „öffentliche Experten": Akteure im Wissenstransfer. DIE-Zeitschrift für Erwachsenenbildung, (2), 25–28.

Pfadenhauer, M. (2005). Das Experteninterview – ein Gespräch zwischen Experte und Quasi-Experte. In A. Bogner, B. Littig & W. Menz (Hrsg.), Das Experteninterview. Theorie, Methode, Anwendung (2. Aufl., S. 113–130). Wiesbaden: VS Verlag für Sozialwissenschaften.

Porst, R. (2009). Fragebogen: Ein Arbeitsbuch (2. Aufl.). Studienskripten zur Soziologie. Wiesbaden: VS Verlag für Sozialwissenschaften. doi:10.1007/978-3-531-91840-2.

Prüfer, P. & Rexroth, M. (2005). Kognitive Interviews. ZUMA-How-to-Reihe 15. Mannheim: ZUMA.

Renn, O. & Kotte, U. (1984). Umfassende Bewertung der vier Pfade der Enquete-Kommission auf der Basis eines Indikatorkatalogs. In G. Albrecht & U. Stegelmann (Hrsg.), Energie im Brennpunkt. Zwischenbilanz der Energiedebatte (S. 190–232). München: HTV.

Renn, O. & Webler, T. (1998). Der kooperative Diskurs – Theoretische Grundlagen, Anforderungen, Möglichkeiten. In O. Renn, P. Schild, & U. Wilhelm (Hrsg.), Abfallpolitik im kooperativen Diskurs. Bürgerbeteiligung bei der Standortsuche für eine Deponie im Kanton Aargau (S. 3–103). Zürich: Hochschulverlag AG an der ETH Zürich.

Renn, O. (2015). Die Wertbaumanalyse: Ein diskursives Verfahren zur Bildung und Begründung kollektiv wirksamer Bewertungsmuster. In M. Niederberger & S. Wassermann (Hrsg.), Methoden der Experten- und Stakeholdereinbindung in der sozialwissenschaftlichen Forschung (S. 165–188). Wiesbaden: Springer Fachmedien Wiesbaden.

Renn, O., & Schulz, M. (2012). Das Gruppen-Delphi in der TA-Lehre. In M. Dusseldorp & R. Beecroft (Hrsg.), Technikfolgen abschätzen lehren. Bildungspotenziale transdisziplinärer Methoden (S. 241–257). Wiesbaden: VS Verlag für Sozialwissenschaften.

Renn, O., Albrecht, G., Kotte, U., Peters, H. P. & Stegelmann, U. (1985). Sozialverträgliche Energiepolitik: Ein Gutachten für die Bundesregierung. München: HTV.

Robertson, S., Kremer, P., Aisbett, B., Tran, J. & Cerin, E. (2017). Consensus on measurement properties and feasibility of performance tests for the exercise and sport sciences: a Delphi study. Sports Medicine – Open, 3 (1), 2.

Saretzki, T. (2005). Welches Wissen – wessen Entscheidung? In A. Bogner & H. Torgersen (Hrsg.), Wozu Experten? Ambivalenzen der Beziehung von Wissenschaft und Politik (S. 345–370). Wiesbaden: VS Verlag für Sozialwissenschaften.

Scherzer, J., Grigoryan, G., Schultze, B., Stadelbacher, V., Niederberger, J., Pöhler, H. Disse, M., Jacoby, C. & Heinisch, T. (2010). WASKlim: Entwicklung eines übertragbaren Konzeptes zur Bestimmung der Anpassungsfähigkeit sensibler Sektoren an den Klimawandel am Beispiel der Wasserwirtschaft (UBA- Texte Nr. 47), Dessau-Roßlau: Umweltbundesamt.

Scherzer, J., Schultze, B., Niederberger, J. & Pöhler, H. (2010). WASKlim – Potenzielle Auswirkungen des Klimawandels auf den Wasserhaushalt am Beispiel der Wupper (NRW), der oberen Iller (Bayern) und der Salza (Sachsen-Anhalt). Forum für Hydrologie und Wasserbewirtschaftung.

Servan-Schreiber, E. (2012). Prediction Markets – Trading Uncertainty for Collective Wisdom. In H. Landemore & J. Elster (Hg.), Collective Wisdom – Principles and Mechanisms. (S. 21-37). Cambridge u. a..

Schnell, R., Hill, P. B. & Esser, E. (1999). Methoden der empirischen Sozialforschung (6., völl. überarb. u. erw. Aufl.). München: Oldenbourg.

Schnur, O. & Markus, I. (2010). Quartiersentwicklung 2030: Akteure, Einflussfaktoren und Zukunftstrends – Ergebnisse einer Delphi-Studie. Raumforschung und Raumordnung, 68(3), 181–194. doi:10.1007/s13147-010-0030-x

Schön, S., Kruse, S., Ohlhorst, D., Nölting, B. & Meister, M. (2007). Handbuch Konstellationsanalyse: Ein interdisziplinäres Brückenkonzept für die Nachhaltigkeits-, Technik- und Innovationsforschung. München: Oekom-Verlag. Abgerufen von http://deposit.d-nb.de/cgi-bin/dokserv?id=2870496&prov=M&dok_var=1&dok_ext=htm.

Schulz, M. & Keierleber, V. (2011). Förderung des technischen und naturwissenschaftlichen Interesses bei Schülern durch außerschulische Erfinderclubs: Ergebnisse einer empirischen Evaluation. In M. Schulz (Hrsg.), Stuttgarter Beiträge zur Risiko- und Nachhaltigkeitsforschung: Nr. 22. Stuttgarter Projektergebnisse zum Thema technisch-naturwissenschaftliche Wissensvermittlung an Kinder und Jugendliche (S. 67–97). Stuttgart: Institut für Sozialwissenschaften Abteilung für Technik- und Umweltsoziologie. doi:10.18419/opus-5553.

Schulz, M. & Renn, O. (Hrsg.). (2009). Das Gruppendelphi: Konzept und Fragebogenkonstruktion (1. Aufl.). Wiesbaden: VS Verlag für Sozialwissenschaften / GWV Fachverlage GmbH Wiesbaden. doi:10.1007/978-3-531-91511-1.

Schulz, M. & Ruddat, M. (2008). Unvereinbare Gegensätze? Eine Diskussion zur Integration quantitativ-qualitativer Ergebnisse. Soziale Welt, 59 (2), 107–122.

Schulz, M. & Wassermann, S. (2010). Expertenbewertung einer dauerhaften Speicherung von Kohlendioxid: Ergebnisse des Delphis über den Stand des Wissens zur Speicherung von Kohlendioxid. Abgerufen von www.zirn-info.de/Kurzbericht%20Delphi%20Stand%20 des%20Wissens%20zur%20Speicherung%20von%20CO2.pdf.

Schulz, M. (Hrsg.). (2011). Stuttgarter Beiträge zur Risiko- und Nachhaltigkeitsforschung: Nr. 22. Stuttgarter Projektergebnisse zum Thema technisch-naturwissenschaftliche Wissensvermittlung an Kinder und Jugendliche. Stuttgart: Institut für Sozialwissenschaften Abteilung für Technik- und Umweltsoziologie. doi:10.18419/opus-5553.

Schulz, M., Laborgne, P. & Jenssen, T. Protokoll zum Gruppendelphi: Projekt: Energie nachhaltig konsumieren – nachhaltige Energie konsumieren. Wärmeenergie im Spannungsfeld von sozialen Bestimmungsfaktoren, ökonomischen Bedingungen und ökologischem Bewusstsein. Arbeitspaket 6: Formulierung von Handlungsempfehlungen. Abgerufen von http://www.uni-stuttgart.de/nachhaltigerkonsum/de/Downloads/AP%206%20 Teilbericht%20Gruppendelphi.pdf.

Schulz, M., Mack, B. & Renn, O. (Hrsg.). (2012). Fokusgruppen in der empirischen Sozialwissenschaft: Von der Konzeption bis zur Auswertung. Wiesbaden: Springer Fachverlag Wiesbaden.

Schulz, M., Renn, O., & Daschkeit, A. (2009). Das Gruppendelphi in der Praxis – Fallbeispiele: WASKlim-Projekt. In M. Schulz & O. Renn (Hrsg.), Das Gruppendelphi. Konzept und Fragebogenkonstruktion (1. Aufl., S. 47–55). Wiesbaden: VS Verlag für Sozialwissenschaften / GWV Fachverlage GmbH Wiesbaden.

Schumann, S. (2006). Repräsentative Umfrage: Praxisorientierte Einführung in empirische Methoden und statistische Analyseverfahren (4., überarb. und erw. Aufl.). Lehr- und Handbücher der Politikwissenschaft. München: Oldenbourg.

Schütz, A. (1972). Der gut informierte Bürger. In A. Schütz & A. Brodersen (Hrsg.), Gesammelte Aufsätze. II Studien zur soziologischen Theorie (S. 85–101). The Hague: Nijhoff.

Seeger, T. (1979). Die Delphi-Methode: Expertenbefragung zwischen Prognose und Gruppenmeinungsbildungsprozessen. Freiburg: Hochschul-Verlag.

Stehr, N. & Grundmann, R. (2010). Expertenwissen: Die Kultur und die Macht von Experten, Beratern und Ratgebern. Weilerswist: Velbrück Verlag. Abgerufen von http://www.velbrueck-wissenschaft.de/pdf_ausfuehrlich/978-3-938808-82-5.pdf

Stehr, N. (2001). Moderne Wissensgesellschaft. Aus Politik und Zeitgeschichte, B 36, 7–13.

Steinmüller, K. (1997). Grundlagen und Methoden der Zukunftsforschung: Szenarien, Delphi, Technikvorausschau. Gelsenkirchen: Sekretariat für Zukunftsforschung.

Stirling, A. (2007). Risk, Precaution and Science: Towards a more Constructive Policy Debate. Talking Point on the Precautionary Principle. EMBO reports, 8(4), 309–315. doi:10.1038/sj.embor.7400953.

Stockmann, R. (2006a). Evaluation in Deutschland. In R. Stockmann (Hrsg.), Evaluationsforschung: Grundlagen und ausgewählte Forschungsfelder (3. Aufl., S. 15–47). Münster: Waxmann Verlag.

Stockmann, R. (2006b). Evaluation und Qualitätsentwicklung: Eine Grundlage für wirkungsorientiertes Qualitätsmanagement. Münster: Waxmann Verlag. Abgerufen von http://www.socialnet.de/rezensionen/isbn.php?isbn=978-3-8309-1621-5

Stockmann, R. (Hrsg.). (2006c). Evaluationsforschung: Grundlagen und ausgewählte Forschungsfelder (3. Aufl.). Münster: Waxmann Verlag. Abgerufen von http://www.socialnet. de/rezensionen/isbn.php?isbn=978-3-8309-1734-2.

Thomas, W. I. & Thomas D. S. (1928). The Child in America: Behaviour Problems and Programs. New York: Alfred A. Knopf.

Turoff, M. (1970). The Design of a Policy Delphi. Technological Forecasting and Social Change, 2(2), 149-171.

Urban, D. & Mayerl, J. (2008). Regressionsanalyse: Theorie, Technik und Anwendung (3., überarb. Aufl.). Wiesbaden: VS Verlag für Sozialwissenschaften.

Vidgen, H. A. & Gallegos, D. (2014). Defining food literacy and its components. Appetite 76, 50-59.

Von Winterfeldt, D. & Edwards, W. (1986). Decision Analysis and Behavioral Research (Repr). Cambridge: Cambridge University Press.

Wassermann, S. (2015a). Expertendilemma. In M. Niederberger & S. Wassermann (Hrsg.), Methoden der Experten- und Stakeholdereinbindung in der sozialwissenschaftlichen Forschung (S. 15-33). Wiesbaden: Springer Fachmedien Wiesbaden.

Wassermann, S. (2015b). Das qualitative Experteninterview. In M. Niederberger & S. Wassermann (Hrsg.), Methoden der Experten- und Stakeholdereinbindung in der sozialwissenschaftlichen Forschung (S. 51-68). Wiesbaden: Springer Fachmedien Wiesbaden.

Wassermann, S., Schulz, M. & Scheer, D. (2011). Linking Public Acceptance with Expert Knowledge on CO2 Storage: Outcomes of a Delphi Approach. Energy Procedia, 4, 6353-6359. doi:10.1016/j.egypro.2011.02.652.

Webler, T., Levine, D., Rakel, H. & Renn, O. (1991). The Group Delphi: A Novel Attempt at Reducing Uncertainty. Technological Forecasting and Social Change, 39(3), 253-263.

Weimer-Jehle, W. (2006). Cross-impact balances: A System-Theoretical Approach to Cross-Impact Analysis. Technological Forecasting and Social Change, 73(4), 334-361. doi:10.1016/j. techfore.2005.06.005.

Weimer-Jehle, W. (2015). Cross-Impact-Analyse. In M. Niederberger & S. Wassermann (Hrsg.), Methoden der Experten- und Stakeholdereinbindung in der sozialwissenschaftlichen Forschung (S. 243-259). Wiesbaden: Springer Fachmedien Wiesbaden.

Weingart, P. (2003). Wissenschaftssoziologie (3., unveränd. Aufl.). Einsichten. Bielefeld: Transcript-Verlag.

Weingart, P. (2006). „Demokratisierung" der wissenschaftlichen Politikberatung – Eine Antwort auf die Legitimationsdilemmata im Verhältnis von Wissenschaft und Politik? In P. G. Kielmannseck, K. Biedenkopf, K. Pinkau & O. Renn (Hrsg.), Politikberatung in Deutschland (S. 73-85). Wiesbaden: VS Verlag für Sozialwissenschaften/GWV Fachverlage GmbH Wiesbaden.

Weiß, S., Schramm, S., Hillert, A. & Kiel, E. (2013). Lehrerinnen und Lehrer kommentieren Fragebögen – Wie quantitative Forschung von qualitativer Forschung lernen kann. Forum Qualitative Sozialforschung / Forum: Qualitative Social Research, 14(3), Art. 8.

Wilms, F. E. P. (2006). Szenariotechnik: Vom Umgang mit der Zukunft (1. Aufl.). Bern: Haupt.

Wiswede, G. (2012). Einführung in die Wirtschaftspsychologie (5., akt. Aufl.). München: Ernst Reinhardt. Abgerufen von http://www.utb-studi-e-book.de/9783838585093.

Witzel, A. (1982). Verfahren der qualitativen Sozialforschung: Überblick und Alternativen. Frankfurt am Main: Campus Verlag.

Wollny, V. & Paul, H. (2015). Die SWOT-Analyse: Herausforderungen der Nutzung in den Sozialwissenschaften. In M. Niederberger & S. Wassermann (Hrsg.), Methoden der Experten- und Stakeholdereinbindung in der sozialwissenschaftlichen Forschung (S. 189–215). Wiesbaden: Springer Fachmedien Wiesbaden.

Wynne, B. (1992). Risk and Social Learning: Reification to Engagement. In S. Krimsky & D. Golding (Eds.), Social Theories of Risk (1st ed., pp. 275–297). Westport, Conn.: Praeger.

Zimmer, R., Hertel, R. & Böl, G.-F. (Hrsg.). (2009). BfR-Delphi-Studie zur Nanotechnologie: Expertenbefragung zum Einsatz von Nanomaterialien in Lebensmitteln und Verbraucherprodukten. Berlin: Bundesinstitut für Risikobewertung. Abgerufen von http://www.bfr.bund.de/cm/350/bfr_delphi_studie_zur_nanotechnologie.pdf.

Zwick, M. M. (2008). Maßnahmen wider die juvenile Adipositas. Stuttgarter Beiträge zur Risiko- und Nachhaltigkeitsforschung Nr. 9. Stuttgart: Institut für Sozialwissenschaften Abteilung für Technik- und Umweltsoziologie. Abgerufen von http://nbn-resolving.de/urn:nbn:de:bsz:93-opus-35266

Zwick, M. M., Deuschle, J. & Renn, O. (2011). Übergewicht und Adipositas bei Kindern und Jugendlichen (1. Aufl.). Wiesbaden: VS Verlag für Sozialwissenschaften.doi:10.1007/978-3-531-93158-6.

Anhang: Übungsaufgaben und Fallbeispiele

Die folgenden Aufgaben und Fallbeispiele eignen sich für Seminare und Workshops zur Vermittlung des Gruppendelphis. Die Beispiele setzen kein inhaltliches Fachwissen zu einem bestimmten Thema voraus und betreffen inter-und transdisziplinäre Fragestellungen.

I Übungsaufgaben

Fragen zum Forschungs-und Anwendungsbereich

Aufgabe 1
Welche der folgenden Forschungs- und Anwendungsfragen sind für ein Gruppendelphi geeignet? (mehrere Antworten sind möglich)
- Identifikation von Maßnahmen zur Gesundheitsförderung am Arbeitsplatz „Schule"
- Auswirkungen von Alkoholkonsum auf die Gesundheit
- Einstellung der deutschen Bevölkerung gegenüber gentechnisch veränderten Lebensmitteln
- Auflösung widersprüchlicher Expertenurteile zum Thema Raucherentwöhnung
- Nachhaltiger Fleischkonsum: Möglichkeiten der Verhaltensänderung bei Verbraucher
- Wie hoch ist der Anteil an fettleibigen Kindern in der Population?

Lösung Aufgabe 1
- Identifikation von Maßnahmen zur Gesundheitsförderung am Arbeitsplatz „Schule"

- ~~Auswirkungen von Alkoholkonsum auf die Gesundheit~~ (Begründung: besser geeignet sind epidemiologische Studien)
- ~~Einstellung der deutschen Bevölkerung gegenüber gentechnisch veränderten Lebensmitteln~~ (Begründung: besser geeignet sind repräsentative Bevölkerungsumfragen)
- Auflösung widersprüchlicher Expertenurteile zum Thema Raucherentwöhnung
- Nachhaltiger Fleischkonsum: Möglichkeiten der Verhaltensänderung bei Verbraucher
- ~~Wie hoch ist der Anteil an fettleibigen Kindern in der Population?~~ (Begründung: besser geeignet sind repräsentative Bevölkerungsumfragen)

Aufgabe 2

Welche der folgenden Fragestellungen sind eher für ein klassisches Delphi oder ein Gruppendelphi geeignet?

	Klassisches Delphi	Gruppendelphi
Identifikation zukünftiger Informations- und Kommunikationstechnologien		
Evaluation eines Programms zur Gesundheitsförderung von Lehrern		
Identifikation geeigneter Maßnahmen zur Adipositasprävention bei Kindern im Kindergarten		
Strategien gegen Drogenkonsum bei Jugendlichen		
Trends und Entwicklungen in der beruflichen Bildung		

Lösung Aufgabe 2

	Klassisches Delphi	Gruppendelphi	Begründung
Zukünftige Informations- und Kommunikationstechnologien	x		Umfangreiche Themenstellung
Evaluation eines Programms zur Gesundheitsförderung von Lehrerinnen		x	Konkrete Forschungsfrage, begrenzte Expertenanzahl
Identifikation geeigneter Maßnahmen zur Adipositasprävention bei Kindern im Kindergarten		x	Konkrete Forschungsfrage

Strategien gegen Drogenkonsum bei Jugendlichen und Erwachsenen	x		Umfangreiche Fragestellung
Trends und Entwicklungen in der beruflichen Bildung	x		Umfangreiche Fragestellung, sehr große Anzahl an relevanten Experten

Fragen zum Konzept und Vorgehen

Aufgabe 3:

Welche der folgenden Aussagen sind richtig und welche sind falsch? Korrigieren Sie die falschen Aussagen.

- Die Delphi-Methode eignet sich zur Abschätzung zukünftiger Entwicklungen.
- Das Gruppendelphi eignet sich insbesondere für trans- und interdisziplinären Fragestellungen.
- Ziel eines Gruppendelphis ist es, in allen abgefragten Aspekten einen Konsens zwischen den Experten herzustellen.
- Die Ergebnisse eines Gruppendelphis sind repräsentativ für die Experten des jeweiligen Themas.
- Das Gruppendelphi ermöglicht einen quantitativen und qualitativen Erkenntnisgewinn.
- Der Moderator eines Gruppendelphis sollte keine inhaltlichen Vorkenntnisse haben, damit er möglichst unabhängig und neutral bleibt.

Lösung Aufgabe 3:

- Die Delphi-Methode eignet sich zur Abschätzung zukünftiger Entwicklungen.
- Das Gruppendelphi eignet sich insbesondere für trans- und interdisziplinären Fragestellungen.
- ~~Ziel eines Gruppendelphis ist es, in allen abgefragten Aspekten einen Konsens zwischen den Experten herzustellen.~~ Das Ziel ist es, Konsens oder Konsens über den Dissens zwischen den Experten herzustellen.
- ~~Die Ergebnisse eines Gruppendelphis sind repräsentativ für die Experten des jeweiligen Themas.~~ Die Ergebnisse sind nicht repräsentativ.
- Das Gruppendelphi ermöglicht einen quantitativen und qualitativen Erkenntnisgewinn.

- ~~Der Moderator eines Gruppendelphis sollte keine inhaltlichen Vorkenntnisse haben, damit er möglichst unabhängig und neutral bleibt.~~ Der Moderator benötigt gewisse Grundkenntnisse, um eine Kommunikation auf Augenhöhe zu ermöglichen.

Aufgabe 4:

Welche der folgenden Aspekte können mit einem Gruppendelphi bearbeitet werden und welche nicht?

	ja	nein
Auflösung von Expertendilemmata		
Zukunftsfragen		
Vorhersage des Wetters		
Repräsentative Expertenurteile		
Wahlprognosen		

Lösung Aufgabe 4:

	ja	nein	Begründung
Auflösung von Expertendilemmata	x		Systematischer Dialog zwischen Experten, Möglichkeit zur Abgabe von inhaltlichen Begründungen für abweichende Urteile
Fragen über zukünftige technische Entwicklungen	x		Durch den Expertendialog können derartige Entwicklungen genauer vorhergesagt werden, als bei einzelnen Experteninterviews (Zunahme der Informationsqualität, vgl. „n +1" Argument)
Vorhersage des Wetters		x	Kein wissensbasierter Diskurs sinnvoll
Repräsentative Expertenurteile		x	Keine Grundgesamtheit bei Expertenbefragungen definierbar und damit sind auch keine repräsentativen Aussagen möglich.
Wahlprognosen		x	Diese können eher mit repräsentativen Bevölkerungsumfragen ermittelt werden.

Fragen zur Expertenauswahl

Aufgabe 5:
Was muss bei der Auswahl der Experten für ein Gruppendelphi beachtet werden? Kreuzen Sie alle zutreffenden Antworten an.

- Die Experten dürfen nicht aus der Industrie kommen.
- Es sollen männliche und weibliche Experten eingebunden werden.
- Die designierten Experten müssen über genügend Fachkompetenz verfügen.
- Es darf kein kritischer Experte teilnehmen.
- Es müssen alle relevanten Meinungen und Positionen zum Thema vertreten sein.
- Die Experten müssen alle aus einer Fachrichtung kommen.
- Es müssen alle Experten des Fachgebietes beteiligt werden.

Lösung Aufgabe 5:
Was muss bei der Auswahl der Experten für ein Gruppendelphi beachtet werden? Kreuzen Sie alle zutreffenden Antworten an.

- ~~Die Experten dürfen nicht aus der Industrie kommen.~~ (Begründung: Bei einem Gruppendelphi müssen alle relevanten inhaltlichen Positionen vertreten sein, auch die der Industrie)
- Es sollen männliche und weibliche Experten eingebunden werden.
- Die designierten Experten müssen über genügend Fachkompetenz verfügen.
- ~~Es darf kein kritischer Experte teilnehmen.~~ (Begründung: Alle Meinungen und Positionen sollen bei dem Workshop vertreten sein)
- Es müssen alle relevanten Meinungen und Positionen zum Thema vertreten sein.
- ~~Die Experten müssen alle aus einer Fachrichtung kommen.~~ (Begründung: Inter- und Transdisziplinarität sind bewusst gewollt, um ein möglichst umfassendes Bild über die relevante Sachlage zu erhalten)
- ~~Es müssen alle Experten des Fachgebietes beteiligt werden.~~ (Begründung: Die Anzahl der Experten ist aufgrund des Workshopcharakters begrenzt)

Aufgabe 6:

Wie kommt es bei einem Gruppendelphi zu unterschiedlichen Expertenurteilen? Nennen Sie sechs mögliche Hintergründe?

Lösung Aufgabe 6:

Mögliche Hintergründe sind:
1. Institutionsabhängigkeit (z. B. Industrie vs. Wissenschaft)
2. Divergierende Bewertungsmaßstäbe (z. B. ökonomisch vs. sozial)
3. Unterschiedliche Wissensstände und Kompetenzen (z. B. Aktualität von Studien, Graue Literatur)
4. Ethische/moralische Unterfütterung und Persönlichkeitsmerkmale der Experte (z. B. bei Themen der pränatalen Diagnostik)
5. Komplexität, Unsicherheit und Ambiguität der Zukunft (z. B. neue Trends in Schönheit oder Ernährung, technische oder medizinische Innovationen)
6. (Semantische) Unschärfe (z. B. Was heißt Wirkung?)

Fragen zur Fragebogengestaltung und Auswertung

Aufgabe 7:

Welche statistischen Maße werden bei Delphi-Befragungen normalerweise berechnet?

Lösung Aufgabe 7:

- Maße der zentralen Tendenz (Modus, Median, arithmetisches Mittel)
- Streuungsmaße (Range, Quartilsabstand, Varianz und Standardabweichung)

Aufgabe 8:

Welche der folgenden Fragen sind für den Fragebogen eines Gruppendelphis eher geeignet?

	ja	nein
Machbarkeit von Maßnahmen		
Definition von Grenzwerten		
Beurteilung von Umsetzungschancen		
Zeitschienen		

Lösung Aufgabe 8:

	ja	nein	Begründung
Machbarkeit von Maßnahmen	x		
Definition von Grenzwerten		x	Die Diskussion um Kommastellen erweist sich als wenig fruchtbar. Wichtiger erscheint die Frage, ob bei der gegebenen Fragestellung überhaupt Grenzwerte sinnvoll sind oder nicht.
Beurteilung von Umsetzungschancen	x		
Zeitschienen	x		

II Fallbeispiele für die Lehre

Die zwei folgenden Beispiele eignen sich, um das Gruppendelphi im Rahmen eines Seminares einzuführen und exemplarisch anzuwenden.

Fallbeispiel 1: Adipositasprävention bei Kindern und Jugendlichen

Aufgabenstellung

Stellen Sie sich vor, Sie erhalten im Auftrag des Landesgesundheitsamtes Baden-Württemberg die Aufgabe, geeigneten und wirksamen Maßnahmen zur Adipositasprävention von Kindern und Jugendlichen zu identifizieren und zu priorisieren. Ihre Ergebnisse bilden die Grundlage für die Implementierung von entsprechenden Maßnahmen.

Expertengruppen

Es gibt **vier Experten,** die hier mitentscheiden wollen (Beispielhafte Auswahl). Jede Kleingruppe ist mit folgenden Experten besetzt:

- Mitarbeiter von Nestle (Vertreter der Lebensmittelindustrie)
- Mitglied des Adipositas Verbandes Deutschland e. V. (Vertreter aus dem Gesundheitsbereich)
- Mitarbeiter des Landesgesundheitsamtes BW (Vertreter aus Politik/ öffentliche Verwaltung)
- Ernährungswissenschaftler einer Universität (Vertreter der Wissenschaft)

Aufgabe für Studierende/Teilnehmende der Lehrveranstaltung

Bitte denken Sie sich in die zugewiesene Expertenrolle ein und beantworten Sie aus dieser Position den Fragebogen. Ihre Argumente können Sie frei und spontan wählen. Die Hinweise zu den Expertengruppen dienen Ihnen als Anregung.

Anhang: Übungsaufgaben und Fallbeispiele

Fragebogen

Liebe Expertinnen und liebe Experten,

Ziel des Gruppendelphis ist es, ein Positionspapier zu entwickeln, das von allen teilnehmenden Experten mitge-tragen wird und eine Grundlage für den weiteren politischen Prozess darstellt.

Bitte tragen Sie in den Kleingruppen die Ihnen passend erscheinenden Zahlenwerte in jede Tabelle ein. Jede Gruppe sollte möglichst zu einer gemeinsamen Bewertung pro Frage kommen. Falls Sie sich nicht einigen, können Sie auch zwei Werte ankreuzen.

Frage 1

Für wie **effektiv (möglichst große Wirkung)** halten Sie die Umsetzung der genannten Maßnahmen zur Prävention von Übergewicht und Adipositas bei Kindern und Jugendlichen. Bitte tragen Sie einen Wert ein. Geben Sie 10 an, wenn Sie die Maßnahme sehr effektiv halten und 1, wenn Sie die Maßnahme gar nicht effektiv halten.

		1 -	2	3	4	5	6	7	8	9	10 +
1	Ausweitung des Sportangebots an allen Schulen auf 2 Doppelstunden wöchentlich										
2	Durchsetzung einer Ampelkennzeichnung bei Lebensmitteln										

Frage 2

In wieweit halten Sie die Maßnahmen **umsetzbar**?

Bitte tragen Sie einen Wert ein. Geben Sie 10 an, wenn Sie die Maßnahme für sehr gut umsetzbar halten und 1, wenn Sie die Maßnahme für gar nicht umsetzbar halten

		1 -	2	3	4	5	6	7	8	9	10 +
3	Ausweitung des Sportangebots an allen Schulen auf 2 Doppelstunden wöchentlich										
4	Durchsetzung einer leicht verständlichen Kennzeichnung von Lebensmitteln (z. B. Ampelsystem)										

Wichtige Hintergrundinformationen

	Sportunterricht	Ampelkennzeichnung
Lebensmittelindustrie	Die Maßnahme ist nachvollziehbar, aber es fehlt die Sachkompetenz zur Beurteilung	Sie üben eher Kritik, weil • eine Auflistung der enthaltenen Nährstoffe nicht ersetzt werden kann • die Kriterien der Einteilung der Ampel für den Konsumenten nicht nachvollziehbar und nicht wissenschaftlich begründbar sind • der unterschiedliche Bedarf von Menschen (z. B. altersabhängig) an Nährstoffen nicht berücksichtigt wird • Sie Umsatzeinbußen bei kalorienreichen Produkten befürchten.
Gesundheitsbereich	Befürworten den Aufbau von Bewegungsfreude und die Ermöglichung von Erfolgserlebnissen in der Bewegung Verschiedene didaktische Konzepte müssen hier bedacht und integriert werden	Sie beklagen die Intransparenz über die Zusammensetzung eines ständig wachsenden Lebensmittelangebots und die hinzukommenden irreführenden Werbeversprechen der Hersteller. Die Ampel sei leicht und schnell verständlich, die Maßnahmen können einen Einfluss auf das Konsumverhalten der Verbraucher nehmen und auch Rezepturen der Hersteller ändern.
Politik und öffentliche Verwaltung	Bildung ist Ländersache und deshalb sind Veränderungen schwer flächendeckend durchsetzbar aber motivierend für adipöse Kinder sind im Sportunterricht Lernkontrollen, die vor allem auf individuellen Bewertungen basieren	Sie befürworten eher Maßnahme zur besseren Aufklärung und Erziehung zur gesunden Ernährung.
Wissenschaftler	Je nach wissenschaftlicher Disziplin sehr unterschiedliche Bewertungen Ernährungswissenschaftler betonen die Relevanz von Aufklärung und Erziehung für eine gesunde Ernährung	Laut mehreren Reviews mangelt es an erforschten Erkenntnissen darüber, wie Lebensmittelkennzeichnungen in alltäglichen Einkaufssituationen von den Konsumenten allgemein genutzt werden, weitere Forschungen sind deshalb notwendig.

Mögliche Reflexionsfragen nach der Simulation

- Wie kommt es zu unterschiedlichen Expertenurteilen, was sind die möglichen Hintergründe?
- Was ist bei der Expertenauswahl zu beachten?

Fallbeispiel 2: Sicherheitsvorkehrungen im einem Fußballstadion

Aufgabenstellung:

Im Stuttgarter Fußballstadion sollen die Sicherheitsvorkehrungen gegen terroristische Angriffe verschärft werden. Dabei stehen folgende Optionen zur Auswahl:

1. Leibesvisitation aller Stadionbesucher mit Metalldedektorschleuse durch Fachkräfte analog zum Betreten eines Flugzeuges (positiv: Identifizierung von potenziellen Selbstmordattentätern, negativ: langwierig, könnte zu Aggressionen führen etc.)
2. Einsatz von Nacktscannern (der Einlass kostet viel Zeit, zudem können sich Besucher in ihrer Privatsphäre verletzt fühlen)
3. Personenbeobachtung aller bislang als Islamisten aufgefallenen Personen in und um Stuttgart durch Kräfte des Verfassungsschutzes (positiv: frühzeitige Identifizierung von möglichen Anschlägen; negativ: unklar ob verfassungsgemäß, großer Aufwand)

Expertengruppen

Es gibt **vier Expertengruppen,** die hier mitentscheiden wollen (beispielhafte Auswahl):

1. die Polizei
2. die Organisatoren der Veranstaltung (Deutsche Fußballbund)
3. Bürgermeister der Stadt Stuttgart
4. die Liga für die Menschenrechte als NGO

Aufgabe für Studierende/Teilnehmende der Lehrveranstaltung

Bitte denken Sie sich in die zugewiesene Expertenrolle ein und beantworten Sie aus dieser Position den Fragebogen. Ihre Argumente können Sie frei und spontan wählen. Die Hinweise zu den Expertengruppen dienen Ihnen als Anregung.

Fragebogen

Fragebogen

Bitte füllen Sie in den Kleingruppen die Ihnen passend erscheinenden Zahlenwerte in jede Tabelle ein. Jede Gruppe sollte möglichst zu einer gemeinsamen Bewertung pro Frage kommen, Minderheits- oder Mehrheitsmeinungen sind aber möglich.

Kreuzen Sie 10 an, wenn Sie die Auswirkungen als „sehr hoch" einstufen und 1, wenn Sie die Auswir-kungen als „sehr gering" einstufen. Mit den Werten dazwischen können Sie differenzieren.

Erklärung der Skalen:
1. **Effektivität** der Maßnahme (Wird die Maßnahme den Zweck erfüllen)
2. **Auswirkungen** auf das Image der Stadt Stuttgart: gegenüber fremden Gästen
3. **Akzeptanz** bei Stadionbesuchern (Haben die Besucher Verständnis für die Maßnahmen)
4. **Auswirkungen** auf die Einhaltung von Menschen- und Bürgerrechten

Maßnahme 1: Leibesvisitation aller Stadionbesucher mit Metalldetektorschleuse

	1 sehr gering	2	3	4	5	6	7	8	9	10 sehr hoch
Effektivität										
Auswirkungen auf das Image der Stadt (vor allem gegenüber fremden Gästen)										
Akzeptanz bei Stadionbesuchern										
Auswirkungen auf die Einhaltung von Menschen- und Bürgerrechten										

Maßnahme 2: Einsatz von Nacktscannern

	1 sehr gering	2	3	4	5	6	7	8	9	10 sehr hoch
Effektivität										
Auswirkungen auf das Image der Stadt (gegenüber fremden Gästen)										
Akzeptanz bei Stadionbesuchern										
Auswirkungen auf die Einhaltung von Menschen- und Bürgerrechten										

Maßnahme 3: Personenbeobachtung aller bislang als Islamisten aufgefallenen Personen

	1 sehr gering	2	3	4	5	6	7	8	9	10 sehr hoch
Effektivität										
Auswirkungen auf das Image der Stadt (gegenüber fremden Gästen)										
Akzeptanz bei Stadionbesuchern										
Auswirkungen auf die Einhaltung von Menschen- und Bürgerrechten										

Wichtige Hintergrundinformationen

- Polizisten achten auf die Sicherheit und Machbarkeit der Maßnahme.
- Organisatoren der Veranstaltung sind daran interessiert, dass das Fußballspiel ohne großen zeitlichen Verzögerungen und logistischen Aufwand stattfinden kann. Zudem scheuen sie große finanzielle Ausgaben.
- Der Bürgermeister der Stadt Stuttgart legt großen Wert auf ein hohes Ansehen der Stadt, die Sicherheit der Bürger, die Akzeptanz der Maßnahmen durch die Bevölkerung und die Bezahlbarkeit.
- Die Liga für die Menschenrechte achtet auf die Einhaltung der Menschenrechte für alle Beteiligten unabhängig von Geschlecht, Religion, Herkunft oder Hautfarbe.

Mögliche Reflexionsfragen nach der Simulation

- Wie kommt es zu unterschiedlichen Expertenurteilen, was sind die möglichen Hintergründe?
- Was ist bei der Expertenauswahl zu beachten?

The manufacturer's authorised representative in the EU is Springer Nature Customer Service Centre GmbH, Europaplatz 3, 69115 Heidelberg, Germany. If you have any concerns regarding our products, please contact ProductSafety@springernature.com

Printed and bound by CPI Group (UK) Ltd, Croydon, CR0 4YY

23/03/2026

02076744-0005